영조와 사도

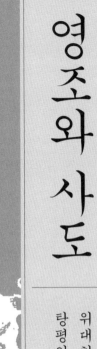

김수지 지음

영조와 사도

위대한 군주와 잔혹한 아버지 사이,
탕평의 역설을 말한다

인문서원

300년 전 죽은 세자를 위한 진혼곡

영조(1694~1776, 재위 1724~1776)는 즉위 당시 이복형인 경종을 살해하고 즉위했다는 논란에서 숙종의 아들이 아닐 수도 있다는 논란까지, 정통성이 매우 취약했다. 왕조 국가에서 취약한 정통성을 강화하지 않고는 왕권 강화는커녕 왕좌를 유지하기도 힘든 법이다. 영조의 탕평책은 이 사태를 무마하고 왕권을 강화하기 위한 방책으로 나왔다.

영조는 즉위 후에 자신의 즉위에 찬성하지 않거나 반대했던 소론(少論)들을 자기 세력으로 만들기 위해 애를 썼다. 그러면서 그들을 척신(戚臣, 왕과 성이 다른 왕의 인척)으로 만든다. 소론 대신 조문명(趙文命)을 맏아들 효장세자(孝章世子)의 장인으로 만든 것이 그 일환이었다. 영조는 영조 4년(1728)에 일어난 이인좌의 난(무신란)을 겪으면서 소론을 포용하는 탕평책을 더욱 강화했다. 이런 소론 포용 탕평책은 영조 31년(1755)에 소론을 '멸종'시킨 사건인 을해옥사까지 꾸준히 이어진다.

이런 와중에 영조 11년(1735)에 태어난 사도세자는 사실상 영조의 소론 포용 탕평책의 모범적 선전용으로 '훈육'되었다. 효장세자가 영조 4년에 10살의 나이로 사망한 후 영조와 소론에게 세자 이선(李愃. 사도세자)은 효장세자의 빈자리를 채워주는 대타였다. 이선은 자연스럽게 친(親)소론 정서 속에서 자라났고 이것은 영조가 자신을 반대했던 소론을 자신이 적극적으로 포용했다는 것을 대외적으로 알리기 위한 정책적 의도였다.

　세자 이선이 결국 비극적으로 아버지 영조에게 살해당한 정치적 배경에는 이런 소론 포용 탕평책이 차츰 무너져간 것에 근본적인 원인이 있다. 영조는 소론을 포용하는 탕평책을 이용해서 소론이 자진해서 당론을 버리고 영조와 노론(老論)에게 투항하게 하는 정세를 만들어갔다. 정세가 변화함에 따라 친소론의 홍보물로 이용되었던 사도세자는 영조 이후 차기 권력을 노론 일당 독재로 만들고 싶어 하던 정치세력들에게 자연스럽게 타도 대상이 되고 만다.

　영조는 을해옥사로 소론을 전멸시킨 후 왕권이 전에 비해 강화된 후로는 소론 포용 탕평책을 계속 추진할 이유가 없었다. 그것은 오히려 왕권을 강화하는 데 불필요하고 귀찮은 정책으로 여겨졌다. 장성한 세자의 존재가 왕권 강화에 걸림돌로 여겨지기 시작한 것이다. 영조는 세자를 눈엣가시로 여겼고 이것을 알아챈 정치세력들은 부자지간이 더욱 멀어지게 부추겼고 온갖 모함을 해댔다. 이 정치세력이 이른바 노론 벽파(辟派)이다.

　이들에 의해 사도세자에게 정신적 문제가 있다는 주장들이 『영조실록』에 기록되었고 이후 사도세자비 혜경궁 홍씨가 쓴 『한중록(閑中錄)』에 의해 한 번 더 유포된다. 오늘날 사도세자의 정신병 논란은

『한중록』을 연구하는 국문학자들에 의해 널리 알려졌다.

사도세자의 정신병 논란은 더 증폭되어 분노조절장애를 앓았다는 등, 정신분열을 앓았다는 등, 여러 가지로 변주되더니 이제는 사도세자가 독특한 정신적 문제를 가졌던 인간으로 각색되어 TV 드라마나 영화 같은 미디어에 의해 고착되고 있다. 사도세자가 왜 죽을 수밖에 없었는지, 그 배경에는 어떤 정치적 혼란들이 깔려 있었는지에 대한 의문들은 가차 없이 희석되고 폄하되고 있다.

사도세자 정신병 논란은 어찌 보면 가해자들을 지독하게 온정적으로 옹호하고 피해자가 되레 혹독하게 비난당하고 있다는 인상을 준다. 이미 300년 전에 잔혹하게 죽음을 당했고, 또 자신의 입장을 한마디도 변호할 수 없는 사도세자에게는 너무 가혹하지 않은가.

이 책은 온갖 가지 이유로 피해자 사도세자에게 참화의 책임을 돌리고 있는 오늘날의 사람들에게 다른 관점과 역사적 사실이 있다는 것을 보여주기 위해 쓴 것이다. 정작 사도세자의 죽음을 겪었던 당대 사람들은 혜경궁 홍씨의 입장에 전혀 동조하지 않았고, 그 살해 사건이 얼마나 정치적인 목적에서 행해질 수밖에 없었는지 모두 알고 있었음을 오늘날 사람들에게 알리고 싶었다.

이 책에서는 영조가 태어난 해부터 자신의 유일한 아들을 죽일 수밖에 없었던 해까지의 정치적 상황을 역사적 사료에 근거해 그 격동의 전말을 살펴보았다. 『조선왕조실록』과 기존에 발표된 여러 논문과 단행본을 기초로 했지만 『한중록』과 그것만을 기초로 사도세자의 정신병만을 참화의 가장 중요한 원인으로 해석하는 단행본들의 주장은 근거로 삼지 않았다. 이들의 주장은 이미 널리 대중에게 알려져 있다는 것이 한 가지 이유이고, 이 책은 그러한 주장들에 반대되는 증거가 있음을 보여주기 위해 쓴 것이라는 것이 다른 한 가지 이유다.

끝으로 책의 서술 중에 일부분은 독자들의 가독성과 재미를 위해 소설적 상상력을 가미했다. 그러나 그 상상력도 모두 사료에 근거해서 쓴 것이므로 완전한 허구라고 볼 수 없음을 밝혀둔다. 이 책이 출판되기까지 응원해주신 많은 분들이 있었다. 그분들께 감사의 마음을 전하면서 지난 1년여의 장정을 마친다.

2015년 9월
김수지

차례

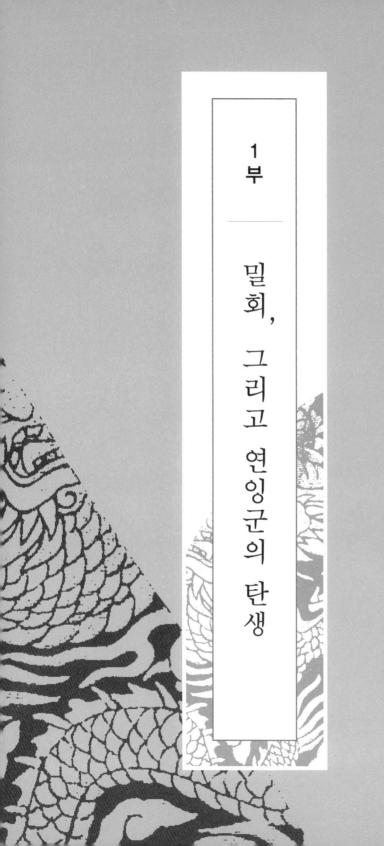

1부

밀회, 그리고 연잉군의 탄생

1화
한 여자와 두 남자

숙원 최씨

숙종 19년(1693) 10월 5일 밤 11시경.

이제 24살인 만삭의 숙원(淑媛) 최씨는 진통을 느끼기 시작했다. 최씨는 산실로 옮겨졌다. 들어가니 바로 바닥에 깔린 백마 가죽이 보였다. 황초(黃草) 위에 가마니가 깔리고 그 위에 초석(草席), 양모(羊毛) 깔개, 기름 장판지가 순서대로 덮인 위에 백마 가죽이 깔려 있었다. 최씨는 두 귀가 온전히 달려 있는 백마 가죽 위에 누웠다. 누운 최씨에게 의녀가 고삐를 쥐여주었다. 고삐는 누런 사슴 가죽으로 만들어진 것으로 남쪽 벽에 박힌 가막쇠에 길게 걸려 있었다. 최씨는 두 손으로 고삐를 감아 잡았다.

아직까지는 간간이 오는 진통을 참을 만했으므로 최씨는 낯선 산실 풍경을 둘러보았다. 다리 아래 북쪽 벽에는 부적들이 붙어 있었다. 빠른 출산을 기원한다는 부적 최생부(催生符)가 보였다. 문기둥 위의 고리에는 붉은색 줄이 늘어져 있었는데 그 줄은 의관 숙직처의 종과 연결되어 있었다. 불쑥, 말할 수 없는 통증이 다시 배와 허리 아래를 조여왔다. 최씨는 끄응, 입술 사이를 비집고 저절로 새어나오는 신음을 꿀꺽 삼키고 두 손으로 고삐를 휘감아 잡았다.

숨이 잘 쉬어지지 않았다. 아기가 몸을 어떻게 트는 것인지 순간 명치를 치받다가 다시 거세게 아래로 꿈틀거리며 몰아쳐댔다. 그럴 때마다 온몸이 뒤틀리는 것 같았다. 이마에 송글송글 맺히던 땀은 이제 온 몸을 흠뻑 적시고 있었다. 얼마나 오래 진통을 했는지, 얼마나 더 진통을 겪어야 아기가 나오는 건지 알 수 없었다.

새벽 3시경, 최씨는 탈진하고 있었다. 팔 다리에 경련이 오는지 부들부들 떨리기 시작했다. 고삐를 잡은 손이 툭 떨어졌다. 참을성 많고 담대한 성격의 최씨였지만 버럭 겁이 올라왔다. 이렇게 죽을 수도 있는 걸까, 죽더라도 왕을 닮은 아기 얼굴은 한 번 보고 죽어야 하는데…….

죽는다는 생각을 하니 눈물이 뿌옇게 눈앞을 가렸다. 죽다니 그럴 순 없는 노릇이다. 부모 형제 없는 천애 고아로 지금까지 살아왔다. 그런 모진 팔자가 조선의 지존을 만나면서 한순간에 바뀌었다. 그분이 내 지아비다. 조선의 왕이 나 같은 미천한 신분을 안아주었다. 그 품은 자상했고 따뜻했다. 이제 더 이상 억울하지도 서럽지도 않은 길로만 다닐 수 있는데 죽다니 말도 안 된다고 스스로 다짐하며 최씨는 다시 기운을 냈다. 나는 살 것이다. 반드시 아들을 낳을 것이다. 지아비의 기뻐하는 용안을 볼 것이다. 그리고 더 사랑받을 것이다.

대기하고 있던 의관들이 불수산(拂手散)을 달여서 들여보냈다. 순산을 유도하는 불수산을 달게 마신 최씨는 막바지 진통 단계로 들어갔다. 날이 밝기 전, 달인 인삼차가 한 번 더 산실로 보내졌다.

다음 날 아침 최씨는 건강한 사내아이를 낳았다. 산모도 아기도 모두 건강하다는 보고가 즉시 숙종에게 전해졌다. 숙원 최씨의 무탈한 출산을 밤새 초조하게 기다리던 숙종은 안도의 한숨과 함께 흐뭇함을 감추지 않았다.

당시 33세의 숙종에게는 맏아들이자 외아들인 왕세자 이윤(李昀)이 있었다. 희빈 장씨가 숙종 14년(1688) 10월에 낳은 세자는 이제 6살이었고 희빈은 왕비가 되어 있었다. 왕비가 된 장씨는 숙종 16년(1690) 9월에 둘째 아들을 출산했지만 생후 10일 만에 사망했다. 때문에 이번에 숙원 최씨가 낳은 아들이 숙종의 둘째 아들이었다.

그러나 두 달 뒤, 건강하게 태어나 젖도 잘 먹으며 자라던 새 왕자가 갑자기 사망한다. 숙원 최씨는 허망하게 첫아들을 보내고 실의에 빠졌다. 숙종의 사랑을 최씨에게 빼앗긴 왕비 장씨는 6살 아들 윤의 고사리 손을 꽉 잡고 한숨 돌렸다. 한편, 4년 전에 폐출되어 안국동에서 생활하고 있던 폐비 민씨 측은 안타까움에 장탄식을 쏟아냈다.

김춘택

숙종 20년(1694) 3월.

"자네 왔는가. 숙원 마마와 복중 아기씨는 모두 무탈하신가?"

방 문 밖에 봉보부인(임금의 유모)의 기척을 알아차린 김춘택(金春澤)이 먼저 물었다.

"예, 아무 걱정 않으셔도 될 듯하옵니다."

봉보부인은 문에 바짝 다가가 작지만 분명한 목소리로 말했다.

"알았네. 내 뜻은 마마께 틀림없이 전해드렸는가?"

김춘택은 무엇보다도 자신의 의도가 제대로 전달되었는지가 궁금했다.

"여부가 있겠습니까? 마마께서 잘 알겠다고, 말씀대로 따르겠다고 전하라 하셨습니다."

새 왕자의 사망 소식을 들은 김춘택은 허탈함과 상실감 때문에 며칠을 두문불출했다. 그러나 인생사 새옹지마라고, 상황은 거사를 도모하기에 더욱 유리한 방향으로 흘러갔다. 숙원 최씨에 대한 숙종의 애정이 전혀 식지 않았던 것이다. 산후 조리에 필요한 최소한의 기간인 삼칠일도 지나지 않았는데 숙종은 숙원 최씨의 처소를 하루도 거르지 않고 찾았다. 그리고 이내 숙원 최씨의 두 번째 회임 소식이 다시 한 번 정국을 긴장시켰다.

김춘택은 숙종의 첫 번째 왕비인 인경왕후(仁敬王后) 김씨의 조카였다. 그러니까 김춘택에게 인경왕후 김씨는 고모이고 숙종은 고모부가 된다. 인경왕후 김씨는 10살 때 세자빈으로 간택되었고 숙종 즉위년(1674)에 왕비로 책봉되었다. 김씨는 그 뒤 딸만 둘을 낳았지만 곧 죽고 김씨 본인도 20살에 홍역으로 사망한다. 숙종 6년(1680)의 일이었다. 그리고 여섯 달 뒤에 숙종은 병조판서 민유중(閔維重)의 딸을 계비로 맞아들인다. 대비인 명성왕후(明聖王后) 김씨의 선택이었다.

그런데 당시 숙종은 이미 궁녀 장씨에게 마음을 주고 있었다. 숙종은 숙종 12년(1686) 12월 10일에 장씨를 숙원(淑媛)으로 삼는다. 숙원 장씨는 숙종 14년(1688) 10월에 숙종에게 첫아들을 안겨주었다. 숙종은 이때 스물여덟으로 서른을 바라보는 나이였고 숙종 7년(1681)에 중전이 된 계비 인현왕후 민씨는 후사를 생산하지 못하고 있었다. 장씨가 아들을 낳자 정국은 소용돌이쳤다. 숙종은 첫아들을 원자로 책봉하겠다고 선언했다. 그러자 중전 민씨의 정치세력인 서인들이 벌떼처럼 일어나 반대했다. 중전이 아직 젊으니 회임과 출산을 기다려야 한다는 말이었다. 그러나 숙종은 원자 책봉을 반대하는 서인들을 하루아침에 몰아낸다. 이 사건이 숙종 15년(1689, 기사) 2월 2일에 일어난 기사환국(己巳換局)이다. 숙종은 한 술 더 떠, 기사환국으로부터 석 달 뒤인 5월 2일 인현왕후 민씨를 폐출시키고 불과 나흘 뒤인 5월 6일에는 희빈 장씨를 왕비로 봉한다.

하루아침에 서인들이 모조리 쫓겨난 기사환국 때 김춘택은 약관 20살이었다. 기사환국 후 남인 정권이 들어선 지 5년. 음서로 진출하여 대호군(大護軍, 종3품 무관)을 제수받긴 했지만 이대로 남인 정권이 계속된다면 스물다섯이 된 김춘택에게 미래는 없었다.

봉보부인의 전갈을 받은 김춘택은 김석주(金錫胄)를 떠올렸다. 김석주는 14년 전인 숙종 6년(1680, 경신)의 경신환국(庚申換局)을 주도한 인물이었다. 숙종 즉위 당시 정권은 남인에게 있었다. 현종이 말년에 남인으로 정권을 교체했기 때문이었다. 그 남인 정권을 숙종 6년에 서인들이 되찾는다. 서인 입장에서는 '경신대출척(庚申大黜陟)'이라고 부르는 이 거사를 만들었던 김석주는 경신환국 4년 후인 숙종 10년(1684)에 사망했다. 그러나 김춘택의 마음속에는 전설적인 우상으로 살아 있었다.

김석주는 명성왕후 김씨(현종비이자 숙종의 모후)의 사촌오빠였다. 김춘택과는 먼 친척이기도 했다.[1] 김춘택은 어린 시절 김석주를 만난 적이 있었다. 그때 김석주는 호탕하게 웃으며『수호전(水滸傳)』을 읽고 나서야 비로소 세상을 안다고 말할 수 있다면서 소년 춘택에게『수호전』을 권하기도 했었다.『수호전』을 읽으며 김춘택은 세상의 모든 권모술수를 배웠다. 그러나 책으로만 배운 것은 아니었다. 김춘택은 임술년의 고변 사건이 김석주의 작품이었음을 잘 알고 있었다.

김석주, 임술고변 배후의 남자

경신환국 2년 뒤인 숙종 8년(1682. 임술). 김석주는 남인들을 절멸시키기 위한 정치 공작을 꾸민다.

어느 날 김석주는 전(前) 병사(兵使) 김환(金煥)을 불렀다. 김환은 서인이었지만 남인과 친분이 있고 남인의 도움으로 벼슬도 하고 있는 자였다. 김석주는 김환에게 남인 허새(許璽)와 허영(許瑛)이 살고 있는 집 옆집으로 이사를 가라고 지시한다.

"허새와 허영이 용산에 살고 있네. 자네는 그 옆집으로 이사를 하게. 집을 살 돈은 내가 주겠네. 지금보다 더 자주 그 집을 드나들면서 친해지란 말일세. 한가롭게 장기도 두면서 교류를 하게."

---

1 김춘택의 할아버지는 김만기(金萬基)인데 한글소설『구운몽』과『사씨남정기』를 쓴 서포(西浦) 김만중(金萬重)의 형이다. 그 김만기의 사촌 누이의 남편이 김석주였다. 그러므로 인척 관계를 따지면 김석주는 김춘택의 육촌 고모부다.

"지금도 간혹 놀러 가면 장기 한 판 두곤 합니다만……."

"장기를 두다가 상대편의 왕을 잡게 되면 '나라를 뺏는 일도 이렇게 해야 하지 않겠나' 하면서 기색을 살피게. 만약 허새, 허영이 해괴하게 여기지 않는 기색이면 같이 자면서 거사하자고 말을 꺼내보게. 이렇게 하면 남인들의 속내를 알 수 있을 것이네."

김환의 낯빛이 백지장처럼 하얗게 질렸다. 남인들을 감시만 하라는 것도 아니고 역모를 꾸미게 유도하라니, 꿈에도 생각해본 적이 없는 일이었다. 없는 일을 만들어내는 것은 양심에도 찔렸지만 무엇보다 자칫 잘못하면 거꾸로 역모로 몰릴 수도 있었다. 김환은 당연히 거부했다. 그러자 김석주는 명을 따르지 않으면 남인들과 함께 역모한 것처럼 엮어 넣겠다고 협박했다. 김석주가 누군가. 임금의 외삼촌 아닌가. 김환은 울며 겨자 먹기로 김석주의 명을 받들지 않을 수 없었다.

이렇듯 숙종 8년(1682) 10월 21일 김환의 고변으로 시작된 임술고변은 김석주의 작품이었다.

김춘택은 임술고변의 시작과 끝을 잘 알고 있었다. 처음에는 김석주 시나리오 연출이었지만 결과는 김석주가 원하던 방향으로 끝나지 않았다. 이 사건이 남인에 대한 정치공작이라는 실상이 밝혀지면서 되레 역풍을 맞았기 때문이다. 임술고변 사건으로 서인들은 분열했다. 남인에 대한 정치공작이 도를 넘은 몰상식이라고 비난하는 쪽과 그렇게 해서라도 남인들을 쫓아내야 한다는 쪽으로 분열되기 시작했다. 서인이 남인에 대해 온건파인 소론과 강경파인 노론으로 분열해간 시초가 된 사건이 임술고변이었던 것이다. 그렇게 정국을 혼란스럽게 만들어놓고 김석주는 소기의 목적을 달성하지는 못했다.

절반의 승리였을 뿐이었다. 김춘택이 보기에 그때 김석주에게는 결정적인 순간에 숙종의 마음을 움직일 최종 병기가 없었다. 김춘택은 그것이 김석주의 패인이자 자신이 김석주와 다른 점이라고 생각했다. 김춘택에게는 김석주에게는 없던 결정적 비밀 병기가 있었다. 바로 숙원 최씨였다.

야망의 밀회

숙원 최씨는 봉보부인이 가지고 온 김춘택의 서찰을 펼쳤다.

> …… 곧 고변이 있을 것이네. 고변자는 김인(金寅)이네. 자네는 김인이 고변하는 날 밤에 전하를 모시면서 반드시 전하의 마음을 돌려야 하네. 우리 서인들과 자네와 복중 아기씨 전체 명운이 자네 손에 달려 있다는 점을 잊지 말게. 우리의 인연은 종묘사직을 보존하는 대의(大義) 앞에 던져졌으니 이제 일어날 일들과 전하의 총애를 사로잡는 것에 온 마음을 쓰길 바라네. 서찰은 태워 없애게.

서찰을 태운 연기가 공중에서 잠시 맴돌다 사라졌다. 숙원 최씨는 크게 숨을 들이켰다가 뱉어냈다. 일어나서 창문과 방문을 활짝 열었다. 연기와 탄내가 빠져나갔다. 나인은 전과(煎果)와 식혜를 가져오라고 생과방으로 심부름을 보냈기 때문에 주변엔 아무도 없었다. 3월의 한가하고 따스한 빛이 사방에 꽉 차 있었다.

7살에 궁에 들어온 이후의 생활이 주마등처럼 지나갔다. 아주 어릴 때 양친을 잃었기 때문에 이제는 얼굴도 기억나지 않는다. 또렷하게 기억나는 것은 어느 날 갑자기 명주로 새로 지은 노랑 저고리와 남색 치마를 입고 가마를 타고 대궐로 들어왔다는 사실이다. 겨우 7살에 시작한 궁녀 인생은 고된 바느질 인생이었다. 평생 침방나인 인생에서 벗어나지 못할 것 같았는데 인현왕후 민씨가 중전으로 있을 때 중궁전의 지밀나인으로 발탁되면서 최씨의 인생이 달라지는 것 같았다. 육체의 고단함에서 벗어났을 뿐 아니라 중전 민씨를 최측근에서 모시는 일은 최씨에게 보람과 긍지를 느끼게 해주었다. 그렇지만 희빈 장씨가 새 중전이 되자 원래 있었던 침방으로 쫓겨난 최씨의 인생은 다시 어두워질 수밖에 없었다. 그때가 20살이었다.

궁녀의 꽃이라는 상궁이 되려면 앞으로도 최소한 13년은 기다려야 했고 상궁이 된다 한들 희빈 장씨가 중전으로 있는 한 폐비 민씨의 지밀나인이었던 최씨가 중궁전의 지밀상궁 자리로 가기는 힘들 것으로 보였다. 폐비 민씨 측과 연결이 된 것은 그런 세월을 보내고 있을 즈음인 숙종 18년(1692), 최씨의 나이 23살 때였다.

"주상 전하께서 요즘 마음이 심란하신지 깊은 밤에 자주 산보를 하신다네. 지밀제조 상궁이 전하는 말이 딱히 정해진 곳 없이 앞에서 등을 밝힌 내관이 이끄는 데로 무심히 다니신다고 하니 자네는 몸을 정갈히 하고 그날 상을 차려놓고 불을 훤히 밝혀놓고 있으면 되네. 중궁전으로 가시는 발걸음이 요즘 뜸해지셨다고 하니 자네를 보시기만 한다면 주상께서 모른 척하시지 않을 것이네."

남의 눈을 피해 은밀히 만난 김춘택이 낮은 소리로 말했다. 승은을 입을 기회를 주겠다는 제안을 거절할 이유가 없었기 때문에 최씨는 만날 수밖에 없었다. 아무리 오래 궁에서 생활한다고 해도 궁녀가 임금을 가까이서 보고 만난다는 것은 하늘의 별을 따는 것보다 어려웠다. 승은을 입으려면 일단 임금을 만나야 하는데 침방에서 일 년 열두 달 하루 종일 바느질로 세월을 보내야 하는 최씨가 임금을 만날 일은 하늘이 무너진다 해도 일어나지 않을 일이었다.

꿈에서도 일어나지 않을 우연을 만들어주겠다는 것이다. 인생을 바꿀 절호의 기회를 놓치지 말라는 제안을 최씨는 과감하게 받아들였다. 더 나이 들기 전에 유일하게 가지고 있는 젊은 몸뚱이로 전무의 운명을 전부의 운명으로 탈바꿈시키리라. 이를 악물었다.

그렇게 왕을 만났고 이제 뱃속에는 두 번째 아이가 숨 쉬고 있다. 이 아이는 잘 낳아 무사히 키워야 한다. 지금 중전 장씨가 쫓겨난다면 내 아이에게 기회가 온다. 운명의 수레바퀴는 거침없이 굴러가고 있었다.

선대왕(숙종)이 하루는 밤이 깊어진 후에 지팡이를 들고 궁궐 안을 돌아다니다가 나인들의 방을 지나가게 되었다. 유독 한 나인의 방만 등촉이 휘황찬란했다. 밖에서 몰래 엿보니, 진수성찬을 차려놓고 한 나인이 두 손을 마주잡고 상 앞에 꿇어 앉아 있었다. 선대왕이 매우 이상히 여겨 그 문을 열고 연유를 물어보았다. 소녀는 중전의 시녀로서 특별히 총애를 받았습니다. 내일은 중전의 탄일입니다. 내일이 탄생일인데 누가 좋은 음식을 드리겠습니까? 소녀의 도리로는 창연함을 이길 수 없어서 이것을 차린 겁니다. 중전께서 좋아하시는 것들이지만 도저히 진헌할 길이 없어서, 마치 진헌하는 것처럼 소녀의 방안에 차려놓고 정성을 드리고자 한 것입니다. 임금이 그제야 생각해보니, 다음 날이 정말로 중전의 탄일이었다. 느끼는 바가 있어 그 성의를 가상히 여기시고는 마침내 그를 가까이하셨다.

— 이문정, 『수문록(隨聞錄)』[2]

---

2 김종성, 『왕의 여자』, 역사의 아침, 2011, 105~107쪽에서 재인용. 이문정(李聞政)은 숙종, 경종, 영조 시대를 살았던 친노론 인사로, 본명은 이진정(李眞政)이다. 그의 육촌동생인 이진유(李眞儒)가 소론의 편에서 노론을 압박하자 '진(眞)' 자 항렬을 버리고 문정으로 개명했다는 말이 전한다. 그가 쓴 『수문록』은 조선 후기 당쟁에 관해 기록한 책이다.

2화
남인 잡는 '노론의 행동대원'

눈물과 갑술환국, 숙원 최씨의 첫 번째 활약

숙종 20년(1694, 갑술) 3월 29일 밤 자정 무렵.

문틈으로 들어오는 바람 때문인지 촛불이 가볍게 일렁거렸다. 일렁이는 촛불에 따라 숙종과 숙원 최씨의 그림자도 흔들렸다.

"오늘 김인이 고변한 정상에 대해 아는 대로 말해보거라."

"전하……."

"장희재(張希載, 희빈 장씨의 오빠)가 김해성(金海成)에게 뇌물을 주고 그 장모를 시켜 독을 넣은 음식을 가지고 들어와 너를 독살하려고 시도했다는 말을 들었느냐?"

"소첩은 모르는 일입니다. 제게는 숙모입니다. 저는 더 드릴 말씀이 없습니다."

"드릴 말씀이 없다? 네가 지금 나를 능멸하려는 게냐?"

숙종의 목소리가 떨렸다. 숙원 최씨는 납작 엎드려 흐느껴 울기 시작했다.

"전하 이 모든 일이 미천한 제가 전하 곁에 있기 때문에 일어난 일이옵니다. 폐서인이 되신 전 중전마마가 계셨다면 제게 그런 일이 일어나지 않았을 것이옵니다. 뱃속의 아기씨를 위험에 처하게 한 죄는 저에게 있으니 제게 죄를 물으소서. 통촉하여 주소서."

"한 가지만 말하라. 독이 든 음식을 먹거나 본 적이 있었느냐?"

"제가 어린 나이에 양친을 잃고 궁에 들어오기 전에 저를 돌봐준 이입니다. 천하고 어리석고 이제 다 늙어 사리분별을 제대로 못하여 잠깐 저들에게 속았을 뿐이니 전하께서 소첩을 조금이라도 생각해주신다면 아무것도 묻지 말아주소서. 다행히 저와 복중 아기씨는 무탈하옵니다. 전하, 제발 통촉해주소서."

숙원 최씨는 통곡하며 하소연했다. 숙종은 들고 있던 잔을 상 위에 팽개치듯 내려놨다. 천한 나인 출신이라 임금의 아이를 가지고서도 자기를 방어하는 말은 한마디도 할 수 없는 가련한 여인을 보고 있기가 힘들었다. 숙종은 임금이 어떤 존재인지 지체 없이 보여주리라 마음먹는다.

자정을 넘기고 곧이어 다음 날인 숙종 20년⁽¹⁶⁹⁴, 갑술⁾ 4월 1일 새벽 2시.

"임금을 우롱하고 진신을 함부로 죽이려는 정상이 매우 통탄스러우니 국청에 참여했던 대신 이하 모든 관료를 삭탈관작⁽削奪官爵⁾ 문외출송⁽門外出送⁾하고, 특히 민암⁽閔黯⁾과 금부당상을 모두 외딴 섬에 안치하라."

실로 하루아침에 일어난 뜻밖의 환국이었다. 사실은 서인 김인의 고변이 있기 전에 남인 측 고변이 먼저 있었기 때문이다. 4월 1일 갑술환국이 일어나기 전인 3월 23일, 남인 우의정 민암은 서인들이 폐비 민씨 복위를 꾀하고 있다고 숙종에게 고했다. 민암은 자신이 알고 지내던 함이완(咸以完)이라는 자에게 들었다면서 이렇게 고했다.

"김진귀(金鎭龜)의 아들 김춘택(金春澤)과 유명일(俞命一)의 아들 유복기(俞復基)와 유태기(俞泰基) 등이 모여서 각자 금전과 포백(布帛)을 거두고 당여(黨與)를 많이 기르며, 거짓말과 허위의 풍문을 만들어내고 조신(朝紳)을 헐뜯어 인심을 불안하게 하여, 음험하고 간악한 짓을 시행하려는 계획을 만들었다 하옵니다."

여기서 계획이란 남인 정권을 모함하고 폐비 민씨를 복위시킬 계획을 말한다. 곧바로 의금부에 국청이 설치되었다. 국문을 통해 서인들이 폐비 민씨를 복위시키기 위해 남인들을 사찰하고 궁중과 숙종의 동향을 수시로 엿보았다는 정황이 드러났다. 이들은 서로 혈연, 친분, 주종 관계로 단단히 엮여 있었는데 환국을 도모하기 위해 상당량의 은화를 모았다. 또 다수의 상인 역관들도 관련되어 있었다. 이들 중 김춘택은 궁궐과 통하기 위해 궁인의 동생을 돈으로 매수하여 첩으로 삼았고 또 장희재의 처(妻)와 간통하여 남인들의 동향을 정탐했다는 사실도 드러났다.

민암에게 고변한 함이완 역시 그들과 함께 환국을 도모하였고 김춘택과도 잘 어울리는 사이였다. 그랬던 함이완이 고변을 한 것은 이런 정황들을 미리 알고 있었던 민암의 협박 때문이었다. 민암은 일찍부터 서인들의 동향을 파악하고 있었는데 확증을 잡아 일망타진하려는 목적으로 사건을 터뜨릴 시기를 조율하고 있었던 것이다. 목숨만은 살려주겠다는 민암의 강요에 함이완은 고변을 할 수밖에 없었다. 그렇게 정국은 함이완 고변 관련자들의 결안을 작성하여 행형을 하려던 참이었다.

그런데 불과 엿새 뒤인 3월 29일, 서인 김인이 또 고변을 한 것이었다. 숙종은 고변을 듣고 고변에 언급된 우의정 민암, 병조판서 목창명(睦昌明), 호조판서 오시복(吳始復), 좌윤 장희재가 각자 자신들의 입장에 맞는 변명을 하자 이들의 말을 전부 수긍하고 문제 삼지 않을 것처럼 넘어갔다. 이에 따라 함이완 고변 관련자들만 계속 국문하고 김인 고변에 대해서는 김인을 비롯해 고변 관련자들만 가두고 다른 조치들은 하지 않았던 터였다. 그러던 숙종이 돌연 하룻밤 사이에 서인들의 국청을 주관했던 남인 우의정 민암과 금부당상들을 모두 쫓아내버린 것이다. 하루아침에 정권이 남인에서 서인으로 넘어간 이 사건이 갑술환국(甲戌換局)이다.

숙종은 일거에 20여 명의 남인 중신들을 삭탈관작, 문외출송, 절도 유배를 명했다. 그리고 당일 영의정에 남구만, 훈련대장에 신여철, 병조판서에 서문중 등 서인들을 대거 등용한다. 뿐만 아니라 숙종 15년 기사환국(己巳換局) 때 사사당했던 민정중(閔鼎重, 인현왕후 민씨의 백부), 송시열(宋時烈) 등의 관작을 복구하고 신원한다. 4월 12일에는 왕비 장씨가 옛 작호인 희빈으로 강등되고 폐비 민씨가 서궁(西宮) 경복당(景福堂)으로 들어왔다. 6월 1일 민씨는 다시 왕비로 책봉됐다. 그 다음 날 최씨는 종4품 숙원(淑媛)에서 종2품 숙의(淑儀)로 승진한다. 남인들은 줄줄이 유배당했고, 그중에서도 함이완 고변의 국청을 주도했던 남인 핵심 인물들은 전부 사사당했다. 이때 희빈 장씨의 오빠 장희재는 절도(絕島) 위리안치(圍籬安置) 형에 처해진다. 갑술환국의 남인 피화자는 총 135명이나 되었다.

갑술환국에 결정적 역할을 해낸 숙원 최씨는 그해 9월 13일 연잉군(延礽君. 훗날 영조)을 낳는다. 숙종은 대대적인 환국 뒤에 무사히 태어난 둘째 아들을 얻은 기쁨을 감추지 않았다.[3] 숙원 최씨는 숙의로 승진한 이듬해인 숙종 21년(1695)에는 종1품 귀인으로 다시 승진한다. 숙종 24년에는 셋째 아들을 또 낳았으나 사흘 만에 사망한다. 계속 숙종의 총애를 받던 최씨는 숙종 25년에 드디어 후궁의 최고 지위인 정1품 빈(嬪)에 책봉되었다.

희빈 장씨에게 사약을, 숙빈 최씨의 두 번째 활약

서인 노론에 맹렬히 충성하던 최씨는 갑술환국으로부터 7년 뒤 왕비 민씨가 사망했을 때 다시 한 번 큰 활약을 한다. 왕비로 복권된 민씨는 숙종 26년(1700)부터 아프기 시작했다. 다리에 종기가 심했는데 나중에는 다리의 피부가 성한 곳이 없어서 차마 쳐다볼 수 없을 정도였다. 극심한 통증으로 고통받던 민씨는 흐느끼며 말했다.

"지금 나의 병 증상이 극히 괴이하여 사람들이 말하기를 반드시 '빌미가 있다'고 한다. 궁인 시영(時英)이란 자가 의심스럽고 뿐만 아니라 탄로된 적도 있는데 과연 어떤 사람이 주상전하에게 이 사실을 고하겠는가. 고하지 않는다면 전하께서 어찌 알겠는가. 내가 원하는

---

3 숙종은 숙원 최씨의 출산으로 설치되었던 호산청(護産廳)에서 일했던 환시(宦侍)와 의관(醫官)에게 내구마(內廐馬)를 상으로 준다. 일찍이 임금이 상으로 주는 내구마를 환시나 의관에게 주었던 적은 없었다. 임금의 체통을 잃고 과하게 행동한 것이다.

바는 오직 빨리 죽는 것이지만 아직도 병이 나았다 더했다 하면서 이토록 위독하니 얼마나 고통스럽고 원통하지 않겠는가."

주변에서 듣고 있는 모든 이들이 고개를 숙이고 소리 죽여 눈물을 흘렸다. '빌미가 있다'는 말은 누군가 저주의 굿판을 벌이고 있다는 말이었다. 그 저주 때문에 병에 걸렸고 병이 낫지 않는데 그런 말을 임금에게 전할 사람이 없다면서 억울해하던 민씨는 결국 숙종 27년(1701) 8월 14일에 사망한다.

이렇게 억울해하며 죽어간 민씨의 소원을 풀어준 사람이 숙빈 최씨였다. 숙빈 최씨는 왕비 민씨가 희빈 장씨의 무고(巫蠱. 무술巫術로 남을 저주함) 때문에 죽었다고 숙종에게 고한다.

> ······ 이때에 이르러 무고(巫蠱)의 사건이 과연 발각되니, 외간(外間)에서는 혹 전하기를, '숙빈 최씨가 평상시에 왕비가 베푼 은혜를 추모하여, 통곡하는 마음을 이기지 못하고 임금에게 몰래 고하였다' 하였다.
>
> – 『숙종실록』, 숙종 27년 9월 23일

최씨의 말을 들은 숙종은 크게 분노하여 그 길로 희빈 장씨의 처소로 가서 장씨의 몸을 수색하고 궁인들을 국문한다. 그리고 9월 23일에 비망기(備忘記)를 내린다.

> 대행왕비(大行王妃)가 병에 걸린 2년 동안에 희빈 장씨는 한 번도 문병 가지 않았을 뿐만 아니라, '중궁전'이라고 하지도 않고 반드시 '민씨'라고 일컬었으며, 또 말하기를, '민씨는 실로 요

사스러운 사람이다'라고 하였다. 이뿐만이 아니다. 취선당(就善堂) 서쪽에다 몰래 신당(神堂)을 설치하고, 매양 2, 3인의 비복(婢僕)들과 더불어 사람들을 물리치고 기도하되, 지극히 빈틈없이 일을 꾸몄다. 이런 일을 참을 수가 있다면 무엇인들 참지 못하겠는가? 제주에 유배시킨 죄인 장희재부터 먼저 처형하여 빨리 나라의 형벌을 바로잡도록 하라.

그렇게 장희재에 대한 국문이 시작됐다. 그리고 숙종은 10월 8일 희빈 장씨에게 자진하라는 명을 내린다. 당시 14살이었던 왕세자 경종은 궁문 밖에 거적을 깔고 울면서 하소연했다.

"신의 어머니가 그릇된 일을 했다면 신이 알지 못할 리가 없으니 함께 죽기를 청합니다."

어머니를 죽일 것이면 왕세자인 자신도 함께 죽여달라고 애원했다. 나중에는 여러 신하들의 옷자락을 붙잡고 울면서 하소연했다.

"내 어머니를 살려주오, 살려주오."

세자 입장을 생각해서 장씨 남매에게 온정을 베풀자고 주장했던 영의정 최석정(崔錫鼎)이 세자의 손을 잡고 함께 울었다.

"저하, 신이 감히 죽을지언정 저하의 은혜를 갚지 않겠습니까?"

좌의정 이세백(李世白)은 옷자락을 붙잡는 왕세자의 손을 털어내며 자리를 피해 달아났다. 어린 왕세자의 통곡은 그저 통곡일 뿐이었다. 그렇게 희빈 장씨는 사사당한다. 왕세자의 외삼촌 장희재는 숙종 27년 10월 29일 군기시(軍器寺) 앞길에서 복주(伏誅, 엎드려 고개를 숙인 머리를 벰)된다. 장희재의 시신은 사방팔방으로 찢겨 버려졌고 돼지와 개가 다투어 먹었다.

숙종의 유모 봉보부인이 인경왕후(숙종 비로 숙종 6년에 사망, 김춘택
의 고모) 본가와 친밀하여 갑술년 환국 시에 사람들이 말하기를
대개 김진귀의 아들 김춘택이 봉보부인을 통해 최씨와 계략을
세워 남인의 정상을 주상에게 자세히 보고하여 이번 환국이
이루어졌다고 하였다. 이 때문에 남인과 소론에서는 숙빈을
가리켜 김가(金家)의 사인(私人)이라고 하였다.

– 민진원,[4] 『단암만록』

'서인 노론의 열혈 당원' 숙빈 최씨가 작정하고 벌인 일은 이렇게
대성공을 거두었다. 그때 최씨의 아들 연잉군은 8살이었다.

---

4   민진원(李閔政)은 인현왕후 민씨의 작은오빠이다. 1691년 과거에 급제하고 갑술환국 이후 복귀
하여 사복시정, 사헌부집의 등을 지냈고 노론에 참여하였다. 영조의 탕평책을 반대하였으며 경
종과 영조 때 노론 영수로 활약하였다.

3화
노론과 소론의 탄생

수상한 역모 사건

애초에 인조반정을 주도한 당파인 서인(西人)이 노론과 소론으로 갈라진 것은 숙종의 외삼촌 김석주가 기획한 정치공작 사건인 임술고변 때문이었다. 김석주는 숙종 6년(1680)에 경신환국을 주도하여 서인 정권을 세운 후 남인을 완전히 뿌리 뽑기 위한 계책에 골몰했다. 14살에 즉위한 소년 왕 숙종에게 외삼촌 김석주는 절대적인 존재였고 김석주는 숙종이 자신에게 철저히 의존하도록 만들었다.

남인의 절멸을 꾀했던 임술고변의 개요는 이렇다. 김석주는 남인이 종친 복평군(福平君, 효종의 조카이자 현종의 사촌)을 추대하여 역모를 일으킬 거라고 생각했다. 그래서 김석주는 김환을 시켜 남인을 사찰하면서 역모로 유인하도록 한다. 그런데 김석주는 김환에게 이 일을 지시한 후에 사은사로 청나라에 간다. 김석주는 자신이 자리를 비운 사이에 일의 총괄 책임을 자신의 심복인 어영대장(御營大將) 김익훈(金益勳)에게 맡긴다. 그런데 김환이 김익훈에게 상황 보고를 하며 남인들에게 공작을 펴는 와중에 오히려 김환이 역모를 꾸미고 다닌다는 소문이 나버린다. 김익훈은 김환에게 고변을 서두르라고 재촉한다.

김환이 김석주로부터 정탐을 지시받은 남인 인사 중에는 허새와 허영뿐만 아니라 그들과 친한 유학자 유명견(柳命堅)도 있었다. 그런데 유명견을 몰랐던 김환은 유명견의 친척인 전익대(全翊戴)를 사귀어 자신의 일에 끌어들인다. 소문은 퍼져가는데 최종 책임을 져줄 김석주는 언제 귀국할지 알 수 없었기 때문에 잘못하면 김환이 역모 혐의를 뒤집어쓸 수도 있는 상황이 돼버렸다.

다급해진 김환은 전익대에게 유명견이 역모 행위를 했다고 함께 고변하자고 설득한다. 혼자 고변하는 것보다 훨씬 신빙성이 높아져 자신의 신변이 안전할 것이라고 생각했기 때문이다. 그런데 전익대는 설득당하지 않았다. 역모를 꾸민 증거가 없는데 무고할 수는 없다고 고집을 피운 것이다. 전익대의 고집을 꺾지 못한 김환은 김익훈을 찾아가 어영청의 군사를 풀어 전익대를 끌고 가 구금해 달라고 청한다. 먼저 고변을 하고 전익대를 증인으로 부를 테니 그때까지 가둬놓고 회유해달라는 것이었다.

그리하여 숙종 8년 10월 21일에 김환은 허새, 이덕주, 민암, 권대운(權大運), 오시복(吳始福), 오정위(吳挺緯) 등과 본인 김환을 포함한 16명이 복평군을 추대하여 대왕대비에게 수렴청정을 맡길 계획을 세우고 열서(列書)하기로 했다고 고변한다. 국청이 설치되고 추국이 시작됐다.

그런데 이틀 만에 김중하(金重夏)란 인물이 민암이 사생계(死生契)를 조직하여 김석주 등을 제거하려는 음모를 꾸몄다고 고변한다. 불과 이틀 사이에 남인 전멸을 위한 비슷한 내용의 고변이 다른 사람에게서 또 나온 것이다. 고변 정국이 시작되자 공훈을 받아내기 위해 서인 내부에서 경쟁이 일어난 것이다.

국청이 진행되면서 김익훈은 김환이 전익대를 증인으로 부르기만을 기다렸다. 하지만 상황은 김익훈이 원하는 대로 흘러가지 않았다. 허새와 허영이 모진 고문에 생각보다 일찍 자백을 해버리는 바람에 김환은 전익대의 도움 없이도 공신으로 책봉될 기회를 얻은 것이다. 이것을 알아차린 김환은 전익대를 증인으로 부르지 않았다. 공연히 불렀다가 자신의 입장이 오히려 불리해질 수도 있었기 때문이다. 반면에 김익훈은 초조해지기 시작했다. 왜냐하면 김익훈은 그때까지 전익대를 가둬놓고 있었기 때문이다.

잡아놓은 전익대를 풀어줄 수도 없고 계속 가둬둘 수도 없게 되자 김익훈은 당시 국청의 책임자인 영의정 김수항(金壽恒)을 찾아가서 직접 전익대를 체포해야 한다고 주장했다. 그러나 김수항은 고변자가 말하지 않은 사람을 함부로 체포할 수 없다고 거절했다. 김익훈이 이러지도 저러지도 못하고 있을 때 마침 김석주가 연경에서 돌아왔다. 김익훈이 달려가서 사정을 말하니 김석주가 묘책을 지시했다. 승정원(承政院) 아방(兒房, 군사 직숙소)으로 들어가 비밀리에 장계를 올리면 임금이 바로 받아서 국청으로 명을 내리게 할 수 있다는 말이었다. 김익훈은 곧 밀계를 써서 고변을 하는데 그때가 10월 27일이었다.

김환의 첫 고변이 10월 21일이었으니 이레 만에 세 번의 고변이 터진 것이다. 김익훈의 밀계로 전익대가 잡혀 들어왔다. 전익대는 그동안 김환이 고변을 한 덕분에 곧 공신에 책봉될 것이라는 사실을 알고는 증거 없이 사람을 무고할 수 없다는 생각을 바꿨다. 잡혀 들어온 전익대는 남인 유명견이 역모를 꾀했다고 고변했다.

김환, 김중하, 김익훈.

이 '삼인삼색' 고변에 대한 국청이 진행됐다. 세 번의 고변에 거론된 관련자들은 모두 국청에 나와 대질 심문을 받았다. 조사가 진행되면서 김중하가 민암을 무고했고 전익대가 유명견을 무고했다는 사실이 드러났다. 이에 따라 김중하와 전익대가 유배형에 처해지고 민암과 유명견은 석방되었다. 김환만이 허새가 고문을 못 이겨 일찍 자백함에 따라 고변을 인정받아 자헌대부를 제수받는다.

그런데 반전이 일어났다. 조사 과정에서 사건의 내막이 알음알음 새어나가더니 급기야 사건들이 조작된 것이라는 의혹이 광범위하게 퍼진 것이다. 상황이 달라졌음을 알아차린 전익대는 진술을 번복했다. 김환의 위협을 받아 어쩔 수 없었고 유명견을 고변한 것도 거짓말을 한 것이라고 증언한 것이다. 이 자백으로 김환과 김환 뒤에 김익훈이 있었다는 정황이 뚜렷해졌다. 김환을 처벌하고 김익훈도 국문해야 한다는 삼사(三司. 사헌부 · 사간원 · 홍문관)의 젊은 관료들의 주장이 거세졌다. 그러나 숙종은 모두 묵살했다. 그리고 전익대는 사형에 처하고 김환은 유배를 보내는 데 그쳤다. 종범이 주범보다 무거운 벌을 받은 것이다.

누가 봐도 상식적으로 이해할 수 없는 일이었으므로 정치권이 발칵 뒤집혔다. 대간들이 벌떼처럼 들고 일어났다. 이미 세간에는 모든 조작의 배후에 김석주가 있고 김익훈이 그의 지시를 받아 김환, 김중하, 전익대를 움직였다는 말이 파다했다.

당색을 떠나 젊고 양식 있는 유생들 사이에서 이번 고변 사건이 비상식적이라는 여론이 들끓었다. 김익훈을 처벌해야 한다는 상소가 연달아 올라왔다. 사실 김석주를 지목해야 맞는 것이지만 임금의 외척인 거물 중신을 변변한 증거도 없이 소문만으로 거론할 수는 없는 일이었다. 그렇게 삼사의 대간들은 집요하게 김익훈 처벌을 청했고 이에 맞서 영의정 김수항, 좌의정 민정중, 우의정 김석주는 김익훈을 옹호했다. 이렇게 김익훈을 가운데 두고 양측의 논쟁은 갈수록 격렬해지고 있었다.

송시열의 배신과 서인의 분열

송시열이 나타난 것은 이 무렵이었다. 서인이 '대로(大老)'라고 부르는 국가 원로 송시열은 숙종 6년 서인이 집권한 경신환국 후 영중추부사(領中樞府事)에 임명되어 잠깐 관직에 있었지만 곧 낙향한다. 숙종이 여러 번 출사를 요청했지만 병을 핑계로 조정에 나오지 않고 있었다. 그러나 숙종은 국가 중대사에 대한 자문을 구하기 위해 자주 사관이나 승지를 보내곤 했다. 김익훈 처벌 문제로 격론이 벌어지자 좌의정 민정중은 숙종에게 산림의 영수들인 송시열, 박세채, 윤증을 조정으로 부르기를 청한다. 임술고변에서 비롯된 김익훈 처벌 파장을 가라앉히기 위해 산림 영수들의 지지를 끌어내 평평한 저울추를 자신들 쪽으로 기울게 하려는 의도였다.

송시열은 당시 사류(士類)들의 존경과 추앙을 한 몸에 받는 산림 영수 중 한 사람이었으므로 김익훈 처벌 문제가 쟁점이었던 정국에서 그의 입에 세간의 눈과 귀가 쏠리는 것은 당연했다. 젊은 선비들은 나라의 원로가 김익훈의 처벌을 주청하면 숙종도 받아들일 수밖에 없을 것이라는 기대감으로 송시열을 기다렸다. 드디어 송시열이 여주에 이르자 숙종은 승지 조지겸을 보내 마중한다. 조지겸은 여주에 머물면서 송시열에게 근래에 있었던 일들을 말한다. 전후 사정을 들은 송시열의 반응은 이러했다.

"그런 일이 사실이라면 김익훈은 죽여도 아까울 것이 없는 인물이오."

조정으로 돌아온 조지겸은 송시열의 뜻을 주변 사람들에게 알린다. 뜻있는 젊은 선비들은 존경하는 산림의 영수가 자신들과 같은 의견을 가지고 있다는 것을 확인하고 기뻐했다.

그러던 송시열이 달라진 것은 김석주를 만난 후였다. 김석주는 김익훈이 아방에서 밀계를 올린 것은 자신과 상의해서 한 일이고 당시 고변 정국에서 불가피한 면이 있었다고 김익훈을 두둔해줄 것을 송시열에게 부탁한 것이다.

드디어 송시열을 만난 날 숙종이 물었다.

"지금 조정이 김익훈 문제로 서로 의견이 나뉘어 있소. 나는 대로의 말에 따라 결정을 내리려고 하오. 어떻게 생각하시오?"

숙종은 김석주가 송시열을 설득했을 것이라고 자신하고 있었고 또 송시열을 방패막이로 자신은 혼란스런 정국에서 빠져나가고 싶어했다. 송시열은 두 번 세 번 사양하다가 이렇게 대답한다.

"김장생(金長生)은 신의 스승이옵고 김익훈은 김장생의 손자입니다. 신이 김익훈을 잘 선도하지 못해서 일이 이 지경에 이르렀으니 신의 죄이옵니다. 통촉하여 주소서."

송시열의 이 한마디로 김익훈은 면죄부를 받았고 젊은 선비와 관료들은 크게 실망한다. 송시열이 김석주, 민정중을 중심으로 하는 숙종의 척신(왕과 성이 다른 왕의 인척) 손을 들어준 이 일을 기점으로 서인은 사실상 왕의 척신과 비(非)척신(또는 반反척신)으로 갈라져간다. 척신을 편들고 손을 잡은 서인은 송시열을 비롯하여 김석주, 김익훈, 민정중 등 사회적 지위와 연배가 높은 사람들을 중심으로 형성되었기 때문에 노론(老論)이라 했고 그에 맞선 비척신 또는 반척신 서인들은 상대적으로 젊은 사람들을 중심으로 형성되었기 때문에 소론(少論)이라 했다.

4화
숙종의 변심

저작권 분쟁 뒤의 해묵은 과거사

숙종 20년(1694) 갑술환국 이후 대체로 소론 정권 위주에 노론을 배합하는 정국 운용을 해오던 숙종이 눈에 띄게 노론으로 기울기 시작한 정치적 계기는 숙종 41년(1715)에 일어난 『가례원류(家禮源流)』 저작권 분쟁 사건이다. 이 분쟁에서 숙종은 결국 노론의 손을 들어주는데 이것을 병신처분(丙申處分)이라고 한다.

공저한 책의 재간행을 둘러싸고 공저자의 손자와 아들이 저작권 분쟁을 일으킨 것이 『가례원류』 사건이다. 이 사건은 각 저자의 손자와 아들의 관계가 사제지간이었기 때문에 더 복잡해졌다.

『가례원류』는 병자호란 직후에 유계(俞棨)가 윤선거(尹宣擧)와 함께 중국과 조선의 예서(禮書)들을 정리한 책이다. 유계는 병자호란 당시 청나라에 끝까지 항전해야 한다고 주장했던 사람인데 예론에 능했던 학자이자 문신이었다. 유계는 이 책의 초본을 만들어 제자 윤증(尹拯)에게 맡겨두었다.

유계는 현종 5년(1664)에 사망했고 그 후 숙종 39년(1713)에 노론 좌의정 이이명(李頤命)이 유계의 손자이자 용담현령인 유상기(俞相基)가 그 책을 간행 배포하려고 하는데 작은 고을의 재력만으로는 어려우니 국가가 재정을 보전해줘야 한다고 청한다. 숙종의 승낙을 받은 유상기는 윤증에게 가지고 있는 초본을 달라고 한다.

그런데 소론 영수였던 윤증은 유상기에게 원본을 내주지 않았다. 윤증은 윤선거의 아들이었다. 윤증은 아버지 윤선거가 『가례원류』 초본 집필 간행에 함께했다고 주장했다. 또 자신도 그 후 꾸준히 『가례원류』 초본을 보완해왔다고 했다. 그러므로 어느 날 갑자기 유상기가 한마디 상의도 없이 간행하겠다고 통보한 것을 받아들일 수 없다는 것이었다.

윤증은 유상기의 스승이기도 했으므로 둘의 갈등은 더 심해졌다. 문제가 커지기 시작한 것은 유상기가 다른 곳에서 초본을 구해 결국 간행한 뒤부터였다. 유상기는 책에 권상하(權尙夏)의 서문과 정호(鄭澔)의 발문을 실어 윤증이 스승(유계)을 배반하면서까지 저작권을 고집했다고 신랄하게 비난했다.

유상기는 이 책을 숙종 41년 11월에 숙종에게 올렸는데 이 글을 본 숙종은 정호를 파직한다. 임금이 개인들 간의 사적 소유권 분쟁에 심판자 입장으로 관여하자 문제는 순식간에 공론의 장으로 나와 노론과 소론 간의 중요한 쟁점이 되었다.

또 『가례원류』 저작권 분쟁을 빌미로 노론과 소론 사이의 해묵은 과거사들이 터져 나왔다. 거슬러 올라가보면 불편한 과거사는 소론

영수 윤증과 노론 영수 송시열과의 얽히고설킨 '회니시비(懷尼是非)'까지 연결되어 있었다.[5]

이 시비 논쟁은 애초에 송시열과 윤휴(尹鑴)가 주자(朱子)를 대하는 시각차에서 비롯되었다. 중국의 사서인 『논어』, 『맹자』, 『대학』, 『중용』 중에서 『논어』와 『맹자』는 고대부터 유학 경전이었지만 『대학』과 『중용』은 원래 고대서 『예기(禮記)』에 각각 한 편씩 있었던 것을 남송의 주희(朱熹)가 따로 독립된 책으로 만들어 『논어』, 『맹자』와 같은 반열에 올려놓은 것이었다. 그런데 윤휴는 자신의 책 『중용신주』에서 자신이 직접 주석을 달아 주자의 『중용』과는 다른 해석을 내놓았다. 또 『중용독서기』에서는 주희가 『중용』을 구분한 장절(章節)을 따르지 않고 독자적으로 다른 분류 체계를 만들어 선보였다.

송시열이 보기에 이것은 사문난적(斯文亂賊) 행위였다. 송시열은 "하늘이 주자를 낸 마음은 실상 공자를 낸 마음에서였다."라고 할 만큼 '주자 절대추종론자'였다. 그에게 주자는 호기심과 의심을 허락하는 학문이 아니라 의심하지 않고 무조건 믿어야 하는 '신앙'이었다. 윤휴의 이런 학문 방식에 불만이 많았던 송시열은 윤선거에게 윤휴를 어떻게 생각하는지 묻는다. 평소 윤선거가 윤휴의 학문적 성과를 긍정적으로 여기고 있다는 느낌을 받았기 때문이었다.

"하늘이 공자에 이어 주자를 내린 이후 진실로 만천하에 드러나지 않은 이치가 하나도 없소. 그런데 윤휴가 감히 자기 견해를 내세워 방자하게 억설을 만들어내고 있는데 공은 어찌하여 도리어 윤휴의

---

5   회니시비는 송시열이 회덕(懷德)에 살고 있었고 윤증이 이성(尼城)에 살았기 때문에 붙여진 이름이다.

졸도^(卒徒)가 되려는 것이오?"

송시열의 이런 물음에 윤선거는 굴욕적이었지만 뚜렷하게 송시열이나 윤휴 편을 드는 발언을 하지 않았다. 그 후 송시열은 다시 윤선거에게 '주자가 옳은가 윤휴가 옳은가, 주자가 그른가 윤휴가 그른가'를 분명하게 말하라고 다그쳤다.

윤선거는 "흑백으로 논하면 윤휴는 흑이고, 음양으로 논하면 윤휴는 음"이라고 에둘러 말한다. 윤휴와 송시열의 관계가 더 이상 어긋나지 않게 하기 위한 임기응변식 답변이었다. 송시열은 윤선거가 내내 윤휴의 학문을 옹호하는 태도를 취하는 것이 못내 괘씸했다.

그러던 와중인 현종 10년(1669)에 윤선거가 사망한다. 송시열은 평소 윤선거와 윤휴의 관계를 의심하며 못마땅하게 생각했지만 오랜 세월 교우해왔기 때문에 제문을 보내 조문을 했다. 그런데 윤선거의 아들 윤증이 윤휴가 보낸 제문도 받은 것이 송시열에게는 큰 문제가 됐다. 윤증은 송시열의 제자이기도 했기 때문이다. 윤증이 윤휴의 제문을 물리치지 않고 받은 것 때문에 송시열은 "윤선거가 윤휴에게 혹한 사람들 중에 으뜸이다."라며 공공연하게 윤선거를 비난하기 시작했다.

그런데 사제지간인 윤증과 송시열의 관계가 이쯤에서 끝났다면 회니시비는 일어나지 않았을 것이다. 회니시비의 직접적인 계기는 윤증이 아버지 묘에 묘갈^(墓碣, 묘비)을 세우면서 송시열에게 묘갈명을 써달라고 청한 것이었다. 윤증은 주변의 반대를 무릅쓰고 아버지의 오랜 교우이자 자신의 스승이었던 송시열에게 묘갈명을 청하는 것이 도리라고 여겼다. 평소 의견이 다 맞지는 않았지만 그래도 아버지 윤선거가 송시열에게 마음으로부터 거리를 둔 것은 아니라고 믿고 있었기 때문이다. 윤증은 송시열에게 묘갈명을 청하면서 묘갈명 작성에 참고하라고 박세채가 쓴 행장과 윤선거가 생전에 송시열에게 보내려고 써놓기만 하고 미처 보내지 못했던 편지(기유의서己酉擬書)를 함께 보낸다.

편지 내용은 "윤휴와 허목 등은 본시 시류이니 잘못이 있다고 해도 너무 내치지 말고 차차 등용하여 쓰는 것이 인심을 얻는 일이다."라는 것이었는데 윤증의 생각과 달리 송시열은 이 편지를 매우 불쾌하게 여겼다. 윤증은 순진하게도 송시열과 윤휴, 윤선거의 관계를 너무 단선적으로 파악하고 있었던 것이다. 송시열은 윤선거의 묘갈명을 쓰고 싶지 않았지만 대놓고 쓰지 않을 명분이 없었으므로 성의 없는 묘갈문을 대충 써서 보낸다.

송시열의 비문을 받은 윤증은 깜짝 놀랐다. 문제의 부분은 "박세채가 쓴 행장을 따라 쓸 뿐 새로이 짓지 않는다."는 대목이었다.

"진실하게 현석(박세채의 호)이 더할 수 없이 표현했기에 나는 그의 말을 따라 이 비명을 쓰는 것이다(允矣玄石極基墓狀我術不作揭此銘章)."

한마디로 자신은 따로 할 말이 없다는 것이다. 너무나 성의 없는 비문을 받은 윤증은 여러 차례 개찬(改撰)을 청하고 애원했지만 송시열은 몇 자구만 수정하는 데 그친다.

윤증과 송시열 간의 윤선거 묘갈문 파문은 송시열이 윤선거의 강화도 행적을 비난하면서 더 확대되었다. 윤선거는 병자호란 때 처자를 거느리고 강화도로 들어갔었다. 그곳에서 권순장(權順長), 김익겸(金益兼) 등과 함께 의병을 일으켜 최후까지 싸우다가 자결하기로 맹세한다. 그런데 강화도는 너무나 쉽게 함락되고 권순장, 김익겸 등은 자결을 한다. 윤선거의 아내도 절의를 지켜 스스로 목숨을 끊는다.

그런데 윤선거는 차마 죽지 못했다. 병마에 시달리며 남한산성에 갇혀 있는 아버지 윤황(尹煌)이 떠올랐기 때문이었다. 어차피 죽을 것이면 남한산성에서 아버지와 함께 죽음을 맞이하자는 마음으로 윤선거는 노비로 변장한 뒤에 강화도를 빠져나왔다.

전란이 끝난 후 윤선거는 살아남은 것을 자책했다. 그러면서 모든 출사를 포기하고 고향에 은거해 학문에만 몰두하며 여생을 보냈다. 아버지의 마음고생을 잘 알고 있던 윤증은 스승 송시열이 죽어야할 의리를 가진 자가 비굴하게 죽지 않았다고 새삼 비난하기 시작하자 더 이상 사제의 예를 지킬 수 없다고 판단했다.

이처럼 윤증과 송시열의 갈등은 이미 숙종 8년 임술고변 사건으로 서인이 척신 노론과 비척신 소론으로 분당되기 이전부터 돌이킬수 없는 길로 들어서고 있었다. 임술고변은 촉매제 역할을 했을 뿐이었다.

『가례원류』 저작권 분쟁이 일어나자 이런 과거사가 다시 거론되면서 노론과 소론의 갈등이 첨예해졌다. 『가례원류』를 읽은 숙종이 부제학 정호를 파직하자 노론들은 연이어 명을 철회해달라고 요청한다. 이에 맞서 소론 측도 800여 명이 연명하여 권상하 역시 윤증을비방하였으니 권상하의 서문 일체를 삭제해야 한다고 상소한다. 그러자 다시 노론 측 유생들이 대거 들고 일어난다. 그야말로 온 나라가 노론과 소론으로 나뉘어 만인 대 만인의 결전이 일어난 것이다.

숙종 41년에 수면 위에 올라 공론화된 이 분쟁은 해를 넘겨서까지 계속됐다. 숙종은 처음에는 "윤증은 아버지를 위하여 스승을 끊었으니 아버지가 중하고 스승은 가벼운 것이다."라는 논리로 소론인 윤증을 옹호하며 노론 좌의정 김창집(金昌集)을 파직하고 유상기는 스승 윤증을 배반했다는 이유로 나주로 귀양 보낸다. 이때 윤증은 숙종 40년 1월에 이미 사망한 뒤였다. 저작권 분쟁의 당사자였던 윤증은 죽었지만, 숙종이 윤증을 지지하자 소론은 이것을 기회로 정국 주도권을 잡으려고 노론을 더욱 압박했다.

그러던 숙종이 어느 순간 변하기 시작한다. 더 이상 소론을 옹호하지 않게 된 것이다. 숙종 42년(1716. 병신) 2월 판중추부사(判中樞府事) 이여(李畬)가 윤증의 잘못을 논하는 상소를 올린다.

이여는 상소에서 윤증이 아버지를 옹호하느라고 과도하게 스승 송시열을 비난했다고 말한다. 윤증이 송시열이 써준 윤선거의 묘갈문 때문에 송시열을 과하게 비난한 것은 사제지간의 도리를 벗어난 행위였다는 내용의 상소였다.

그런데 숙종은 이여의 상소에 대해 그동안 소론을 옹호하던 태도와는 다르게 반응한다.

"경(卿)의 나라를 근심하는 정성이 늙어갈수록 더욱 도타와져 혹 처분이 한 편에 치우칠까 염려하여 조용히 개진하였는데, 의리가 명백하여 내가 매우 감탄하니, 유의하지 않겠는가."

숙종이 소론을 비난하는 것처럼 반응하자 송시열과 윤증 중에 누가 옳은가 하는 시비 논쟁이 다시 뜨거워졌다. 당사자인 송시열과 윤증은 이미 사망한 뒤였으니 이들에 대한 시비 논쟁은 노론과 소론이 각자 세력 확장을 위해 숙종으로부터 정치 사상적 명분을 얻어내기 위한 정쟁이었다. 숙종은 이 논란을 잠재우는 동시에 어느한 쪽에 승기를 쥐여주는 최종심판자 역할을 하면서 자신이 원하는 바를 얻고자 했다.

숙종 42년(1716. 병신) 7월 2일, 숙종은 윤증이 숙종 7년(1681. 신유)에 송시열에게 보내려고 했다는 편지(신유의서)⁶와 송시열이 쓴 묘갈문을 함께 들이라고 명한다. 송시열과 윤증 가운데 누가 잘못했는지 실제 증거를 가지고 잘잘못을 따져보자는 말이었다. 윤증의 이 편지가 조정의 공론에 오른 건 숙종 10년(1684)에 최신(崔愼)이 송시열을 옹호하고 윤선거 부자를 비난하면서였다. 당시에도 윤증과 송시열 두 사람의 말 중에서 어느 쪽이 옳으냐는 격론이 많았지만 아무런 결론도 내지 못하고 양측의 난타전만 반복되었을 뿐이고 회니시비 문제는 여전히 해결되지 않은 채로 있었다. 이 오래된 숙제를 숙종은 『가례원류』 분쟁이 일어난 시점에 완전히 해결하기로 작정한다.

대리청정을 명하노라

숙종 42년(1716. 병신) 7월 6일, 숙종은 마침내 최종판결을 내린다. 윤증의 편지에는 송시열을 비난한 말이 많은 것에 비해 송시열이 지은 묘갈문에는 윤선거를 욕한 것이 없다며 『가례원류』에 권상하의 서문과 정호의 발문을 그대로 실으라고 명한 것이다. 이어서 그동안 송시열을 옹호하다 정거(停擧, 과거에 응시하지 못함)의 벌을 받은 유생들의 정거를 모두 풀어주고 파직되었던 노론 좌의정 김창집을 다시 부르며 노론 계열 인물을 대거 등용한다. 숙종은 노론과 송시열의 손을 들

---

6 윤증이 송시열에게 보내려고 했다는 편지는 숙종 7년에 박세채가 먼저 읽어보고 파문이 일어날 것이 뻔하니 보내지 말라고 극력 반대하는 바람에 보내지 못했던 편지다. 그런데 박세채의 사위이자 송시열의 손자인 송순석이 몰래 베껴서 송시열에게 가지고 가면서 세상에 알려졌다.

어준 것이다. 이때 그동안 송시열을 공격했던 소론계 인사들을 축출한 것은 물론이었다.

더 나아가 숙종은 그해 10월에 윤선거에게 선정(先正)이란 호칭을 사용하지 못하게 하고 이듬해에는 윤증에게도 같은 처분을 내린다. 숙종이 노론에게 정치 사상적 명분을 줌과 동시에 정권까지 대거 넘겨준 이 사건이 병신처분이다.

왜 그랬을까? 숙종의 태도가 왜 바뀌었을까?

갑술환국 이후 노론과 소론을 비교적 고르게 등용하며 적절한 대립으로 정국을 운용해왔던 숙종은 이때 이르러 뭔가 중대한 결심을 한 것으로 보인다. 병신처분 이후 6개월 만인 숙종 43년(1717, 정유) 7월 19일 숙종은 노론 좌의정 이이명 혼자만 입시하라는 명을 내린다. 사관과 승지가 반드시 함께 입대해야 하는 상규(常規)를 무시한 파격적인 행위였다.

숙종의 명을 받은 승지 남도규(南道揆)와 기사관(記事官) 권적(權樀)이 당황해서 이이명을 뒤따라 들어가야 할지 말아야 할지 우왕좌왕한다. 그 틈에 이이명은 먼저 갈 테니 뒤따라오라면서 자리를 뜬다. 이렇게 이이명이 숙종과 먼저 독대를 하고 그 뒤에 남도규와 권적이 입대를 청해 숙종을 만났을 때는 모든 상황이 끝난 뒤였다. 이 사건을 정유독대(丁酉獨對)라고 한다.

숙종과 이이명이 단 둘이 앉아 무슨 밀담을 나눴는지는 후일 차차 밝혀지지만 어쨌든 당일 독대를 끝낸 숙종은 대신들을 불러 모아 왕세자에게 대리청정을 시키겠다는 뜻을 밝힌다. 내세운 명분은 안질이었다. 숙종은 이때 왼쪽 눈의 시력은 거의 없었고 오른쪽 눈의 시력도 점점 나빠지고 있으니 매일 같이 쌓이는 문서들을 감당하기가 어렵다고 말한다.

노론 대신 이이명과 숙종이 독대를 끝낸 직후 세자의 대리청정이 확정됐으므로 소론에게 이것은 분명한 정치적 음모로 보였다. 희빈 장씨 남매 사사 이후 일관되게 왕세자 보호를 당론으로 삼고 있던 소론을 내치고 노론에게 정권을 준 뒤에 왕세자에게 대리청정을 시키는 의도가 무엇인지 소론은 바로 눈치 챘다. 소론만이 아니라 조정 안팎의 모든 사람들 사이에서 말들이 나돌았다.

"임금이 노론을 위하여 윤선거 부자를 죄 주고, 노론은 임금을 위하여 세자를 바꾸려고 한다. 세자의 대리청정을 찬성한 것은 장차 이를 구실 삼아 넘어뜨리려고 하는 것이다."

일단 대리청정을 시키고 사소한 것이라도 트집 잡을 일이 생기면 폐서인 시킬 것이란 말이었다. 세자의 대리청정 소식을 들은 소론의 영중추부사(領中樞府事) 윤지완(尹趾完)은 82살의 노구에 병중인데도 관(棺)을 끌고 시골에서 올라와 대리청정에 반대하는 절절한 상소문을 올렸다. 그러나 숙종은 꿈쩍도 하지 않았다.

이런 정국의 소용돌이 한가운데에는 노론이 생각하는 차기 권력 24살 연잉군이 있었다.

무릇 임금이 두 왕자(연령군과 연잉군)를 이이명에게 부탁하면서 사대부 중에 누가 가장 신임할 만한 사람인가를 물으니 이이명이 '김춘택의 종제(從弟)인 김용택(金龍澤)과 이천기(李天紀)'라고 대답했다. 숙종은 이이명에게 김용택과 이천기에게 그 뜻을 알리라고 하였는데 이것이 '독대한 사실의 대략'이라고 이른다. 김용택과 이천기는 이이명이 전하는 뜻을 듣고 크게 기뻐하면서 이것을 '종사(宗社)의 계책'으로 삼았다. 이에 이이명의 자질(子姪)인 이희지(李喜之)와 이기지(李器之), 그리고 김창집의 손자 김성행(金省行) 등이 몰래 무사(武士)와 술객(術客, 점장이)을 길러 예측하지 못할 변에 대비하였다. 노론들이 누구를 선택할지 알지 못하여 혹은 의견이 같고 혹은 다르더니 얼마 안 되어 연령군이 죽었다. 이때부터 오직 연잉군에게만 마음을 붙여서 김성행과 김복택이 번저(藩邸, 왕자가 사는 곳)로 사사로이 찾아보기에 이르렀다.

― 이건창,[7] 『당의통략(黨議通略)』

5화

숙종이 노론으로 간 이유

궁방전과 경자양전, 위기의 숙종

숙종 연간은 전 세계에 몰아닥친 기상이변인 소빙하기 시기였기 때문에 가뭄과 홍수 같은 자연재해가 잇따랐으며 그에 따른 전염병도 거의 매년 발생해 수십만의 사망자가 발생했다.

『숙종실록』숙종 44년(1718)에 기록된 상황들을 보자. 숙종 44년 2월 각 지방에서 여역 환자 수와 사망자 수가 조정에 보고된다. 충청도는 여역 환자는 6,485명이고, 사망자는 1,454명, 경상도는 환자가 2,424명이고 사망자가 297명이었다. 평안도는 2만 5,160명, 황해도는 360명이 환자였다. 전라도는 환자가 650명이고 사망자는 240명이었다. 같은 해 4월에는 충청도에서 3,068명이 죽었는데 서울 도성까지 전염병이 번져 서울에서도 사망자가 생겼고 아울러 기근으로 아사자들이 속출했다.

4월과 5월, 두 달 동안 팔도에 비가 오지 않아 보리농사가 흉년이 들었다. 이에 따라 중앙과 지방의 군사와 백성들이 수도 없이 죽었다. 거기에 서울 교외를 지키는 병사들 사이에 여역이 돌아 환자만 1만 명이 넘었다. 9월에 또 여역이 돌아 훈련도감의 많은 군사들이 죽었다.

전염병과 재해가 극심했고 삼남 지방의 농사도 잘 되지 않았다. 구제역도 발생해 소 130마리가 죽었다. 가뭄으로 인한 흉년이 기근을 불러오고 기근으로 인한 아사자들이 속출했고 전염병 환자들과 사망자들 때문에 농사 인력도 크게 줄었다. 백성들은 고향을 떠나 유랑민이 되었다. 그런 유랑민들이 도적으로 변하는 것은 시간문제였다.

그런데 백성들이 단지 기아와 전염병 때문에 정든 고향을 버리고 유랑생활을 선택하는 것은 아니었다. 고향을 버리고 떠날 수밖에 없는 가장 큰 이유는 정작 따로 있었다. 예나 지금이나 예측 불가능한 자연재해나 대형 사고는 언제 어디서나 늘 일어난다. 사람들이 고통받는 것은 1차적으로는 자연재해지만 고통이 증폭되는 것은 그 재해나 사고를 처리하는 2차 과정에서 발생한다. 자연현상인 가뭄과 전염병이 반복되는 혼란의 시대 숙종 때, 그 인간들의 문제는 바로 전정(田政)의 폐단이었다.

토지 조세인 전정이 문란해진 것은 어제 오늘 얘기가 아니었다. 대동법이 전국적으로 실시되기 시작한 후 많은 토지를 소유하고 있는 전주(田主)들이 관과 결탁하여 조직적 조세 저항을 공공연하게 벌이고 있었다. 지방에서 전정의 폐단은 일선 서원(書員. 세금을 거두던 담당 벼슬아치들)의 조작으로 주로 일어났는데 숙종 10년 8월 고부(古阜)의 무인

(武人) 김남두(金南斗)가 이런 폐단을 상소로 지적했다.

서원들이 작부(作夫)를 조작하니 상하 인민(人民)[8]을 모두 모아놓고 의논하여 작부하게 하면 폐단이 없어질 것이고, 사사로운 정을 따르는 바가 있을 때는 법으로 엄하게 다스린다면 폐단이 없어질 것이라는 내용이었다.

작부란 100부를 1결로 하고 토지 8결을 1작부로 묶는 단위를 말한다. 작부를 속이는 폐단이란 그 지역 토호들과 이속들, 그리고 지방 관아 소속의 토지들을 은루(隱漏. 토지를 토지대장에 올리지 않고 숨김)시키고 힘없는 백성들의 땅에서만 은루된 그들의 몫까지 세금을 부가하여 거둬가는 것을 말하는 것이다. 이런 전정의 폐단은 소토지를 소유한 양인 농민들을 소작농으로 전락시키거나 아니면 유민(流民)으로 만들고 있었다.

자연재해로 인한 흉작과 전염병으로 인한 경작 인구의 감소뿐만 아니라 전정의 폐단은 곧바로 세수 감소로 이어졌다. 조세를 거둘 수 있는 실결(實結)이 계속 감소하고 있었다. 토지대장에 누락된 토지들을 찾아 세수를 부가하기 위한 토지측량의 필요성이 제기될 수밖에 없었다. 즉, 새롭게 전국적 양전(量田)사업을 해야 한다는 주장이 힘을 얻고 있었다.

원래 조선은 국초부터 양전에 대한 규정이 있었다. 『경국대전(經國大典)』에 의하면 20년마다 한 번씩 양전을 실시한 후 토지대장인 양안(量案)을 작성해서 호조와 각 해당 도(道) 및 읍(邑)에서도 보관하도록

---

8 조선시대 때 인민이란 단어에서 인(人)은 사대부 양반을 가리키는 것이고 민(民)은 백성을 가리키는 말이다.

되어 있었다. 이에 따르면 토지는 원칙적으로 비옥도를 차등화해서 조세를 부과하도록 했다.

토지의 비옥도는 연분구등(年分九等)법으로 나누어졌다. 즉, 토지 상태를 1등부터 6등까지 나눈 전분육등(田分六等)법과 한 해 농사의 풍흉을 상상년(上上年), 상중년(上中年), 상하년(上下年), 중상년(中上年), 중중년(中中年), 중하년(中下年), 하상년(下上年), 하중년(下中年), 하하년(下下年)의 9등으로 나누는 연분구등법을 합산하여 수세액을 정했다. 원칙적으로는 생산량의 20분의 1을 징수하는데 여기에다 연분법을 적용하는 것이었다.

그런데 사실상 법을 현실에서 적용하는 데에는 많은 문제가 있었다. 수령과 향리가 실제 논밭을 찾아가 살펴보고 토지 상태를 결정하는 답험(踏驗)을 해마다 시행하기도 어려웠고, 답험한다고 해도 공정하지 않았다. 실무 담당자들이 수령과 지역 유지들과 짜고 양안을 조작하는 일은 어려운 일이 아니었다. 중앙에서 경차관(敬差官)이 내려가 살펴본다고 해도 사실 여부를 알아낼 수 없었고 또 중앙은 일정량의 세수만 확보하면 되었으므로 부정과 폐단을 바로잡을 의지가 없었다. 따라 『경국대전』의 원칙은 유명무실해져갔고 이때에는 거의 연분의 최하등급인 하하년(下下年)을 적용해 1결 당 4두를 거두는 정액으로 바뀌어 있었다.

양전을 20년마다 한 번씩 한다는 것도 사실상 불가능했다. 양전 사업에는 토지측량과 산술 기록을 하는 전문 인력이 필요했는데 그 인원 자체가 절대적으로 부족했고 기록을 위한 종이와 먹, 토지를 측량할 기구인 자(尺)를 결정하고 준비하는 등의 비용을 감당하기도 어려웠다. 무엇보다도 중앙의 집권세력들과 지방의 향촌 토호들 그리고 지방 수령과 이서(吏胥)들의 저항이 심했다. 이들은 모두 대토지를 소유하거나 그 덕분에 이득을 취하는 사적토지 소유 이익집단들이었다.

그러므로 새로 양전이 실시되면 자신들의 토지를 그동안 황무지(진전陳田)로 등록해 면세 혜택을 받아온 것이 밝혀져 문제가 될 수도 있기 때문에 반대할 수밖에 없었다. 또 아예 양안에 등록 자체를 하지 않은 은루결(隱漏結)도 있었고, 황무지였는데 새로 개간한 토지인 가경전(加耕田)이 양전사업이 시작되면 양안에 등록돼야 하기 때문에 절대로 환영하지 않았다.

그런데 숙종 연간의 계속되는 기근으로 진휼(賑恤) 사업을 해야 했던 중앙정부는 매년 재정 적자에 시달리고 있었다. 고향을 떠나 난민으로 떠도는 백성들은 갈수록 늘어만 갔고 조정에 대한 민심 이반이 극에 달하고 있었다. 민심을 진정시키려면 최소한 진휼 사업이라도 제대로 해야 하는데 해마다 경상수지가 적자였으므로 숙종과 조정 대신들은 대책을 마련해야 했다. 이때 조선은 인조 12년(1634) 전국적으로 행해진 갑술양전(甲戌量田) 이래로 중간에 각 도나 읍별로 양전이 실시된 적은 있었지만 그 후로 전국적 양전은 하지 못하고 있던 때였다.

그런데 양전을 둘러싸고 숙종과 소론, 노론은 각각 입장이 달랐다. 숙종은 임금으로서 국가 재정 위기를 타개하기 위한 세수 확보 문제 말고도 이와 동시에 왕실 재산이자 면세전인 궁방전(宮房田)을 지키거나 늘리는 일도 해야 했다. 궁방전은 임진왜란 이후 주인을 잃고 황폐화된 토지가 늘어났을 때, 선조(宣祖)를 비롯한 왕실 가족들이 그 토지들을 궁방전으로 만들면서 급격히 늘어났다. 그런데 궁방전이 국가 조세를 면제받는다는 조항은 어느 법전에도 실려 있지 않은 것으로 그 자체로 비법적인 행태였다.[9]

때문에 국가 재정 위기가 올 때마다 궁방전의 폐단을 지적하는 조정 대신들의 상소가 이어졌다. 숙종 때도 마찬가지였다. 궁방전의 폐단을 지적하는 상소를 올리는 쪽은 주로 소론이었다. 숙종 23년(1697) 1월에 소론인 이조판서 최석정(崔錫鼎)이 시폐(時弊) 10조목을 올린다. 그중 1조와 2조 내용은 다음과 같다.

1. 양전은 차례로 정돈하되 어사를 파견할 필요가 없이 수령으로 하여금 맡아 단속하게 하여 올바른 방향으로 돌아가게 하고, 도사(都事)가 순심(巡審)하면서 핵실(覈實)하도록 해야 합니다.
2. 여러 궁가(宮家)에 세금을 면제시켜주는 것은 실로 편방(偏邦)의 잘못된 규례이니, 한 번 지난날의 규례를 변경시켜 그들로 하여금 법대로 세금을 바치게 하는 것이 적당하겠습니다.

또 숙종 27년(1701) 5월 18일에는 교리(校理) 이탄(李坦)이 이렇게 상소한다.

생각하건대 오늘날 백성과 나라를 병들게 하는 것으로 궁가

---

9   박시형, 『조선토지제도사』 (중), 신서원, 1994, 251쪽

(宮家)의 절수[10]보다 지나친 것이 없습니다. 그런데 전하께서 끝
내 그것을 혁파하지 않으시니, 이는 전하의 성실이 백성을 사
랑하시는 데 부족하기 때문입니다.

　교리 이탄은 상소에서 "궁가의 절수"의 폐단에 대해 말한다. 이 말
은 궁방전이 성립되는 과정에 대해 말하는 것이다.
　궁가는 일반 자영농민들에게 접근해서 궁방전이 면세전이니 농민
의 토지를 궁방전으로 편입해주겠다고 설득한다. 황무지나 묵은 땅
을 경작해서 궁방전으로 들어가면 조세보다 훨씬 낮은 사용료를 나
누어서 내면 된다고 농민을 유인한다. 그런 계약을 믿고 자신의 토
지를 궁방전으로 편입시킨 농민은 처음에는 조세 부담보다 적은 지
세를 내다가 나중에는 그보다 훨씬 많은 토지 사용료를 궁가에 내
야 하는 고통을 겪고 있었다. 백성은 높은 사용료를 궁가에 주면서
고통받아야 했고 국가는 궁방전으로부터 세금을 받지 못하니 궁방
전이 늘어날수록 백성과 나라가 모두 병든다고 교리 이탄이 지적한
것이다.
　숙종 37년(1711) 7월에는 소론 영의정 서종태가 궁둔(宮屯)의 폐단을
혁파해야 나라의 근본이 견고해질 것이라고 말한다. 이렇게 소론은
대체로 궁방전의 폐단에 대해 계속 시정을 촉구하고 있었고 양전의
즉각적 시행에 대해서는 별다른 의견을 내지 않고 있었다. 숙종은
말년으로 갈수록 두 가지 위기의식을 느끼고 있었다. 하나는 국가

10　절수(折受), 황무지나 묵은 땅을 개간하면 개간한 자의 소유권을 국가가 인정해주고 세금을 끊
　　어서 나눠 걷는 혜택을 주면서 황무지들을 경작하도록 유도하는 것.

재정의 위기이고 또 하나는 세수 확보를 위한 개혁 정책에 왕실의 사적 재산인 궁방전이 포함되지 않도록 해야 하는 위기의식이었다.

양전을 해서 은닉된 토지들이나 새로 개간된 토지들을 찾아 세수 확보를 해야 하는데 그러자면 궁방전의 폐단도 꼭 함께 거론되는 것이 숙종은 몹시 불편했다. 이 문제는 이미 어제 오늘 일이 아니었다. 숙종 즉위 초반인 숙종 5년(1679) 12월 7일에도 궁방전에 대해 사간원에서 상소를 올렸다.

상소의 내용은 백성들이 힘들여서 일구어놓은 논밭들을 양안에 주인 없는 땅으로 되어 있다는 이유로 궁가에서 마음대로 빼앗고 있으니 이런 폐단을 시정해야 한다는 것이었다.

이처럼 왕실이 백성들이 개간한 토지를 주인이 없다고 우기면서 빼앗는 일이 비일비재했다. 궁방전은 점점 확대되어갔고 그에 따른 폐단도 늘어갔지만 숙종은 그때그때 임시변통으로 몇몇 사안에 대해서만 시정조치를 할 뿐, 궁방전 폐단을 근본적으로 시정할 의지 자체가 없었다.

소론은 궁방전의 폐단을 꾸준히 문제 삼았다. 그리고 양전에 대해서는 자연재해와 전염병이 반복되는 현실 때문에 양전사업을 한다면 백성들이 오히려 불편과 고통을 겪을 것이라면서 일관되게 반대하고 있었다. 반면에 노론은 궁방전의 폐단에 대해서는 말하지 않고 양전사업을 하루 속히 실시해야 한다고 여러 차례 주장한다. 소론은 갑술환국 이후 꽤 오랫동안 조정의 중앙 권력을 잃지 않고 있었으므로 지방 수령들과 결탁된 자신들의 숨겨진 토지들이 다시 측량되는 것이 못내 불편했을 것이다. 그러므로 숙종은 양전은 실시하되 궁방전의 개혁은 말하지 않는 정치세력이 필요했다. 노론 대신들인 김창집, 이이명, 이건명(李健命), 권상하, 조태채(趙泰采), 김흥경(金興慶) 등은 궁가의 폐단에 대해서는 가타부타 거론하지 않았다.

김석주가 살아 있었던 숙종 재위 초반에는 김석주를 중심으로 하는 척신세력이 숙종의 든든한 정치적 기반이었다. 그러나 김석주가 죽은 뒤부터 숙종은 홀로 각 정치세력들을 서로 경쟁시키면서 정국 주도권을 강화하는 노력을 쉬어본 적이 없었다. 그렇게 쉬지 않고 달려왔던 숙종은 말년으로 가면서 건강이 급격하게 나빠져 쉽게 피로를 호소하곤 했다.

그러니까 건강이 나빠진 숙종이 궁방전의 폐해를 자주 거론하며 전국적 양전을 미루거나 거부하면서 피곤하게 만드는 소론에게서 멀어지고 노론으로 기운 것은 자연스러운 일이었다. 여기에 덧붙여 숙종 43년부터 영의정이 된 노론 김창집은 송시열의 친척인 송준길의 딸을 며느리로 맞아 두 집안은 사돈이었고 또 송준길은 숙종의 장인이었던 민유중의 장인이었다. 그러므로 숙종이 김석주 생전에 척신 편이었던 송시열을 본류로 하는 서인 노론으로 돌아간 것은 일종의 수구초심(首丘初心) 같은 것이었다.

숙종 41년의 『가례원류』 사건, 숙종 42년의 병신처분, 숙종 43년의 이이명과의 독대, 그리고 왕세자 대리청정이라는 일련의 과정을 통해 노론에게 완벽하게 정권을 몰아준 뒤 숙종은 소론과 지방 수령 등의 반대를 무시하고 노론과 함께 양전사업을 추진한다.

숙종과 노론이 내세운 명분은 세수 확보와 균세균부(均稅均賦)였다. 즉, 조정은 재정 위기에서 벗어나고 백성들은 백징(白徵. 세금을 낼 근거가 없는 사람에게서 세금을 추징함)에서 벗어나도록 하는 것이 목표였다. 왕세자가 대리청정을 하면서 시행된 양전사업은 소론과 지방 수령들의 반발로 몇 차례 중지되었다가 다시 시작하기를 반복하면서 결국 숙종 46년(1720, 경자)에 끝난다.

그러나 조선 왕조 최후의 전국 양전인 이 경자양전(庚子量田)의 성과는 미미했다. 숨겨져 있던 토지들을 더 찾아 필요한 세수를 확보하는 데 실패했고, 백징을 당하는 백성들을 구제하지도 못했다. 구제는커녕 백성들의 부담은 오히려 더 커졌다. 더불어 양전이 끝나면서부터 토지 소유권 관련 민원이 폭발적으로 일어났다. 경자양전은 사실 노론이 당시 대리청정을 하던 왕세자를 끌어내리기 위한 정치적 목적을 가지고 무리하게 밀어붙인 측면이 컸다. 숙종 말년에 왕세자를 대리청정 시키고 양전사업을 하면서 차기 권력을 낙마시킬 빌미를 잡을 작정이었던 노론은 오히려 수세에 몰리고 있었다. 그런 와중에 숙종의 건강은 최악으로 치달았다.

숙종의 사망, 폭풍전야

숙종 46년(1720) 6월 3일.

시약청에서 입진했다. 숙종의 몸은 풍선처럼 부어오르고 있었다. 계속되는 구역질 때문에 여러 신하들이 아뢰는 말에 아무 대답도 할 수 없었다. 노론인 도제조(都提調) 이이명은 속이 타들어가는 것 같은 초조함으로 숙종에게 진언을 한다.

"어제 드신 미음이 아주 적었고 오늘은 전혀 드시질 않았습니다. 여항(閭巷)의 백성이 병이 나 입맛이 없어도 자기 몸과 가정의 중함을 생각하여 억지로라도 음식을 먹습니다. 성상께서는 300년 종사의 의

탁이 있고 아래로는 억조 백성들의 목숨이 매여 있습니다. 어찌 억지로라도 미음을 드시어 원기를 붙들 방도로 삼지 않으십니까?"

이이명의 진심어린 간청에 혼수상태에 빠져 있던 숙종이 잠시 정신을 차리더니 가느다랗게 대답했다.

"먹지 않고자 하는 것이 아니라 구역질이 심하여 먹지 못하는 것이다. 그렇게 간곡하게 청하니, 비록 먹고 나서 다시 토하더라도 마땅히 억지로 먹겠노라."

숙종은 간신히 미음을 받들어 먹으려 했지만 구역질이 올라와 끝내 먹지 못했다. 이 모습을 본 이이명은 통곡 같은 울음이 울컥 올라오는 것을 느꼈다. 이이명은 그 울음을 꾹 누르고 숙종에게 다시 말했다.

"밤이 깊은 이후에는 안팎이 막혀 성상의 환후가 더한지 덜한지 알 수가 없습니다. 청컨대 지금을 시작으로 정신이 맑거나 흐릿하거나 또는 기운이 상승하여 화락할 때는 곧바로 모시고 있는 사람으로 하여금 중궁(中宮)께 품하고 신 등에게 자주 나와 말하도록 하여 증세의 더하고 덜함을 알 수 있게 하소서."

이이명은 숙종이 정신이 맑을 때 중대한 교지를 내려주기를 간절히 바랐다. 이대로 숙종이 승하한다면 소론의 지지를 받는 왕세자가 아무 문제 없이 권력을 승계받는다. 노론의 앞날이 한치 앞도 예측할 수 없는 안개 속으로 빨려 들어가고 있었다.

숙종 46년(1720) 6월 8일.

도제조 이이명은 사관(史官) 등과 함께 어제 저녁부터 입시(入侍)하여 숙종 옆에서 밤을 새우고 나왔다. 날이 밝아오고 있었다. 환시(宦侍)를 시켜 중궁(中宮) 인원왕후 김씨에게 잠시 물러갔다가 다시 들어오겠다고 전했다. 그런데 사관이 곧 뒤따라 나오더니 다시 들어오셔야 한다고 급하게 전한다. 이이명 등이 사관과 함께 황급히 달려 들어갔다. 숙종 곁에는 왕세자가 아니라 연잉군이 있었다. 연잉군은 절망적인 목소리로 이이명에게 말했다.

"드셨던 약물을 모조리 토해내셨습니다."

숙종은 담(痰) 끓는 소리를 그르렁대며 혼수상태에 빠져 있었다. 여러 신하들이 문안을 드렸지만 알아보지 못했다. 도승지 윤헌주(尹憲柱)가 왕세자에게 도성 안팎의 경비군들의 순검을 어제 낙점한 것 그대로 시행하기를 청하자 왕세자는 허락했다. 임금의 죽음을 앞두고 궁궐의 경계근무를 어떻게 해야 하는지에 대한 형식적인 질문과 답변이 오간 것이다.

반면에 실질적인 장례 절차는 숙종 옆에 있는 연잉군과 연잉군 옆에 있는 숙종의 계비 인원왕후 김씨가 주도할 것이었다. 숙종이 승하하면 모든 권력은 왕세자에게로 넘어가는데 그 자리에 모여 있는 어떤 대소 신료도 앞으로의 일에 대해 왕세자와 상의하려 하지 않았다. 그만큼 대리청정하는 왕세자는 홀로 고립되어 있었다. 왕세자는 다만 급박하게 돌아가는 상황을 물끄러미 바라보고 있을 뿐이었다. 초조했고 눈물이 올라왔지만 참고 있는 수밖에 없었다. 동생 연잉군은 숙종 옆에 있으며 안팎의 모든 상황을 인원왕후 김씨와 이이명과 논의하며 조율하고 있었다. 내전(內殿)에 있었던 연잉군이 밖으로 나가서 말했다.

"부원군(府院君. 인원왕후 김씨의 아버지)만 남고 도제조 이하의 관원들은 조금 물러가 있으라."

모두들 물러나와 밖에 엎드려 있는데 조금 후에 궁녀들이 울부짖는 소리가 밖에까지 들렸고 환시들도 눈물을 흘리며 몹시 바쁘게 다녔다. 여러 대신이 다 같이 침실로 들어왔다.

이이명이 숙종 가까이 다가가 큰 소리로 말했다.

"전하, 시임·원임 대신이 들어왔습니다."

영의정 김창집이 또 큰 소리로 말했다.

"전하, 소신 창집 등이 들어왔습니다."

제발 숙종이 잠시라도 눈을 뜨고 그들을 알아봐주길 간절히 원했다. 죽기 전에 잠시라도 제정신이 들어 그들이 원하는 차기 권력 교체에 대해 한마디만 해준다면 이렇게 초조하지 않을 것이었다.

그러나 임금은 한마디도 알아듣지 못했다. 바로 옆에서 숙종의 손을 꽉 잡고 있는 연잉군조차도 알아보지 못했다. 연잉군이 울면서 말했다.

"손가락이 이미 다 푸른색으로 변했습니다."

의관이 다가와 콧마루를 살피고, 이어서 진맥을 했다. "오른쪽 맥이 먼저 끊어졌고 왼쪽의 맥은 바야흐로 들떠 흔들리며 안정이 되지 않고 있습니다."

이제는 더 이상 어찌해볼 도리가 없어 보였다. 여러 신하들이 모두 조용히 탑전(榻前)에 엎드렸다. 숙종의 숨소리와 가래 끓는 소리가 점차 가늘어졌다. 그러다가 갑자기 크게 한 번 숨을 토하더니 숙종은 운명했다.

날이 밝아 오전 8시였다. 14살에 즉위해서 재위 46년을 보내고 향년 60살이었다. 모두가 일시에 울부짖으며 곡(哭)을 하기 시작했다. 인원왕후 김씨가 연잉군을 시켜 전교(傳敎)했다.

"초상에 있어서의 모든 일들을 중궁이 주관하라는 뜻으로 직접 성상의 하교를 받았다."

멀쩡하게 대리청정하고 있는 차기 권력 33살 왕세자는 인원왕후 김씨와 연잉군 사이에 끼어들 틈이 없었다. 모든 상례가 인원왕후 김씨의 지휘 아래 이이명과 김창집이 주도하여 진행됐다. 내시 두 사람이 함(函)에다 강사곤룡포(絳紗袞龍袍)를 담아 대궐 지붕으로 올라가 세 번 주상의 존호(尊號)를 불렀다.

갑자기 우르릉 꽝, 천둥이 치고 곧이어 번개가 번쩍였다. 이내 비가 퍼붓기 시작했다. 왕세자와 그의 이복동생 연잉군 두 형제의 앞날을 예고하는 것 같았다.

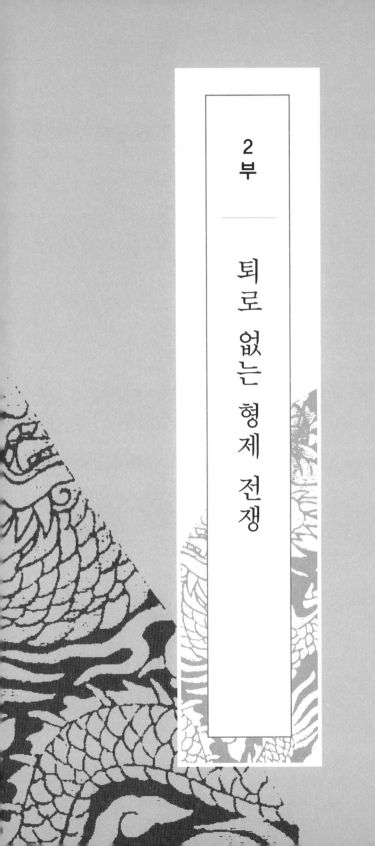

2부

퇴로 없는 형제 전쟁

6화
경종과 연잉군

모욕

경종 즉위년(1720) 6월 13일, 경종은 경덕궁에서 즉위한다. 경종의 행보에 모두가 촉각을 곤두세우고 있었다. 그런 와중에 즉위년 7월 21일 유학(幼學) 조중우(趙重遇)의 상소가 화약고가 되었다.

> …… 어미가 아들로써 존귀하게 되는 것은 춘추(春秋)의 대의입니다. 이제 전하께서 종사와 신인(神人)의 주(主)가 되었는데, 낳아주신 어버이는 오히려 명호(名號)가 없이 …… 한줌의 무덤에는 풀만 황량합니다. …… 신이 삼가 『선원보략(璿源譜略)』 1책을 보니, 전후의 찬집(纂輯)에 있어 모두 품의하여 예재(睿裁)하였는데, '희빈(嬉嬪)' 두 글자를 일찍이 삭제하지 않았으니, 선대왕의 은밀한 뜻이 어찌 그 사이에 있지 않겠습니까?

『선원보략』은 조선 왕실의 족보다. 문제는 폐출된 후 사사당한 경종의 생모 장씨의 작호인 '희빈'이 삭제되지 않은 채로 편찬된 것이다. 족보가 편찬되기 전에 숙종이 당연히 사전 검열을 했는데 삭제하라는 명을 내리지 않았으니 숙종의 숨은 의도가 따로 있다는 말이었다. 겉으로는 노론의 편을 들어주었지만 속으로는 당시 세자의 처지를 생각해 희빈의 작호를 그대로 두었으니 경종이 친모를 다시 추숭해도 선왕의 뜻을 거스르는 일이 아니라는 말이었다.

갓 즉위한 경종에게 이것은 위험한 상소였다. 남인이나 소론은 경종의 생모 장씨에게 명호(名號)를 내리는 것이 경종의 왕권을 강화시킬 수 있는 일이라고 여겼다. 그러나 이것은 소론이나 남인의 이익만을 생각한 지극히 당리당략적인 발상이었다. 갓 즉위한 경종이 혼자서 숙종이 말년에 노론을 집권당으로 만들어놓은 것을 아무 명분 없이 바꿀 수는 없었다. 하루아침에 정권을 바꾸는 환국을 하려 해도 빌미가 있어야 하는데 경종에게는 그런 빌미가 없었다. 빌미는커녕 노론이 인원왕후 김씨(숙종의 마지막 계비)와 한 편이 되는 바람에 경종의 처지는 더욱 고립무원이 되고 있었다.

그러므로 즉위하자마자 소론과 남인이 장씨를 복권시켜야 한다고 주장하는 것은 경종을 막다른 곳으로 내모는 무책임한 일이었다. 상소가 올라오자마자 승지 홍치중(洪致中), 권엽(權熀), 한중희(韓重熙), 홍계적(洪啓迪), 윤석래(尹錫來) 등이 입을 모아 조중우의 처벌을 요구했다.

…… 어미가 아들로써 존귀하게 된다고 말하였으며…… 선대
왕의 오르내리는 영혼이 오늘날의 거조에 대하여 반드시 어
긋났다고 하지 않을 것이라고 하였고. 또 말하기를, '선대왕

의 은밀한 뜻이 그 사이에 있다'고 했습니다. 아! 이 어찌 오늘날 신자(臣子)가 차마 입 밖에 낼 수 있단 말입니까? 선대왕께서 당초 처분이 계신 후에 전후의 하교가 엄중할 뿐만 아니라 지난번 병술년 비망기(備忘記)에 이르기를, '암행어사의 서계(書啓)를 가운데에 감히 작호(爵號)를 썼으니, 일의 해괴함이 이보다 심할 수가 없다.'고 하며 파직을 명하였으며, ─ 그런데 이제 재궁(梓宮)이 빈소(殯所)에 있고 선침(仙寢)이 채 식지도 않았는데 이같은 간사한 무리들이 현혹하며 시험해보려는 계책은 선왕의 뜻을 속이는 음험하고 간특한 일입니다…….

경종은 가타부타 한마디도 않고 마치 이들의 상소를 그대로 베낀 것 같은 비망기를 즉시 내린다.

이제 조중우의 소본(疏本)을 보니…… 그 아래 조항에는 어미가 아들로써 존귀하게 된다고 말하였고, 감히 선대왕의 오르내리는 영혼이 오늘날의 거조에 대하여 반드시 어긋났다고 하지 않을 것이라 하였으며, 또 감히 선대왕의 은밀한 뜻이 그 사이에 있다고 말하였으니, 이 어찌 신자(臣子)로서 차마 입에 올릴 말이겠는가? 또한 처분하신 뜻에도 어긋난다. 하물며 지금 선침(仙寢)이 채 식지도 않은 날에 어찌 감히 무망(誣罔)한 말로써 이와 같이 자행하겠는가? 통렬히 배척하지 않을 수 없으니, 조중우를 변방에 정배하고, 이 소는 도로 내어주도록 하라.

경종이 이렇게 신속하게 대응했지만 노론은 만족하지 않았다. 조중우 혼자 한 짓이 아니라며 관련자 전원 색출을 요구했다. 결국 경종은 노론이 원하는 대로 조중우를 형문(刑問)한다. 조중우는 형문 도중 사망하고 관련자 전원이 정배된다. 또 이와 관련하여 막 예조 참판으로 등용되었던 소론 이광좌도 노론의 뜻에 따라 파직한다. 경종은 노론이 원하는 대로 했다. 단, 이렇다 저렇다 아무 말도 하지 않았다. 경종의 긴 침묵이 시작되었다.

이렇게 장씨 명호를 주청한 조중우와 관련자 전원이 처벌을 받은 반면 그해 9월에 성균관 태학생 윤지술(尹志述)의 상소에 대한 처분은 전혀 달랐다. 윤지술은 숙종의 지문(誌文)에 신사년의 처분이 누락되었고 병신년 처분에 대한 기록은 너무 미진하다며 개정을 요청한다. 신사년 처분이란 희빈 장씨를 사사한 일이고 병신년 처분이란 소론 윤증을 내치고 노론에게 정치사상적 승리를 안겨준 처분이다. 선왕의 유지를 공고히 해야 한다는 명분으로 현 임금의 생모를 사사시킨 일을 숙종의 표지문에 왜 새겨 넣지 않느냐는 항의였다. 경종이 윤지술의 정배를 명했지만 대신과 삼사가 일제히 반대하고 성균관 유생들까지 동맹휴업을 하며 반발하는 바람에 경종은 물러설 수밖에 없었다.

경종은 자신의 생모를 죽인 일이 정의로운 일이었다고 면전에서 주장하는 세력을 어떻게든 견뎌야 했다. 임금이라는 공적 신분을 떠나 한 인간으로서 견디기 힘든 모욕이었다.

임금을 모욕한 일은 이것만이 아니었다. 노론인 판부사(判府事) 이이명은 청나라에 책봉을 청하는 주청정사(奏請正使)로 가면서 용도가 불분명한 은화 6만 냥을 가지고 간다. 그리고 6만 냥은 청나라 사신이 경종 즉위년 11월 조선에 도착했을 때 효력을 발휘한다. 청나라 사신은 황제의 명이라며 뜬금없이 "국왕의 아우와 자질(子姪) 및 종실(宗室)을 만나야겠다."고 계속 요구한다.

외교상 전례 없는 일이었다. 역관은 놀라서 "이는 국교를 맺은 이후에 없었던 일이니 결코 봉행(奉行)할 수 없다."고 단호하게 거부한다. 청나라 사신은 역관의 말을 듣고도 봉행할 수 없다면 봉행할 수 없는 이유를 영의정이 문서로 써서 보여줘야 한다고 요구한다. 그런데 말도 안 되는 이런 요구에 당시 노론 영의정 김창집은 왕의 아우가 어떤 사람인지 아주 자세하게 청나라 사신에게 다음과 같은 문자들을 써준다.

> 조선국 세자는 금년에 33살인데 현재 자녀가 없고, 세자의 아우는 금년에 27살인데 군수(郡守) 서종제(徐宗悌)의 딸을 취하였으며, 그 어머니는 최씨인데 현재 자녀가 없다.

김창집은 사신이 왕제를 만나자고 하는 것을 "왕제의 병이 위중하여 만나게 할 수 없다."며 사신을 달래기 위해 그런 문자들을 써주었다고 변명한다. 사신은 황제의 명이라고 했지만 공식 문서인 칙서(勅書)에는 당연히 그런 내용이 없었다. 따라서 김창집이 한 나라의 수상으로써 왕의 동생이 몇 살이고 그 비빈이 어떻고 자녀가 있고 없고 하며 미주알고주알 써주는 것은 국격을 크게 떨어뜨리는 행위였다. 사신이 황제를 빙자하여 크고 작은 사적인 뇌물을 노리고 무례한 요구를 한 것이 분명했으니 당당하게 원칙을 앞세워 거절할 수 있는 요구였던 것이다. 사신이 왜 그런 무례를 거침없이 했는지에 대한 소문이 돌았다. 이이명이 주청정사로 갈 때 가지고 간 은화 6만 냥이 청나라 사신의 뇌물로 제공되었을 것이란 소문이었다. 경종은 아무 말도 못하고 이 수모를 고스란히 겪었다. 물론 관련된 소문도 알았겠지만 별다른 조치를 취하지 않았다. 아니, 할 수도 없었다.

경종은 점점 매사에 침묵으로 일관했다. 경종은 "알았다." 또는 "그렇게 하라."는 말 외엔 어떤 말도 하지 않았다. 경연도 열지 않았으며 소장에 대한 비답도 내리지 않아 문서가 쌓이고 있었다.

경종의 긴 침묵과 정사를 폐하다시피 하는 태도의 의미는 무엇일까. 노론은 경종이 말은 하지 않지만 온 몸에서 풍겨 나오는 분위기가 무엇을 의미하는지 해석해야 했다. 경종은 머리를 빗지도, 감지도 않았다. 두발이 엉겨 붙어 머리에 쓰는 관의 크기가 점점 커졌다. 노론의 눈에 말 한마디 하지 않고 머리를 빗지 않는 경종은 기괴해 보였다. 노론이 뭔가를 주청하면 경종은 한마디만 하든지 들리지 않을 정도의 작은 소리로 혼자 중얼거렸다. 한마디로 경종은 태업을 하고 있었던 것이다. 그렇지만 노론은 경종이 미쳐간다고 생각했다. 경종의 이런 태도는 노론을 불안하고 초조하게 만들었다. 경종이 언제 무슨 짓을 할지 짐작할 수 없게 되자 노론은 하루 빨리 차기 권력을 만들어 안정적인 미래를 보장받아야 했다.

한밤의 쿠데타, "권력을 동생에게 넘기소서"

노론 병조판서 이만성(李晩成)이 노론 호조판서 민진원(閔鎭遠)을 만났다. 이만성이 말했다.

"국가의 근심이 깊어 건저(建儲. 후사 책봉)가 하루가 급한데 묘당(廟堂)에서는 감감무소식이니 자네는 대체 무얼 하는가? 대신[김창집]과 인척이고 또 한 동네에 사는데 어째서 힘써 말씀드리지 않는가?"

민진원은 어설프게 서두르다 일이 잘못되면 기회를 엿보고 있는 소론에게 오히려 크게 당할 수 있다고 생각하고 있었다.

"건저가 급하다는 사실이야 누구나 아는 것이지만 내전(內殿)의 뜻도 자세히 알아봐야 합니다. 단지 대비의 뜻으로만 움직일 수는 없지요."

여기서 내전은 경종의 계비인 선의왕후(宣懿王后) 어씨(魚氏)를 가리킨다. 경종의 정비는 단의왕후(端懿王后) 심씨(沈氏)였는데 숙종 44년(1718)에 사망했다. 경종은 그해에 병조참지(兵曹參知) 어유귀(魚有龜)의 딸을 다시 세자빈으로 맞았다. 어유귀는 노론 영의정 김창집의 제자로 일가가 모두 노론이었다. 그러니까 민진원의 말은 경종의 후사를 연잉군으로 만들기 위해서는 함원부원군(咸原府院君) 어유귀의 합의도 필요한 것 아니냐는 것이었다.

당시 상황이 좀 묘했기 때문에 민진원이 이런 말을 한 것이다. 숙종의 마지막 계비인 대비 인원왕후 김씨는 김주신(金柱臣)의 딸이었고 본래 소론이었다. 그런데 김주신은 숙종이 노론으로 방향을 바꾸자 노론으로 전향했다. 아버지를 따라 인원왕후 김씨도 당연히 노론과 한 편이 되었다. 문제는 어유귀였다. 어유귀는 정통 노론이었지만 딸이 경종비가 된 후 노론과 함께 일을 도모하지 않고 있었다. 노론이 경종의 후사를 연잉군으로 점찍고 일을 논의할 때 선의왕후 어씨는 겨우 17살이었다. 17살 왕비에게서 34살 임금이 후사를 못 보고 있으니 이것이 나라의 위기라고 임금의 동생을 차기 권력으로 만들어야 한다는 노론의 주장은 온 나라 백성이 인정할 수 있는 명분이 아니었다.

또한 이때는 숙종의 국상 기간이었으니 왕과 왕비의 합방을 대놓고 권장할 시기도 아니었다. 때문에 노론은 경종의 건강에 이상이 있음을 강조해야 했다. 경종의 건강에 문제가 없었다는 것이 아니라 경종의 건강 상태를 침소봉대할 필요가 있었던 것이다. 어유귀와 왕비 어씨는 이것에 동의하지 않았다. 어씨에게 임신과 출산의 기회조차 주지 않는 것에 어떻게 찬성할 수 있었겠는가. 어씨 입장에서는 당연한 일이었다. 반면 대비 인원왕후 김씨는 연잉군을 후사로 만드는 일에 적극적이었다. 노론은 연잉군을 세제(世第)로 만드는 일에 왕실 최고 어른인 인원왕후 김씨가 나서준다면 좀 모자란 명분을 채울 수 있다고 보았다.

민진원은 어유귀를 만나 물었다.

"내전은 아직 건저의 뜻이 없다고 하시는가?"

어유귀는 그런 얘기는 들은 바가 없다고 답했다. 그런데 대비 김씨의 밀지가 좌의정 이건명에게 전해졌다. 왕비 어씨가 종친 중에 나이 어린 자를 입적하여 후사로 삼으려고 하니 일을 서둘러야 한다는 내용이었다. 당시 대궐 안은 환관이든 궁녀든 모두가 노론이나 소론으로 갈라져 자기 편을 후원하고 상대를 염탐하는 것이 일상이 되어 있었다. 중궁전 어씨를 항상 감시할 수 있는 대비 김씨 쪽에서 나온 소식이니 확실할 터였다. 밀지를 받은 노론은 지체할 겨를이 없다고 여겼다. 거사를 앞당겨야 했다.

경종 1년(1721, 신축) 8월 20일, 하루 일과가 마무리되는 저녁 곧 대궐문이 닫힐 즈음 한 통의 상소가 올라온다. 사간원 정언(正言) 이정소

(李廷熽)의 상소였다.

상소는 "지금 우리 전하께서는 춘추가 한창이신데도 아직껏 저사
(儲嗣)가 없으시니……."로 시작하고 있었다. 아직 젊은 임금에게 아들
이 없다고 지적한다. 이어서 나라가 위기에 처해 있다고 말한다.

> …… 바야흐로 국세는 위태롭고 인심은 흩어져 있으니, 더욱
> 마땅히 나라의 대본(大本)을 생각하고 종사(宗社)의 지계(至計)를
> 꾀해야 할 것인데도 대신들은 아직껏 저사를 세우자고 청하
> 는 일이 없으니, 신은 이를 개탄합니다.

경종은 자신의 생각을 말하지 않았다. 자신의 생모를 자신의 아
버지와 함께 죽인 세력들에게 경종이 할 수 있는 말이란 없었다. 다
만 대신들에게 의논하도록 하라는 명을 내릴 뿐이었다. 대궐 문은
이미 닫혔고 노론 대신들만 대궐 안에 모두 모여 있었다. 당시 소론
인 우의정 조태구(趙泰耈)와 이조판서 최석항(崔錫恒)은 이런 일이 일어나
고 있는지 전혀 모르고 있었다.

경종이 대신들에게 논의하라고 명하자 대궐에 모여 있었던 노론
들은 밤 2경(21~23시)에 경종을 만난다. 영의정 김창집, 좌의정 이건명,
판중추부사 조태채, 호조판서 민진원, 판윤(判尹) 이홍술(李弘述), 공조
판서 이관명(李觀命), 병조판서 이만성, 우참찬 임방(任埅), 형조판서 이
의현(李宜顯), 대사헌 홍계적, 대사간 홍석보(洪錫輔), 좌부승지(左副承旨) 조
영복(趙榮福), 부교리(副校理) 신방(申昉)이 시민당(時敏堂)에서 경종을 청대(請
對)했다.

경종은 노론들에게 한밤중에 혼자 포위되었다. 일종의 기습 쿠데

타가 일어난 것이다. 민진원과 김창집은 거사를 어떻게 진행할 지 미리 의논했었다.

"이런 논의가 이미 발의되었으니 어떻게 중지한단 말인가. 반드시 오늘 저녁 안에 사생(死生)을 무릅쓰고 이 일을 해낸 연후에야 나라가 가히 보존될 것이다."

민진원이 말했다. 김창집은 당연히 그렇게 해야 한다고 맞장구쳤다. 이 날 안에 연잉군을 세제로 책봉받지 못한 채 날이 밝으면 오히려 소론에게 역모라는 탄핵을 당할 것이 뻔했다. 노론은 그 후폭풍을 감당할 명분이 없다는 것을 잘 알고 있었다. 날이 밝기 전에 상황을 종료시켜야 했다.

경종 앞에서 이건명이 말했다.

"자성(慈聖)이 매양 이르시기를, '국사가 걱정이 되어 억지로 미음을 든다' 하셨으니, 비록 상중이라도 종사를 위한 염려가 깊으신 것입니다. 이 일은 일각이라도 늦출 수가 없으므로 신 등이 감히 깊은 밤중에 소대(召對)를 청한 것이니, 원컨대 전하의 생각을 더하시어 빨리 대계(大計)를 정하소서."

"대신들과 여러 신하들의 말은 모두 종사의 대계를 위한 것이니, 청컨대 속히 윤종(允從)하소서."

모두 일제히 합창하듯이 경종에게 다시 말했다. 한밤중 고요한 대궐 안에 이들의 목소리가 어둠을 뚫고 거침없이 번져갔다.

경종은 숨을 쉴 수가 없었다. 심장이 터질 것 같았고 손발에 땀이 샘솟듯 차올랐다. 한여름 밤이었는데도 마치 한겨울 밤 허허벌판에 알몸으로 서 있는 것 같은 추위를 느꼈다. 온 몸이 사시나무 떨리듯 떨려왔다. 경종이 앉아 있는 방석이 축축하게 젖어 들었다. 경종은 많은 대신들 앞에서 한 인간으로서 존엄을 잃고 바닥을 치는 모습을 보여주고 말았다. 입 안은 침이 바짝 말라 타들어가는 듯했다. 긴 말을 하면 말이 더듬거리며 나와 더 큰 웃음거리로 보일 게 분명했다. 숨을 한 번 크게 들이쉬고 경종은 입을 작게 벌리고 짧게 말했다.

"윤종한다."

"이는 종사의 무강한 복입니다."

김창집과 이건명은 한 발 더 나갔다.

"…… 성상께서는 위로 자전(慈殿)을 모시고 계시니, 자전께 들어가 아뢰어 수필(手筆)을 받은 연후에야 봉행(奉行)하실 것입니다. 신 등은 합문(閤門) 밖에 나가서 기다릴 것을 청합니다."

경종에게 대비 인원왕후 김씨의 수결을 받아오라는 말이었다. 경종은 묵묵히 대비전으로 들어갔다. 대비전에 들어간 경종은 시간이 오래 지났는데도 나오지 않았다. 초조해진 노론은 승전내관(承傳內官)을 불러 경종에게 서둘러줄 것을 요청했다. 날이 밝아오고 있었다. 새벽 누종(漏鍾)이 친 뒤에야 경종이 낙선당(樂善堂)에 나타났다.

"봉서(封書)는 여기 있다."

경종은 책상 위에 봉투를 올려놓았다. 김창집이 받아서 뜯었다. 종이 두 장이 들어 있었다. 한 장에는 해서(楷書)로 '연잉군(延礽君)'이란 세 글자가 씌어 있었고 한 장은 언문 교서(敎書)였다.

효종대왕(孝宗大王)의 혈맥과 선대왕의 골육이 주상과 연잉군뿐 이니, 어찌 딴 뜻이 있겠소? 나의 뜻은 이러하니 대신들에게 하교하심이 옳을 것이오.

편지를 본 노론 신료들은 감격의 울음을 터뜨렸다.

그 새벽, 문 밖에서는 선의왕후 어씨가 울고 있었다. 그 모습을 뒤로 하고 경종은 동이 터올 때 침전으로 향했다. 날이 밝았고 그날은 지나갔다. 그 다음 날도 지나갔다.

무슨 일이 있었는지 감감무소식이었던 소론 측에서 반격을 시작한 것은 이틀이나 지난 뒤였다. 소론 행사직(行司直) 유봉휘(柳鳳輝)가 상소를 올렸다.

나라에서 저사(儲嗣)를 세우는 일이 얼마나 중대한 일인데, 시임(時任) 대신으로 한강 밖에 있었던 사람[조태구]마저 까마득히 알지 못하였고 한 시각도 넘겨서는 안 되는 것처럼 서둘러 한밤중의 근엄해야 할 여막(廬幕)에서 조촐하게 처리하였습니다. 생각건대 우리 전하께서는 중전을 재차 맞이하고 약을 드시며 걱정하시고 계속 상중에 계시니 후사의 있고 없음을 아직 논할 수도 없는 것이고, 전하의 보산(寶算. 임금의 나이)이 한창 젊으시고 중전께서도 나이 겨우 계년(笄年. 15살)을 넘으셨으니 일후(日後)에 종사(螽斯)의 경사가 있기만을 온 나라 신민들은 크게 바라고 있는 중입니다. 대간(臺諫)들은 '국세(國勢)가 위태롭고 인심은 흩어졌다'고 말하고 있으니, 무슨 근거로 이러한 말들을 꺼내고 있는지 모르겠습니다. 이는 이른바 신하로서의 예의가 없었던 것입니다. 비록 이미 결정되었으니 다시 논의할 수는 없지만 군부(君父)를 우롱하고 협박한 죄는 밝히지 않을 수 없습니다.

노론은 즉각적으로 반발했다.

"저사가 이미 결정되었는데 우롱하고 협박하여 대계를 성사시켰다고 하면 세제의 마음이 편하겠습니까?"

노론은 오히려 유봉휘를 국문해야 하다고 요청했다. 조태구가 유봉휘를 변호하자 노론은 조태구까지 탄핵하기 시작했다.

그런데 경종은 유봉휘에게 죄를 물어 유배를 보내기는 했지만 국문은 허락하지 않았다. 이상하게도 경종은 유봉휘와 조태구의 처분 요청을 끝까지 완강하게 거절하고 있었다. 그동안 노론의 요구를 모두 받아들이며 침묵하던 모습과는 조금 다른 모습이었다. 노론은 경종의 질환이 악화되어 경종을 최측근에서 보좌하고 있는 소론 측 환관이 경종을 배후 조종하고 있다고 생각했다. 자신들 앞에서 방석을 적시기까지 했던 심약한 경종이 할 수 있는 행동이 아니었다. 노론의 계속되는 요청에도 불구하고 경종은 조태구와 유봉휘에게 극한 처분을 하지 않았다. 이렇게 되자 명분이 약해진 연잉군은 스스로 세제 자리에서 물러나겠으니 세제 책봉을 철회해달라고 거듭 청한다. 경종은 그것도 허락하지 않았다. 노론과 연잉군은 자신들이 알던 경종이 대체 누구인지 점점 종잡을 수 없었다.

이 사태는 잠잠해져갔다. 왕세제 책봉을 탓하는 소론의 상소가 더 이상 나오지 않았고 경종이 소론과 노론 어느 쪽으로도 기울지 않았기 때문이다. 그런 상태에서 보름여가 지난 경종 1년(1721, 신축) 9월 6일 왕세제 연잉군은 사저(私邸)를 정리하고 세제빈 서씨와 함께 대궐로 들어온다. 그리고 다시 20일 후인 9월 26일 인정전(仁政殿)에서 왕세제와 세제빈의 책봉례(册封禮)가 행해졌다. 경종은 34살이었고 연잉군은 28살이었다. 34살 경종이 과연 언제 왕세제에게 임금 자리를 넘겨줄 수 있을 것인가. 경종과 왕세제 연잉군, 두 이복형제의 불편한 동거가 시작되었다.

경종의 반격, 위기의 연잉군

노론은 연잉군이 세제 책봉을 받은 후 다음 달인 10월 10일에 집의(執義) 조성복(趙聖復)의 상소를 통해 세제의 대리청정을 요구했다. 노론의 대리청정 요구를 경종은 당일 즉시 받아들였다.

"내게 이상한 병이 있어 회복될 기약도 없고, 만기를 수용하기 어려우니 모든 정무를 세제가 맡도록 하라."

국정의 일부도 아니고 모든 정무를 맡으라니 물러나겠다는 말이나 다름없었다. 노론은 자신들의 요구가 너무나 쉽게 관철되는 바람에 경종이 권력에서 물러나기를 진심으로 바란다고 생각했다.

그런데 소론 최석항이 한밤중에 달려와 밤을 새우며 눈물로 대리청정 허락을 철회해달라고 요청하자 경종은 그 요청을 또 받아들인다. 하룻밤 만에 자신의 말을 번복한 것이다. 이후 경종은 대리청정을 허락했다 철회하기를 10여 일간 반복한다. 이 과정에서 당연히 노론과 연잉군의 명분이 궁색해졌다. 경종은 노론이 생각한 것처럼 병약한 반편이가 아니었던 것이다.

노론은 대리청정 요구가 무리한 일이었음을 인정하고 입장을 바꿔 대리청정 허락을 철회해달라는 정청을 벌이지만 이미 소론에게 탄핵의 빌미를 제공한 뒤였다. 대리청정은 철회되었지만 결국 노론은 소론 김일경(金一鏡) 등으로부터 격렬한 탄핵을 받는다.

경종 1년(1721. 신축) 12월 6일 사직(司直) 김일경을 필두로 박필몽(朴弼夢), 이명의(李明誼), 이진유(李眞儒), 윤성시(尹聖時), 정해(鄭楷), 서종하(徐宗廈) 등이 상소한다.

> 임금의 형세는 날로 외롭고 흉한 무리는 점점 성하여 군신의 의리가 없습니다. 아! 대리청정의 일은 대(代)마다 항상 있는 것이 아니고 간혹 있으며, 모두 수십 년을 임어(臨御)하여 춘추가 많고 병이 중한 뒤에 진실로 절박하고 부득이한 데서 나온 것입니다. 지금 전하께서는 즉위하신 원년에 보산(寶算)이 바야흐로 한창이시고 또 드러난 병환이 없으십니다. 조정에 있는 신하들이 전하를 복종해 섬긴 세월이 얼마나 됩니까? 그런데 도리어 오늘날 차마 전하를 버리려는 자가 있으니, 저들의 마음이 편한지를 알지 못하겠습니다.

소론 김일경 등이 노론의 조성복과 노론 4대신[김창집, 조태채, 이건명, 이이명]을 모두 탄핵한 것이다. 경종의 놀라운 행보는 이날 일어난다. 김일경의 상소를 받은 경종은 이렇게 말한다.

"응지(應旨)하여 진언한 것을 내가 깊이 가납(嘉納)한다. 나의 속마음을 엿보았다."

경종은 마치 이런 강경한 상소를 기다렸다는 듯이 김일경을 일약 이조참판에 임명한다. 경종은 김일경과 함께 상소한 박필몽 등을 모두 3사에 임명하고 노론 4대신을 비롯한 50여 명의 노론 인사들을 위리안치, 유배, 파직한다. 하루아침에 정권이 소론으로 넘어간 이 사건이 신축환국(辛丑換局)이다. 그날 사관은 이렇게 썼다.

…… 흉당(凶黨)이 업신여겨 두려워하고 꺼리는 바가 전혀 없었
으므로 중외에서 근심하고 한탄하며 질병이 있는가 염려하였
다. 그런데 이에 이르러 하룻밤 사이에 건단(乾斷)을 크게 휘둘
러 군흉(群凶)을 물리쳐 내치고 사류(士類)를 올려 쓰니, 천둥이
울리고 바람이 휘몰아치며 하늘과 땅이 뒤집히는 듯하였다.
군하가 비로소 주상이 덕을 도회(韜晦, 재덕을 숨기고 감춤)했음을
알았다.

– 『경종실록』, 경종 1년(1721) 12월 6일

정권이 소론으로 바뀌자 연잉군의 왕세제 자리를 흔드는 사건들
이 일어난다. 신축환국 얼마 후 환관 박상검(朴尙儉)이 세제를 살해하
려고 시도한 일이 조정에 알려진다. 박상검은 대궐에 있는 여우들을
잡아야 한다며 연잉군이 지나다니는 길목 곳곳에 덫을 놓고 함정을
파놓았다. 세제가 환관에 의해 동궁전에 유폐된 것이었다. 연잉군과
노론은 이 일이 경종의 뜻인지, 아니면 환관 박상검의 단독 전횡인
지 알 수 없었다. 사실 박상검은 신축환국으로 정국의 실권을 잡은
김일경의 사람이었다.

노론의 눈에는 경종의 건강과 정신이 정사를 친국하기 어려운 것
으로 보였다. 따라서 연잉군에게 생명의 위협을 느끼게 해 세제 자
리를 스스로 내려놓게 하려는 이런 시도의 배후는 경종이 아니라 김
일경일 것이라고 여겼다. 유폐된 연잉군은 이 사태를 경종에게 직접
이야기하거나 다른 누군가에게 알려야 했다. 그러나 어느 쪽도 쉽
지 않았다. 연잉군은 대비 인원왕후 김씨에게 상황을 알리는 데 간
신히 성공한다. 이렇게 연잉군에 대한 위해가 조정에 알려져 공론에

붙여진다. 그런데 뜻밖인 것은 경종의 태도였다. 경종은 환관 박상검의 무도한 행위를 즉각 처벌해야 한다는 대소신료들의 주장을 받아들이지 않는다. 소론 영의정 조태구와 우의정 최석항이 형제 간의 우애를 언급하며 여러 차례 간청하자 경종은 들릴 듯 말 듯한 작은 목소리로 겨우 윤허한다.

이렇게 환관 박상검과 관련자들을 처벌하면서 연잉군은 일차 고비를 넘겼다. 한편 경종 쪽에는 다른 문제가 나타났다. 경종을 굳건하게 지지할 것만 같았던 소론 내부에 잠복해 있던 균열이 드러난 것이다. 김일경의 사람 박상검에 대해 소론 대신 조태구와 최석항 등이 반대하고 왕세제 연잉군을 보호해야 한다는 쪽으로 돌아선 것이다. 실세 김일경에 대해 소론 안에 비우호적인 기류가 생긴 것이다. 경종에게는 김일경만 남고 연잉군에게는 소론 안에 우군이 생긴 셈이었다. 소론이 정권을 잡았지만 정국이 꼭 연잉군에게 불리하게만 조성되는 것은 아닌 것 같았다.

그러나 그것은 연잉군의 착각이었다. 박상검 사건은 끝이 아니라 시작일 뿐이었다. 석 달 뒤, 연잉군을 겨냥한 사건이 다시 터진다.

경종 2년(1722, 임인) 3월 27일 목호룡(睦虎龍)이 고변한다. 역모의 내용은 매우 구체적이었다. 내용의 핵심은 경종을 시해 또는 폐출시키려는 구체적인 계획이 있었다는 것이었다. 그 계획을 이른바 삼급수라고 했다. 삼급수란 경종을 내쫓기 위한 3가지 방법으로 대급수(大急手), 소급수(小急手), 평지수(平地水)를 가리킨다. 대급수는 자객을 보내 경종을 암살한다, 소급수는 음식에 독을 넣어 암살한다, 평지수는 숙종의 유언을 위조하여 폐출한다는 것이었다. 목호룡의 고변은 임인년에 일어났기 때문에 임인옥사(壬寅獄事)라고도 한다.

목호룡은 남인 집안의 서얼이었는데 풍수를 배웠고 시(詩)를 잘 지어 사대부들과 교류하던 자였다. 그는 연잉군의 생모 숙빈 최씨의 장지(葬地)를 택하는 일을 맡은 적이 있었다. 그 후 궁차사(宮差使)에 임명되어 부(富)까지 가지게 된 자였다. 그런 인연으로 목호룡은 고변에 등장하는 노론 명문가 자제들과 어울리게 된다. 대급수를 계획한 자는 김만기의 손자 김춘택의 육촌형제인 김용택이었다. 소급수에 관련된 자는 이이명의 아들 이기지와 김창집의 손자 김성행, 김춘택의 처조카인 이천기였다. 또 세제빈 서씨의 조카인 서덕수(徐德修)도 있었다. 목호룡은 고변을 하면서 이렇게 말했다.

"신은 비록 신분은 미천하지만 왕실을 보존하려는 뜻을 가지고 흉족이 종사를 위태롭게 하려는 모의를 직접 보고 호랑이 입에 믹이를 주면서 은밀히 비밀을 알아내어서 이렇게 상변합니다."

자신이 이들과 함께 어울리며 직접 모의를 한 내용을 고변한다는 말이었다. 김용택, 이기지, 이천기 등이 모여서 모의했다는 것은 사실로 보였다. 이들은 모두 숙종 20년에 갑술환국을 일으켜 남인 정권을 무너뜨린 전설적인 존재 김춘택에 대해 잘 알고 있는 자들이었다. 거사를 일으키는 데 필요한 계획과 구체적인 방법들이 집안 대대로 내려오고 있었을 것이다.

그런데 이들이 모여서 불순한 의도로 모의를 한 것이 사실이라고 해도 목호룡의 고변은 과하게 조작된 면이 있었다. 공초를 통해 밝혀진 바로는 경종을 죽이려고 했다는 칼과 독약 등이 발견되지 않았고 또 관련자들이 거의 자백을 하지 않은 상태에서 물고된다. 그러니까 이 사건은 3분의 1 정도는 사실이지만 3분의 2 정도는 누군가에 의해 과장된 측면이 컸다. 즉, 모의했다는 정황은 있었지만 확실한 물증은 찾아내지 못했던 것이다.

연잉군은 사건이 이렇게 커지게 된 배후에 김일경이 있을지도 모른다고 생각했다. 경종의 정신병이 심해져 김일경이 국정을 농단하고 있든지, 아니면 사실은 병이 심하지 않은 경종이 김일경이 농단하도록 배후에서 후원하고 있든지 둘 중 하나였다. 어느 쪽인지 연잉군은 경종의 상태와 마음을 알 수 없었다. 그러므로 국청이 진행되는 동안 연잉군은 불안에 떨어야 했다.

불길한 예감은 언제나 적중하는 법이다. 연잉군의 처조카 서덕수가 연잉군 역시 모의 사실을 알고 있었다고 자백한 뒤 고문으로 사망한 것이다. 이 사건으로 김창집, 이이명, 이건명, 조태채 등 노론 4대신이 모두 사형당한다. 연잉군은 자신을 지지하던 노론 4대신뿐만 아니라 관련자 중 50여 명이 사형당하고 170여 명이 유배, 위리안치, 삭탈관작 등에 처해지자 눈앞이 캄캄했다. 더구나 서덕수의 자백으로 연잉군은 사건 수사 기록인 「임인옥안」에 역모의 수괴로 등재되었으니 이제 연잉군에게는 오늘 죽느냐 내일 죽느냐의 선택지만 있을 뿐이었다.

최후의 승자

연잉군은 두려움에 떨고 있었다. 눈으로 보고 귀로 듣는 정보만으로 경종의 상태를 판단하는 것이 맞는지 알 수 없었다. 경종은 평소에 연잉군에게 자상한 형이었다. 아픈 와중에도 경종은 가끔 동궁전을 찾았다. "우리 아우의 글 읽는 소리가 듣고 싶어서 왔네." 경종은 연잉군을 볼 때마다 눈을 맞추며 웃는 모습으로 또 이렇게 말하곤 했다. "소론의 여러 신하들이 또한 다 진심으로 보호하여 동궁이 편안하도다." 그랬던 형인데 이제는 그 모습들이 전부 연기였고 가면이었나 하는 생각이 들어 혼란스러웠다. 연잉군이 본래 알고 있던 순하고 여린 모습의 경종이 아니었다.

경종의 마음은 복잡했다. 경종은 왕세자 시절과 숙종 말년 대리청정 기간을 보내면서 노론에게 책잡힐 모습을 보인 적이 없었다. 심지어 인현왕후 민씨가 아플 때 정성을 다해 문안을 했고 사망했을 때는 진심으로 슬프게 울었다. 이것은 노론이든 소론이든 누구나 다 아는 일이었다. 정신과 육체 모두 건강했다. 그리고 숙종이 늦은 나이에 본 유일한 왕자였기 때문에 어려서부터 제왕 수업을 충실히 받았던 사람이었다. 배운 대로 원리 원칙을 지키려고 했으며 타고난 성품이 인정이 많은 사람이었다. 경종의 이런 태도 때문에 노론은 당시 왕세자 경종을 폐서인으로 만들 수 없었다. 그런데 즉위 후 경종이 변했다. 경종은 왜 머리도 빗지 않고 말을 하지 않거나 아니면 혼자 중얼거리는 행동을 했을까. 경종은 경연도 열지 않았다. 문서가 적체되어 국정이 제대로 진행되지 않았다.

경종의 이런 행동들 바탕에는 극도의 공포감을 바탕으로 하는 과도한 스트레스가 있었을 것이라고 추정된다. 경종은 앉아 있는 방석이 젖을 정도로 소변이 나오는 것을 조절하지 못했던 것 같다. 이런 증상을 다른 특별한 신병이 없는 한 과대한 스트레스로 인한 자율신경실조증이라고 한다. 정상적인 상태에서는 사람의 교감신경과 부교감신경은 매우 정교하게 균형을 이루며 작용한다. 그런데 어떤 이유로 그 균형이 깨지게 되면 자신이 의지로 조절하고 통제할 수 있는 영역이 통제할 수 없는 영역으로 바뀐다. 왕세자 시절에는 멀쩡했던 경종이 즉위 후 자신을 둘러싼 세력들에게 느낀 공포감과 고립감 때문에 경종에게 신경증 증상이 나타났을 것이다.

이 병이 나타나면서 경종은 극도의 자기혐오감에 빠졌을 가능성이 크다. 신하들 앞에서 소변을 지리고 하초가 부실해서 후사를 낳을 수 없다는 말을 공공연하게 들어야 했다. 하초가 부실하다는 말은 철저하게 노론이 만들어낸 말이었다. 판단능력에 이상이 있는 것이 아니었기 때문에 경종은 현실에서 철저히 소외당하고 모욕당하고 있는 자신을 스스로가 더 미워했을 것이다. 자기혐오감과 우울감과 무기력증이 경종을 더 피폐하게 만들었던 것이다.

따지고 보면 경종은 이렇게 될 수밖에 없는 운명이었다. 경종에게는 척신(戚臣)이 없었기 때문이다. 조선 왕은 사림 정치세력들에게 왕권을 행사하기 위해 사림 여론의 반대를 무릅쓰고 의도적으로 척신을 키웠다. 효종도, 현종도, 숙종도 왕권을 강화하는 기반으로 척신을 이용했다. 그런데 경종의 외가는 부왕인 숙종이 모두 몰살시켰고 경종의 장인인 어유귀는 노론 김창집의 제자였다. 대비 인원왕후 김씨도 노론으로 돌아섰다. 그리고 연잉군은 생모를 죽음으로 몰고가는 데 결정적 역할을 한 숙빈 최씨의 아들이었다. 경종에게는 믿고 기댈 단 한 명의 친인척도 없었다. 완벽한 고립이었다.

이렇게 경종을 지지해줄 기반이 전혀 없는 상황에서 김일경이 나타났다. 그러나 소론이 김일경을 배타적으로 대하면서 분열되는 바람에 김일경을 중심으로 하는 강경파들은 결국 경종의 왕권 강화에 도움이 되지 못했다. 소론은 김일경이 환국 당시에 심단(沈檀) 같은 남인들과 손을 잡는 것을 처음부터 반대했었다. 소론 조태구는 김일경이 남인들을 이용하여 노론들을 죽인 후에 다시 남인들을 몰아내려 한다며 김일경에게 동의하지 않았다. 또 조태구는 목호룡의 고변이 숙종 때 정치공작 사건으로 논란이 되었던 임술고변과 같은 식으로 확대 조작되는 면에 찬성하지 않았다. 조태구는 노론 대신 조태채와 육촌형제지간이었으므로 노론을 모두 죽여야 한다는 김일경의 의도에 더더욱 찬성하지 않았다. 이렇게 소론은 노론을 중앙 정계에서 몰아내는 정도와 방식에 대해 강경과 온건으로 분열되었다. 다시 말해 경종은 신축환국·임인옥사 이후에도 심인성 스트레스 병인 신경중 증상에서 벗어날 수 없었던 것이다.

경종의 병에 대해 사관은 이렇게 의견을 말하고 있다.

> …… 아! '주상께 병이 있어 살피고 깨달음이 전연 없다'고 하면서 무장(無將)의 죄를 스스로 덮는 것은 노당(老黨. 노론)의 사사로움이고, '주상께 병이 없고 도회(韜晦)의 뜻이 있다'고 하여 반드시 독단(獨斷)하는 밝음을 칭송하는 것은 소당(少黨. 소론)의 사사로움이다. 똑같은 한 나라의 신민으로 한 나라의 임금을 같이 섬기면서 각각 그 사사로움을 병이 있고 없는 사이에 드러내니, 나라가 망하지 않는 것이 다행이다.
>
> ─ 『경종실록』, 경종 1년(1721) 12월 6일

노론이든 소론이든 왕의 병을 이용해 자파의 사사로운 권력 욕심만을 채우려고 한다는 비난이다. 사실 경종에게는 진실로 경종을 위하는 신하가 없었던 셈이다. 임금의 병이 문제가 아니었다. 문제는 그 병을 대하는 각 정치세력들의 태도였다. 노론은 단지 왕이 아

프다는 이유로 지지하지 못하겠다고 했는데 이것은 정치적으로 전혀 합당한 명분이 아니다. 숙종은 왕세자 시절부터 늘 병치레를 했던 약골이었다. 14살에 즉위했을 때 나이도 어렸고 건강도 좋지 않았다. 그러나 소년 왕 숙종에게는 김석주라는 든든한 척신이 있었다. 또 서른을 바라보는 나이가 될 때까지 후사도 없었다. 그래도 당시 서인들은 숙종을 모욕한 적이 없었다. 그러니까 노론에게 문제가 된 것은 경종의 병이 아니라 경종의 존재 자체였던 것이다.

한편 소론 강경파와 손을 잡고 정국을 반전시키려 했던 경종은 소론의 분열로 뜻을 이루지 못한 것으로 보인다. 이것은 경종으로 하여금 연잉군을 내칠 수 없게 만들었다. 중앙 정계에서 노론이 약화되긴 했지만 소론 강경파인 김일경파는 소수였다. 김일경과 계속 국정을 도모하는 것이 경종을 오히려 더 고립시킬 수 있었다. 소론 온건파가 다수였고 다수가 김일경을 배타시하는 바람에 연잉군은 살 수 있었다.

그렇게 시간이 흐르던 중에 경종 3년(1723) 6월, 소론 영의정 조태구가 사망한다. 이어서 경종 4년(1724) 2월에 소론 좌의정 최석항도 사망한다. 소론 온건파의 중심인물들이 사망하는 바람에 정권은 병치레가 잦은 경종과 소론 강온연합파에게 넘어가는 상황이 된다. 연잉군에게 다시 한 번 강력한 위기가 닥친 것이다. 경종의 건강이 회복되어도 연잉군에게는 위기였고 회복되지 않고 소론 강경파와 그에 협력하는 소론 강온연합정권이 장악한 조정도 연잉군에게 위험하기는 마찬가지였다. 연잉군에게는 특단의 대책이 필요했다.

그런 시점에 대비 인원왕후 김씨와 연잉군이 경종 4년(1724) 8월 20일, 경종에게 한여름에 게장과 생감을 선물한다. 낮에 게장과 생감을 맛있게 먹은 경종은 그날 밤부터 가슴과 배가 조이듯 아파온다고 호소한다. 경종은 복통과 설사를 반복하다가 드디어 사경을 헤맨다. 그리고 연잉군은 어의 이공윤(李公胤)의 반대를 무릅쓰고 경종에게 인삼차를 마시게 한다. 경종은 그 인삼차를 마지막으로 세상을 뜬다. 경종 4년(1724) 8월 25일이었다. 경종은 최후까지 고통스럽게 죽었다. 향년 37세, 재위 4년 만이었다.

　최후의 승자는 연잉군이었다.

7화
인정받지 못한 왕좌, 영조의 주홍글자

경종이 승하한 지 닷새 후인 8월 30일, 왕세제 연잉군은 인정문에서 즉위했다. 그러나 연잉군은 즉위와 동시에 경종 독살설에 휘말렸다. 아울러 생모 숙빈 최씨와 김춘택과의 관계 때문에 연잉군이 숙종의 아들이 아닐지도 모른다는 소문 또한 반노론 세력들을 중심으로 퍼져갔다.

"시원하게 나를 죽여라"

영조는 즉위년(1724) 12월 8일 김일경과 목호룡을 친국했다. 이때는 아직 정권을 잡고 있던 소론강온연합이 경종에게 독약을 써서 살해하려고 했던 김성(金性) 궁인(宮人)을 찾아야 한다고 영조에게 계속 요청하고 있던 때였다. 경종에게 독약을 사용했다는 정황 증거가 목호룡의 고변으로 시작된 임인년 당시 수사 중에 밝혀진 것이 있었다. 경종은 즉위년 10월에 색깔이 몹시 좋지 않은 담수(痰水)를 거의 반대야 정도 토한 적이 있었다. 이것이 누군가 경종에게 시험 삼아 독약을 사용했다는 정황증거로 여겨진 것이다.

당시 국청을 담당하던 소론 측에서는 당일 수라간 나인이었던 김성 궁인을 조사해서 밝혀내야 한다고 꾸준히 요청하고 있었다. 그런데 경종은 생전에 김성 궁인을 밝혀내는 수사를 중단시키고 사건을 확대하지 않았다. 영조는 이미 선왕 경종이 중지시켰던 사안을 다시 수사할 수 없다며 거부하고 있던 때였다. 그러던 중에 김일경과 목호룡을 처벌해야 한다는 상소가 나오자 영조는 그들을 먼저 처리하기로 결심한다.

김일경을 처벌해야 한다는 주장은 경종 때 김일경이 쓴 상소를 문제 삼으며 나왔다. 목호룡의 고변으로 시작된 임인옥사가 끝난 후에 김일경은 경종에게 토역반교문을 지어 올렸었다. 그 반교문에서 김일경은 '회인종무(懷刃鍾巫, 동생이 칼로 형을 죽인다는 뜻의 중국 노나라 고사에서 온 말)'라고 썼고, 또 '금도접혈(禁塗蝶血, 궁 안에서 피를 밟다)'이라고도 썼다. 즉, 토역을 하지 않았더라면 동생이 형을 칼로 찔러 죽여 대궐에 유혈이 낭자했을 것이라는 말이었다. 이것은 목호룡이 고변한 경종 시해 계획 삼급수 중 대급수의 주체가 연잉군이란 뜻을 우회해서 비유한 것으로 여겨졌다.

국문을 받던 김일경은 영조 앞에서 자신을 "나(吾)"라고 했으며 "저(矣身)"라고 하지 않았다. 목호룡은 "어서 시원하게 나를 죽여라."라고 영조에게 말했다. 태양 아래 한 점 부끄러움이 없으니 어서 죽여 대행대왕 곁에 묻어 달라고 두 사람 모두 말했다.

영조는 자신을 임금으로 인정하지 않는 두 사람 앞에서 치를 떨었다. 두 사람은 영조를 권력에 눈이 어두워 탐욕스럽게 형을 살해하고 임금 자리를 노략질한 시정잡배처럼 대했다. 영조는 치욕감에 몸을 떨며 오열하며 울부짖었다.

"저자들을 죽인다고 한들 내 마음이 얼마나 시원할 것이냐?"

영조는 즉위년(1724) 12월 8일 친국 당일로 두 사람을 당고개로 끌고 가 참형시켰다. 두 사람의 몸 전체가 도륙됐다. 군기시 앞길에서 잘린 두 사람의 사지는 조선 백성들이 모두 보고 알 수 있도록 팔도에 나눠서 보내졌다.

영조가 김일경과 목호룡을 도륙하는 것을 본 소론은 김일경 등의 강경파와 절연하고 당시 영의정이던 소론 영수 이광좌(李光佐)를 중심으로 모였다. 소론들은 떨고 있었다. 영조는 김일경과 목호룡을 죽인 뒤 신축년 김일경의 상소에 함께 참여했던 박필몽, 이진유, 이명의, 정해, 윤성시, 서종하 등 6인을 모두 삭출한다. 그리고 이어 김일경의 처벌에 가율(加律)을 논하지 않았던 삼사를 전원 파직하고 민진원, 정호, 김재로(金在魯), 김조택 등 40여 명의 노론 인사를 대거 요직에 등용한다. 이렇게 영조 1년(1725, 을사)에 소론을 축출하고 노론에게 정권을 준 환국을 을사환국(乙巳換局)이라고 한다.

괘서가 나붙기 시작한 것은 김일경, 목호룡이 죽고 을사환국으로 소론 강경파들이 축출된 뒤부터였다. 영조 3년(1727, 정미) 12월 16일 전라감사 정사효(鄭思孝)가 전주 시장에서 12일에 발견되었다는 익명서를 밀봉하여 올렸다. 익명서를 본 영조의 표정은 차분했다. 그러나 낮은 음색의 목소리는 쇳소리를 내면서 겨우 나왔다.

"이는 저번에 연은문(延恩門)에 걸었던 방서(榜書)와 비슷하다. 익명서를 물이나 불 속에 던지는 것은 법문[경국대전]에 실려 있으며, 부자 간이라도 서로 볼 수 없는 것이다. 이처럼 흉패(凶悖)한 글을 어떻게 감히 상달까지 했단 말인가? 전라감사를 중벌로 다스리라. 또 범인을 찾으려 한다면 한갓 그들의 계책에 빠질 것이니 조사하지 마라."

범인을 잡기 위한 수사는 하지 말아야 했다. 수사를 하려면 증거를 보존하기 위해 괘서를 불태우지 말고 보관해야 했다. 또 용의자들을 잡아다가 괘서를 보여주며 필적을 확인하기 위해 그 내용을 그대로 써보라고 해야 한다. 그러는 와중에 괘서의 내용은 일파만파 번져갈 것이 분명했다. 그것이 바로 그들이 원하는 것임을 영조는 잘 알고 있었다. 영조는 괘서를 쳐다보기도 싫었다. 괘서라는 말도 듣고 싶지 않았다. 그 내용은 온 몸의 살을 덜덜 떨리게 만들 정도로 흉악했다.

12일에 전주 시장에 나타난 괘서는 이틀 뒤 남원 시장에도 나타났다. 그리고 영조 4년(1728) 1월 11일 서울 서소문에도 괘서가 걸렸다. 괘서는 경종이 영조에 의해 살해당했다는 내용이었다. 괘서보다 소문이 더 빨랐다. 왕세제 연잉군이 올린 게장과 생감은 의가에서 함께 먹지 못하게 하는 상극의 음식이라는 것과 경종 사망 직전에 당시 어의 이공윤이 자신이 처방한 약과 인삼은 상극이라 인삼차를 쓴다면 다시는 기(氣)를 되돌릴 수 없을 것이라는 경고를 무시하고 왕세제가 인삼차를 올려 경종을 죽게 했다는 말들이 전국으로 퍼졌다. 틀린 말이 아니었다. 정황을 잘 아는 자들이 민간에 구체적으로 퍼뜨리기 시작한 것이다. 형을 죽인 임금이라는 괘서는 조직적으로 전국에 살포되고 있었다. 영조는 그들에게 임금이 아니라 살인자였다. 괘서는 영조에게 주홍글자를 찍고 있었다.

왕의 콤플렉스, "우리는 너의 생부를 알고 있다"

조선시대 내내 대궐을 출입하는 이들과 궁녀 사이에 성추문 사건은 드물지 않게 일어났다. 현종 8년(1667)에는 대비전 궁녀 귀열이 자신의 형부인 서리(書吏) 이홍윤과 관계했다는 사건이 있었다. 숙종 27년에는 궁녀의 사사로운 심부름을 하는 방자 나인 월금과 영업이 내시들과 간통하다 발각된 사건도 있었다.

조선 후기의 유명한 성추문 사건으로는 '홍수의 변[紅袖之變]'이 있다. 숙종 6년(1680)에 일어난 사건인데, 홍수는 '붉은 소매'란 뜻으로 궁녀를 가리킨다. 숙종이 14살에 즉위했을 때, 종친[11] 중에 현종의 사촌인 복창군(福昌君)과 복평군(福平君)이 있었다. 그러니까 숙종에게는 오촌 당숙 아저씨였는데, 임금의 친척인 이들은 자유롭게 궁을 출입할 수 있었다. 홍수의 변은 이들이 궁을 드나들면서 궁녀 상업(常業)과 귀례(貴禮)와 정분이 나서 아이를 낳았다고 숙종에게 고변되면서 일어난 사건이다.

고변자는 숙종의 외조부인 김우명(金佑明)이었다. 당시 숙종의 모후 명성왕후 김씨와 김우명은 숙종이 외아들인 데다가 허약 체질에 병치레가 잦은 것을 항상 걱정하고 있었다. 그것은 곧 후사도 없는 숙종이 어느 날 갑자기 변을 당하면 남인들이 복창군 형제를 추대해 새로운 정권을 만들 것이라는 우려로 이어졌다. 이러한 우려가 김우명을 움직이게 한 것이다.

고변이 나왔으므로 국청이 열렸지만 관련자들 모두 혐의를 부인

---

11 종친은 임금과 성이 같은 친척이고, 이에 비해 임금과 성이 다른 친척을 척신(외척)이라고 한다.

했고 무엇보다도 확실한 물증이 될 '낳았다는 아기'도 찾지 못했다. 따라서 고변자인 숙종의 외조부 김우명이 도리어 무고죄로 처벌을 받아야 하는 상황이 되고 만다. 이때 숙종의 모후인 대비 명성왕후 김씨가 결사적으로 나서는 바람에 김우명은 처벌을 면하고 상황은 다시 역전된다. 이런 우여곡절 끝에 복창군은 영암으로, 복평군은 무안으로, 궁녀 상업은 삼수로, 귀례는 갑산으로 귀양 보내는 것으로 사건은 종결된다.

이런 일련의 사건들은 당시 궁녀의 신분이 천했다는 의미가 무엇을 의미했는지 다시 생각하게 만든다. 궁녀들에게 적용되는 규율과 단속은 엄했다. 법에 의하면 궁녀가 간통을 하면 남녀 모두 즉시 참형에 처하게 되어 있었다. 그러나 위의 사례들에서 알 수 있듯이 작심하고 은밀하게 일어나는 궁녀들의 성생활을 모두 규제할 수는 없었다.

그러니까 궁녀를 천한 신분이라고 한 것은 궁녀가 궁을 출입하는 남자들과 탈선 행위를 저지를 가능성이 있다는 의미도 포함하는 것이었다. 당시 조선 사람들이 궁녀들의 은밀한 사생활이 어떠할 것이라고 드러내놓고 말은 안 하지만 은연중에 짐작은 했을 것이라는 말이다. 신분제 사회 조선에서 신분이 천한 여성은 언제든지 신분이 높은 남성의 성 노리개가 될 수 있었다. 그것이 비록 도덕적으로 떳떳한 시선을 받지는 못한다 하더라도 당사자들이 그 정도는 감수하겠다는 마음만 먹는다면 어렵지 않은 일이었다.

이런 시선을 받아야 하는 사람이 바로 영조의 생모 숙빈 최씨였다. 숙빈 최씨가 김춘택과 함께 거사를 도모해 환국을 이뤄냈다는 것은 당시 조선 땅에서는 모르는 사람이 없었다. 따라서 이 시선에는 숙빈 최씨의 내연남이 김춘택일 것이라는 의혹도 따라 붙었다. 그러므로 영조가 평생 생모의 출신 성분 때문에 고통받았다는 것은 '영조의 생부가 숙종이 아닐 수도 있다'는 말의 다른 표현이었다.

김춘택은 갑술환국을 모의하여 서인들이 정권을 잡는 데 큰 공을 세웠음에도 불구하고 모의 방법이 천박했다는 이유로 서인 내에서도 환영받지 못했던 인물이다. 남인들을 정탐하기 위해 장희재의 아내와 간통했으며 1천금으로 궁인(宮人)의 누이동생을 첩으로 맞아 궁 안의 일들을 염탐했다는 것을 누구나 알았다. 서인들은 김춘택의 공을 인정하면서도 그의 처신이 저질이라고 손가락질했다. 그는 결국 제주도로 유배된다. 숙종 38년(1712)에 감형되어 출륙되었지만 1717년 죽을 때에도, 또 그 후로도 오랫동안 복권되지 못했다. 그의 복권은 죽은 지 170년도 더 지난 고종 23년(1886)에야 이루어졌다. 그런 손가락질을 받는 김춘택과 함께 거사를 도모했다는 숙빈 최씨에게 당시 정치권이 어떤 의혹의 눈초리를 보냈을지 짐작하기는 어렵지 않다.

김춘택과 함께 환국을 도모하여 '김가사인(金家私人)'이라는 별칭으로도 불렸던 숙빈 최씨의 후반 인생도 당연히 화려하게 끝나지 않았다. 숙종은 숙종 27년(1701) 10월 7일 빈어(嬪御, 빈첩)는 왕비가 될 수 없다는 법을 만든다. 희빈 장씨에게 자진을 명하기 하루 전날이었다. 이에 따라 희빈 장씨가 죽었어도 숙빈 최씨는 왕비가 되지 못했다. 인현왕후 민씨가 죽고 곧이어 희빈 장씨가 사사된 뒤 숙종이 맞아들인 새 왕비는 소론인 김주신의 딸이었다.

숙빈 최씨는 어느새 숙종의 눈에서 멀어져 있었다. 숙종은 숙빈 최씨를 궁에서 내보냈다. 이로써 숙종의 왕권 강화에 애증 관계로 얽혀 있던 민씨, 장씨, 최씨 세 여인의 시대는 막을 내린다. 대궐 밖으로 나간 숙빈 최씨는 이현궁(梨峴宮)에서 지내다가 훗날 연잉군의 거처인 창의궁으로 옮겨 아들 내외와 함께 지냈다. 그렇게 숙종과 떨어져 지내던 숙빈 최씨는 숙종 44년(1718) 3월 9일 세상을 뜬다. 향년 49세였다.

생모 최씨가 살아 있을 때나 죽은 뒤에나 세상 돌아가는 이치를 누구보다도 빤하게 알고 있었을 영조가 세상이 자신의 어머니를 어떤 눈으로 보고 있는지 알아차리지 못했을 리가 없다. 단순하게 숙빈 최씨의 출신 성분이 천출이라서 영조가 평생 생모 콤플렉스에 시달리며 산 것이 아니다.

눈만 뜨면 얼굴을 맞대고 정사를 논의해야 하는, 노론 소론을 막론한 대소신료 모두가 숙빈 최씨가 노론의 명령을 받아 움직인 최하위, 최전선의 행동대원이었음을 알고 있었다. 그러니까 막된 말로, 숙빈 최씨는 김춘택의 내연녀일 수도 있는 '노론의 똘마니'였다는 말이다. 아무도 대놓고 말은 하지 않지만 자신의 생모를 그런 식으로 여기는 분위기, 그 불쾌하고 모욕적인 시선을 영조는 절절히 느꼈을 것이다. 때문에 영조는 생모 추숭 사업에 절실하게 매달렸고 그것을 왕권 강화의 일환으로 여겼다.[12] 영조는 자신을 왕으로 만들어준 노론이나 노론 가문이 숙빈 최씨를 노론당에 충성했던 일개 '당원' 내지는 '행동대원'쯤으로 여기는 당시 세태에 분노하고 있었을 것이다.

---

[12] 영조는 재위 내내 생모 숙빈 최씨를 추숭하는 사업을 쉬지 않고 계속했다. 영조는 최씨의 사당 숙빈묘(淑嬪廟)를 육상궁(毓祥宮)으로, 또 무덤 소령묘(昭寧墓)는 소령원(昭寧園)으로 수년에 걸쳐 승격시킨다. 존호도 여러 차례에 걸쳐 덧붙여 올렸다.

영조가 생모를 둘러싼 의혹의 시선 때문에 고통받았던 반면에, 영조를 반대하는 쪽에서는 그 의혹을 적극적으로 이용했을 것으로 보인다. 영조가 을사환국으로 노론에게 전적으로 정권을 내준 이후에 전국에 나붙기 시작한 괘서의 내용은 두 가지였을 것이다. 하나는 영조가 경종을 시해했다는 것이고 다른 하나는 영조는 숙종의 아들이 아니라는 것이다.

영조의 정통성을 인정하지 않는 정치적 적대세력들은 이 두 가지 사실로 영조를 "종사를 망친 역도"로 규정지었고 자신들은 "종사를 바로잡을 충신"으로 여겼다. 영조 반대세력들이 내세운 이런 명분은 노론 집권당에서 탈락한 다수의 반(反)노론 성향 양반 사족들이 대거 반란 조직에 가담하게 만들었다. 그리고 영조 4년(1728, 무신), 이인좌(李麟佐)의 난이 일어났다.

무신년, 이인좌의 난

무신년에 일어났기 때문에 무신란이라고 부르는 이인좌의 난은 조선에서 일어났던 많은 난(亂)들과는 다른 특별한 의미를 갖는다. 조선은 태조 이성계가 창업한 이후 세조가 계유정란을 일으켜 왕권을 거머쥐었고, 그 후에도 두 번의 쿠데타(중종반정과 인조반정)로 지배층 내에서 권력이 재편되는 혼란을 겪었다. 이렇게 지배층 안에서의 권력 투쟁으로 정권이 바뀌는 반란은 참여 계층이 정해져 있었다. 권력 투쟁에 이해관계 사활이 걸려 있는 지배층들 내부의 문제였기 때문에 반란을 주도하고 성공시킨 사람들도 조선의 지배층이었던 사대부

사람들이었다. 그러니까 양반이 아닌 중인이나 상인, 양인과 같은 일반 백성들이 참여한 것이 아니었다는 말이다.

정권을 바꾸는 지배층 내부의 이런 반란과는 별도로 일반 백성들의 생존권 투쟁이었던 농민들의 크고 작은 폭동과 민란은 당시 조선에서 시대와 지역을 막론하고 늘 있었던 일이었다. 조선 후기로 갈수록 농민들의 폭동과 민란은 빈번하게 일어났다. 가뭄, 흉년, 전염병 등의 자연재해라는 1차적 혼란 위에 당시 지배층들이 백성들의 구휼 대책 마련에 소홀했을 뿐 아니라, 백성들의 삶을 힘들게 하는 조세제도와 같은 각종 사회제도를 개혁하지 않았던 2차적 사회적 요인들이 폭동과 민란을 부채질했다.

조선은 이미 숙종 때 이후 폭동과 민란이 계속되고 있었고 고향을 버리고 떠도는 유랑 농민도 계속 증가하고 있었다. 이들 유랑 농민은 관아 등을 탈취하여 무장력을 확보했다. 그리고 조직을 만들면서 군도(群盜)가 되었고 스스로를 '녹림당(綠林黨)'이라고 했다. 호남을 근거지로 하는 이들의 세력은 막강했다. 중앙 조정은 감히 토벌할 엄두를 내지 못했다.

그동안 조선에서 일어났던 '난(亂)'은 지배층 내부의 쿠데타이거나 백성들이 일으킨 국지적 폭동이나 소요 사태였다. 사대부 양반 지배층과 일반 백성인 피지배층이 함께 참여해서 조직을 만들어 '난'을 일으킨 적은 없었다. 그런데 무신란은 비록 일찍 진압되기는 했지만, 집권층에서 소외된 양반들과 중인, 상인, 일반 백성에서부터 도적 녹림당에 이르기까지 거의 전 계층이, 거의 전국에서 참여했던 반란이었다. 이것이 무신란이 조선사에서 특별한 의미를 갖는 이유다. 위에서부터 아래까지 광범위한 계층이 전국적인 조직을 결성하고 난을 준비해서 일으킨 예는 이전에도 없었고, 그 이후에도 1894년 동학농민전쟁 이전까지는 없었다.

영조에게 큰 충격을 안기면서 영조가 탕평책을 강화할 수밖에 없는 이유를 제공했던 무신란, 이인좌의 난 속으로 들어가보자.

영조 3년 가을이 지날 무렵 어느 날.

말을 타고 종복을 거느린, 잘 차려입은 풍채 좋은 거사(居士)가 도성에 나타났다. 그리고는 주막에 머물며 그 주인에게 각색 채단(綵緞)을 혼수(婚需)로 사겠다며 저자 백성들을 불러 모으게 했다. 주인이 여러 사람들에게 연통하니 사람들이 채단을 가지고 모여들었다. 거사는 먼저 은(銀) 한 봉(封)을 사람들에게 보여주며 채단을 맡기고 돌아가 있으면 밤 사이에 빛깔과 품질을 살펴보고 다음 날 아침 공정한 값으로 사들이겠다고 말했다. 시장 사람들은 그 말을 믿고 물건을 두고 갔는데 이튿날 아침에 가서 보니 그 사람이 채단을 모조리 가지고 새벽을 틈타 도망가버렸다. 그가 잔 곳을 뒤져보니 궤짝 하나에 돌멩이를 두터운 종이로 싸서 만든 가짜 은 몇 덩이가 있을 뿐이었다.

그때는 아무도 그 사건이 난이 일어날 전조였다는 것을 몰랐다. 그 채단이 반란군의 깃발 제작에 사용될 것임을, 그리고 그 거사가 반란군 우두머리 중 한 명인 정희량(鄭希亮)임을 누가 알았겠는가.

영조 4년(1728. 무신) 3월 14일.

남산 아래 한강진 나루터로 가는 길이 인파로 꽉 막혔다. 흉흉한 소문들이 매일 들려오더니 드디어 난이 일어났다는 소식을 들은 사람들이 짐을 꾸려 가족을 이끌고 피난길에 오른 것이다. 양반 사부(士夫)들이었다. 덩달아 놀란 도성의 양인 백성들도 두려움에 우왕좌왕하는 바람에 조정은 민심을 수습할 수 없었다.

다음 날 3월 15일 청주성.

상여를 앞세운 장례 행렬이 청주 경내로 들어섰다. 상여에는 무기가 숨겨져 있었다. 상여 행렬은 청주성 앞 숲 속으로 곧 사라졌다. 청주성 안의 하급관리와 장교들은 이들이 올 것을 알고 있었다. 청주성 내 양반들 중에도 이들이 올 것을 알고 있는 사람들이 많았다. 모두들 한 편이었다. 이인좌와 정세윤(鄭世胤)은 그날로 청주성을 점령했다. 봉기군은 이인좌와 정세윤을 각각 대원수와 부원수로 추대했다. 이인좌는 세종의 넷째 아들인 임영대군의 후손이었다. 그의 증조는 대사헌과 함경도관찰사를 지낸 이응시(李應蓍)였고 조부는 전라도관찰사를 지냈던 이운징(李雲徵)이었다.

유서 깊은 가문의 후손인 이인좌가 험난한 가시밭길로 들어서게 된 것은 조부 이운징이 숙종 20년 갑술환국 당시 전라도관찰사 자리에서 쫓겨나면서 시작되었다. 이운징이 남인이었기 때문이다. 이인좌의 조모 역시 영의정을 지냈던 남인 권대운의 딸이었고 이인좌의 아내는 남인의 거두 윤휴의 손녀였다. 그러니까 이인좌는 대대로 남인 집안의 후손으로 숙종 20년 이후 음서로도 출사하지 못하고 과거에 응시조차 할 수 없는 '무늬만 양반'이었던 것이다. 이인좌는 방황했다. 과거를 보는 데 필요한 학문은 공부할 필요가 없으니 한때 육임점(六壬占) 같은 잡술을 배우러 다니기도 했었다. 세상이 바뀌지 않는 한 이인좌에게 미래는 없었다. 미래가 봉쇄된 이인좌에게 어느 날 똑같은 처지의 심유현(沈維賢)과 박필현(朴弼顯)이 찾아왔다.

심유현은 경종의 첫 번째 왕비 단의왕후 심씨의 동생으로 담양부사였다. 박필현은 태인현감으로 김일경이 신축년에 노론 4대신을 탄핵하는 상소에 연명했던 박필몽의 종형제였다. 박필몽은 김일경과 목호룡이 참수된 그해에 귀양 보내졌다. 영조가 을사환국으로 노론에게 정권을 완전히 넘기자 소론은 강·온을 막론하고 조만간 일망타진될 것이라고 생각한 박필몽과 박필현은 꾸준히 만나서 거사를 논의했다. 이들에게 세상은 선택지가 없는 곳이었다. 앉아서 기다리다가 죽으나 저항이라도 해보고 죽으나 죽기는 매한가지였다. 심유현이 왕실 인척 자격으로 경종의 소렴 때 참관한 뒤에 경종이 독살당했다는 정황을 구체적으로 사람들에게 말했는데 이것이 민심을 모으는 동력이 되었다.

박필현과 심유현은 호남 영남 등 전국 각지의 정계에서 소외되어 있는 양반 사족들을 만나면서 조직을 결성했다. 각 지방에 있는 반노론 성향의 사족들이 호응했다. 거사에 필요한 자금은 양반들에게서 지원받을 수 있었지만 문제는 군사였다. 박필현은 전국 각지에서 활동하고 있는 도적인 녹림당과 접촉했다. 그 와중에 만난 사람이 정세윤이었다. 정세윤은 세종부터 세조 때까지 문신이었던 정인지(鄭麟趾)의 후손이었다. 놀랍게도 정세윤은 녹림(綠林)의 도둑 100여 명을 이끌고 참여할 수 있는데, 수백 냥만 있으면 300~400명은 더 모을 수 있다고 말했다. 전국 각지에 도적들이 맹활약하고 있었으므로 돈으로 군사들을 모으기는 어렵지 않았다. 호남의 도적 1천여 명과 영남의 도적 수천 명도 합류할 수 있었다.

각 지방 총책이 정해졌다. 경기도 일대는 이인좌, 정세윤, 권서봉(權瑞鳳), 호남은 박필현과 박필몽, 심유현이 맡았다. 부안에서는 부안 갑부 김수종(金守宗)이 변산 도적들을 이끌고 참여하기로 했다. 영남 총책은 이인좌의 동생 이웅좌(李熊佐)와 정희량(鄭希亮)이 맡았다. 정희량은 광해군 때 대북의 영수 정인홍의 강경론에 맞서 영창대군의 처형을 반대하다 10년이나 귀양살이를 했던 동계(桐溪) 정온(鄭蘊)의 후손이었다. 대대로 안음(安陰)에 살았고 그 지역에서 명망이 높았다. 또 노비와 땅을 많이 가지고 있어 부유했다. 정희량은 안음에 살다가 순흥(順興)으로 이사를 했는데 안음의 옛집에 거사에 필요한 군량미를 저장해놓았다.

반군은 외기내응(外起內應), 즉 지방에서 먼저 군사를 일으켜 올라가면 서울에서 호응하도록 한다는 전략을 세웠다. 이 전략이 유효하기 위해서는 지방에서 서울로 진격하는 동안 서울 가까운 곳에서 빠르게 서울로 진입할 정규군의 호응이 필요했다. 이를 위해 반군 내 여주 출신 양반 한세홍(韓世弘)이 평안병사(平安兵使) 이사성(李思晟)을 설득해 반군에 참여하도록 한다.

청주성을 점령한 이인좌와 정세윤 등은 봉기군에게 "한 사람도 죽이지 말고 재물을 훔치지 말 것이며 부녀자들을 겁탈하지 말라."고 명령하고 인근 각 고을의 수령들에게 격문을 돌려 거사의 취지를 알리고 협력을 요청한다. 봉기군의 점령 지역은 횡간, 회인, 청안, 목천, 진천으로 확대되었고 그곳으로 봉기군 측의 수령을 파견하여 관아의 곡식들을 헐어 백성들에게 나누어주었다. 차츰 봉기군에 자발적으로 가담하는 사람들이 생겼고 또 점령지에서 징병한 자원들 때문에 병력은 수천으로 늘었다.

봉기군은 청주성 진중에 경종의 빈소를 만들어놓고 아침저녁으로 곡을 했다. 지금의 임금은 경종을 살해했으니 복수를 해야 한다는 것이 봉기군의 명분이었다. 복수를 하고 제대로 정통성을 갖춘 임금으로 바꾸는 것이 나라가 사는 일이라며 인조의 장자 소현세자의 증손인 밀풍군(密豊君) 이탄(李坦)을 추대했다.

청주성이 함락됐다는 소식에 영조와 조정은 경악했다. 당장 도성을 방어할 계책을 세우고 토벌군을 조직했다. 영조는 병조판서 오명항(吳命恒)을 최고사령관으로 삼고 박찬신(朴纘新), 조현명(趙顯命), 박문수(朴文秀) 등으로 토벌군 지휘관을 구성했다. 이들은 모두 소론이었다.

토벌군을 거느린 오명항은 3월 22일 경기도 안성으로 향했다. 오명항은 지략과 배포가 있는 지휘관이었다. 오명항은 안성으로 출발하기 전에 토벌군 안에 적들의 첩자들이 있을 것이라고 예상하고 "직산(稷山)으로 진군한다."고 크게 소리쳤다. 그리고 토벌군이 안성에 도착했을 때는 이미 날이 저물었다. 한편 봉기군은 안성 청룡산(靑龍山)에 진을 쳤다. 청룡산 아래 마을을 전부 장악한 봉기군은 안성의 지방군과 일전을 벌일 준비를 하고 있었다. 봉기군은 중앙의 토벌군이 직산으로 갔다는 첩보를 믿고 있었다.

양 진영은 서로 대치하면서 포와 화살을 어지러이 쏘기 시작했다. 이미 어두워졌기 때문에 양쪽 모두 명중률이 떨어지는 소모전을 벌일 수밖에 없었다. 그러나 사실 승패는 전투가 시작되기 전에 정해진 것이나 마찬가지였다. 봉기군은 상대가 누군지 모르고 있었고 토벌군은 상대를 정확히 알고 있었다. 토벌군은 봉기군의 화살과 포가 떨어지기를 기다린 후에 비장의 무기 신기전(神機箭)을 쏘기 시작했다. 봉기군은 생전 처음 보는 무기 앞에서 당황했다. 도망가는 자들이 속출하기 시작했다. 당황하기는 이인좌도 마찬가지였다. 병력 4, 5초(哨. 1초는 127명)를 데리고 가지곡(加之谷) 대촌(大村)으로 숨어들었다. 안성군수 민제장이 이인좌가 숨어 있는 곳을 알아냈다.

오명항은 산에 올라 가지곡 대촌의 지형을 살폈다. 대촌은 전면은 평야였고 삼면이 산으로 둘러싸인 안쪽에 있는 마을로 50, 60호가 옹기종기 모여 있었다. 산 뒤쪽 퇴로까지 막는다면 적은 독 안에 든 쥐였다. 오명항은 작전을 명령했다.

"기(旗)를 눕히고 북소리를 내지 말라. 갑옷과 투구를 벗고 달려가고 보군 1초는 산 뒤쪽을 거쳐 먼저 높고 험한 곳을 점거하라. 2초는 두 날개로 나누어 포를 쏘고 화전(火箭)을 쏘아 그 촌락을 불태우라. 그렇게 하면 그 형세로 보아 반드시 앞들로 도망해 나올 것이니, 이에 마군(馬軍)으로 짓밟으라."

대촌은 불바다가 됐다. 봉기군은 모두 흩어져 제각각 도주했다. 청주성 군관이었다가 봉기군으로 투항했던 박종원(朴宗元)의 목에 화살이 날아와 박혔다. 중초군(中哨軍) 조태선(趙泰善)이 쏜 것이었다. 박종원은 몇 걸음 비틀거리다가 쓰러졌다. 조태선을 뒤따라온 이만빈(李萬彬)이 박종원의 머리를 베었다. 정세윤도 이만빈에게 잡혀 포박당했다. 토벌군은 그의 팔 다리를 먼저 잘랐다. 정세윤은 그 와중에도 눈 한 번 꿈쩍하지 않았다. 마지막으로 머리를 쳤다. 바닥에 사지와 머리가 나뒹굴었다. 그래도 정세윤은 죽지 않고 꿈틀거렸다. 이인좌는 현장에서는 잡히지 않았고 죽산으로 향했던 봉기군의 다른 병력을 만나 전투를 벌였지만 다시 대패하고는 산으로 숨어들었다가 촌민들에게 발각되어 토벌군에게 넘겨졌다.

이인좌의 봉기군이 안성에서 대패하고 있을 무렵 이인좌의 동생 이웅좌와 정희량은 경상도 안음에서 봉기한 뒤 인근 고을들을 장악해가고 있었다. 합천에서는 조성좌(曹聖佐), 조정좌(曹鼎佐) 형제가 합천 양반들의 도움으로 관아에 무혈 입성했다. 또 삼가좌수 신만항(愼萬恒)이 현감 이정수(李廷秀)를 내쫓고 봉기군에 가담했다. 좌수는 지역 양반의 근거지인 향청(鄕廳)의 우두머리였는데 군사권을 장악한 후 수령을 내쫓은 것이다.

경상도 봉기군은 승승장구했지만 큰 고을인 안동과 상주에서는 성공하지 못했다. 경상도관찰사 황선(黃璿)이 진영을 정비한 뒤 사력을 다해 봉기군을 막기 시작했다. 더 이상 세력 확장이 어려워진 봉기군은 거창에서 함양을 넘어 전라도로 들어가 전라도 봉기군과 합류하기로 했다. 전라도 봉기군에는 훈련받은 정규 관군이 합류하기로 되어 있었다. 태인현감 박필현이 전라도관찰사 정사효와 연계하여 휘하 관군들을 전주에 집결시킬 예정이었다. 영조에게 전주 시장에 걸려 있었다는 괘서를 바쳤던 그 정사효였다. 그리고 전라도 녹림당도 합류하기로 하고 남원의 연곡사 쌍계사에 숨어 기다리고 있었다.

그런데 이웅좌와 정희량의 경상도 봉기군은 운봉영장(雲峰營將) 손명대(孫命大)가 팔량령(八良嶺)에 진을 치고 강력하게 저항하는 바람에 거창으로 다시 돌아갈 수밖에 없었다. 만약 이때 경상도 봉기군이 팔량령을 넘어 전라도 봉기군과 합류하여 서울로 진격했다면 조선 왕조의 역사는 바뀌었을 것이다.

전라도 봉기군이 경상도 봉기군을 기다리고 있을 때 변수가 생기고 말았다. 태인현감 박필현이 군사를 이끌고 전주에 도착했는데 그 사이에 정사효가 배신을 한 것이다. 정사효는 상황이 봉기군에게 불리하다는 것을 알아차리고는 전주성의 문을 닫아걸고 열어주지 않았다. 정사효가 막판에 돌아섰기 때문에 전라도는 봉기조차 못하고 불발에 그쳤다. 토벌군에 대항할 가장 강한 병력을 자랑하던 전라도 봉기군이 거사하지 않았고 경상도 봉기군도 합류하지 못했다. 그 사이 경상도 봉기군은 중앙에서 토벌군이 내려오기 전에 각 지역 수령들에 의해 진압당했다. 정희량은 거창 인근 우지치(牛旨峙) 전투에서 생포되었다. 거창현좌수 이술원(李述源)이 정희량에게 죽었기 때문에 그 아들이 복수하기를 원했다. 지휘관 곤양군수(昆陽郡守) 우하형(禹夏亨)이 복수를 허락했다. 이술원의 아들은 정희량의 목을 베고 배를 갈라 간(肝)을 꺼내 쪼개먹었다.

전라·경상 봉기군 실패의 가장 중요한 원인은 정사효의 배신이었다. 한편 경기 안성전투 패배의 가장 큰 원인은 평안병사(平安兵使) 이사성(李思晟)의 배신이었다. 조선 최고의 정예군으로 알려진 평안도 관군이 합류할 것이라는 확답이 없었다면 무신년의 봉기는 처음부터 모의되지 않았을 만큼 이사성의 동참은 중요했다. 이인좌 봉기군이 안성으로 향할 때 평안병사 이사성이 '근왕병'이라는 명목으로 서울로 출병하여 봉기군에 합세하기로 약속되어 있었다. 그런데 이사성은 아무 일도 하지 않았다. 이사성은 최후 진술에서 역모를 고변하기 위해 역당들 편인 것처럼 처세했을 뿐이라고 했지만 이사성은 봉기가 일어난 후에도 고변하지 않았다. 고변도 하지 않았고 봉기군을 위해 출병도 하지 않았던 이사성은 영조 4년 3월 26일 군기시 앞에서 처형당했다. 평안병사라는 막중한 직책으로 봉기군에 가담했다는 사실이 그 어느 누구보다도 흉악했기 때문에 영조는 그 일가족의 참혹한 죽음을 모든 신료들에게 똑똑히 보여줘야 한다고 생각했다. 그 뜻에 따라 백관이 일렬로 서서 이사성과 그의 처자가 효시되는 것을 지켜보았다.

영조 4년(1728, 무신) 4월 14일 영조는 역적 10인을 10괴(魁)로 지정하여 명단을 공표한다.

이인좌 · 이웅보 · 박필현 · 이사성 · 정희량 · 박필몽 · 남태징(南泰
徵) · 민관효(閔觀孝) · 이유익(李有翼) · 심유현(沈維賢)

이들 10명은 모두 죽었다. 전투 중에 죽거나 생포되어 처형당했다. 봉기를 주도했던 10인은 10괴가 되었다. 토벌군은 봉기군을 소탕하기 위해 곳곳의 마을들을 불태웠다. 전국 각처에 시체가 산을 이루고 피가 내로 흘러가 핏물이 흘렀다. 시체 썩는 냄새는 1년이 넘어도 사라지지 않을 지경이었다.

반역을 한 10인은 영조에게는 10괴였다. 그러나 정작 10괴 본인들에게 역사와 나라를 망하게 하는 역도는 영조였다. 박필현은 처형당하기 전에 눈을 부릅뜨고 이렇게 말했다.

"내가 과연 의거하였다. 너처럼 용렬한 자가 어찌 하늘의 뜻과 사람의 일을 알겠느냐? 금일의 사대부는 문관, 남행(南行, 음직), 남인, 소북, 소론을 막론하고 동시에 거의하여 평안병사 이사성을 맹주로 삼아 난적(亂賊)을 토멸하여 종사를 안정시키려 하였다."

영조에겐 역(逆)이었지만 그들에게는 혁(革)이었던 무신란은 조선을 피로 물들이며 진압되었다.

경자양전의 후폭풍, 반노론 연대

영조의 정통성에 문제가 있다는 정치적 명분만으로 중앙과 지방 양반 사족들이 대거 무신란에 참여한 것은 아니었다. 겉으로 내세워진 명분 밑에는 경제적 불익에 대한 광범위한 불만이 깔려 있었다.

숙종 46년(1720)에 노론 정권이 주도했던 경자양전으로 노론이 아닌 지방의 토호 양반들은 많은 손해를 감수해야 했다. 이때의 양전으로 해안 간석지나 구릉지대 등을 개간한 농민들과 개간 사업을 주도한 지역 토호들은 양안에 자신들의 개간지가 올라가자 정권에 대한 반감이 극에 달했다. 삼남 양전의 결과[13] 결수가 증가하기는 했으나 『경종수정실록』 경종 즉위년(1720. 경자) 10월 6일 첫 번째 기사에 "온갖 간사한 폐단이 나와, 허위가 뒤섞였으니 민폐는 도리어 심해졌다."는 기록이 나올 정도로 양전 결과에 대한 민심의 동요가 양반부터 일반 농민에까지 극심했다. 이렇게 양전에 대한 극심한 반감을 가진 각 지역의 양반층이 자연스럽게 반노론 연대를 만들어 반란에 참여했던 것이었다.

이때 노론이 아닌 사족들의 위기감은 대단했던 것으로 보인다. 그들은 "노론이 아니면 남으로 가든지 북으로 건너가는 수밖에 없다."고 증언했는데 출사의 길이 완전히 막혀 있었기 때문이다. 당연히 경제적으로도 몰락했다. 반란의 핵심 인물이었던 이유익(李有翼)은 "우리 친구들은 가난하다. 우리들은 청탁, 수뢰, 구걸, 방납을 생활수단으로 삼고 있다."고 공초에서 말했다. 또 이유익은 "어차피 성인이 못될 바에야 차라리 임꺽정과 같이 되어야겠다."고 생각했다고 증언한다. 이들 중에는 경제적 몰락이 심해지자 급기야 대대로 살던 고향을 버리고 이사를 가야 하는 양반도 생길 정도였다. 한때 남인의 영

---

13 인조 12년의 갑술양전(甲戌量田) 때 89만 5,856결이었던 것에 비해 원결수(元結數)가 96만 9,145결로 전체적으로 약 8% 정도인 7만 3,289결이 늘어났다(이세영, 『조선 후기 정치경제사』, 혜안, 2001, 119쪽).

수로 당대 명문가였던 윤휴의 집안도 그런 경우였다. 무신란의 주역인 이인좌의 장인이었기 때문에 국문을 당한 윤휴의 넷째 아들 윤경제(尹景濟)는 이렇게 토로했다.

> 갑술년에 경중에서 임천으로 이사하여 7, 8년을 지낸 후 다시 선대의 분총(墳塚, 무덤)이 있는 공주로 옮겨갔습니다. 그것은 약간의 묘토를 경작하려 했기 때문입니다. …… 가난하여 멀리 이사감이 심히 어려웠는데, 옮겨가려고 할 때에 이 몸이 처상(妻喪)을 당하여 객지에서 장례 비용을 마련하기가 어려워 묘하(墓下)의 논을 전부 팔아 장사를 지냈던 것입니다.[14]

한편 부안, 변산 지역의 부호들이 대거 참여한 직접적인 원인은 양전 사업과 마찬가지로 숙종이 노론에게 정권을 넘겨준 숙종 42년에서 45년 간에 강력한 금송(禁松) 정책을 추진한 것에 있었다. 변산, 안면도 지역은 정부가 소나무를 조달하기 위해 민간의 벌채, 경작을 허락하지 않던 지역이었다. 그러나 국가가 독점하던 그 지역이 조선 후기로 가면서 농법이 개선되고 농지 수요가 늘어나면서 민간이 대거 들어와 각종 사업을 벌이고 있었다. 변산반도에 민간의 제염업, 사기(沙器)업, 선박제조업이 발달하면서 소나무의 대량 벌목이 일어나고 있었다.

숙종과 노론정권은 숙종 42년부터 강력한 단속을 실시하여 변산 지역에 자리 잡고 생계를 유지하던 민가를 모두 강제 퇴거시킨다. 일

---

14 국사편찬위원회, 『한국사』 36, 탐구당, 2013, 205쪽

반 양인들뿐만 아니라 양반 가호도 마찬가지로 퇴거시켰다. 민간에게서 나무를 자를 만한 도끼까지 몰수할 정도로 강력한 조치였다. 몇 차례에 걸친 강력한 단속으로 변산뿐만 아니라 인근 지역의 제염업, 사기제조업, 임산업 등이 큰 타격을 받았다. 이 지역의 유력한 토호들은 관의 수령들에게 강력하게 저항하다가 유배를 당하기도 했다. 반란군에 참여한 진사(進士) 김수종(金守宗)이 부안 변산 지역을 대표하는 거부였다. 그는 조선업으로 거부가 되었는데 수많은 종복을 거느리고 있었다. 그는 적극적으로 움직여 하동, 순천, 전주 지방의 토호들을 반란 세력 편으로 만들기도 했다.

이렇게 반정부 세력의 상층 조직들이 만들어졌다. 정사효와 이사성이 각각 이끄는 전라도와 평안도의 관군 이외에 전국 어디에나 있던 유민과 도적들이 실제 군사 활동을 하는 하층 조직으로 참여했다. 영조와 노론정권에 반대하는 전국적 반(反)노론 연대 세력이 조직되어 무신란을 일으켰던 것이다.

8화
탕평, 그리하여 권력은 왕에게

왕에게 투항한 소론, 왕에게 배신당한 노론

그런데 무신란은 왜 실패했을까? 우선은 관군을 동원하기로 약속했던 전라감사 정사효와 평안병사 이사성의 배신이 전투의 승패를 가르는 결정적 역할을 한 것으로 보인다. 참여했던 군도들의 성격도 패배의 원인 중 하나였을 것이다.

당시 군도들은 도적질 같은 단순 범죄를 일삼는 무리가 아니었다. 숙종 연간에 지방에서 현감이나 군수 등을 역임하면서 도적을 잡는 데 맹위를 떨치던 권설(權卨)이 숙종 37년에 괘서의 배후로 잡혀 국문을 받은 적이 있었다. 그가 국문 중에 "근래의 적도는 모두 재력을 갖추고 경향의 세력가들과 결탁하고 있는데 그들이 나를 무고하였다."고 주장하기도 할 정도로 당시 전국의 도적들은 이미 국가 전체의 근간을 자신들 나름의 체계로 좌우할 정도였다. 노론 4대신 중한 명인 이이명이 이들이 외딴 섬에서 사전(私錢, 개인이 만든 돈)을 만드는 것을 알고도 방조했다는 혐의를 받을 정도였다. 이처럼 군도들이 가장 중시한 것은 어떤 정치세력과 결탁해야 자신들의 이권이 극대화되고 그것을 보장받을 수 있는가 하는 것이었다.

따라서 정인지의 후손 정세윤이 녹림당을 합류시켰다고 해도 그 적극성이 무신란을 기획한 상층 조직들과는 달랐다. 녹림당은 노론도, 소론도, 남인도 아니었다. 임금이 누구인지도 관심 없었다. 어떤 임금이든, 또 어떤 정치세력이든 녹림당을 이용만 하고 버릴 가능성이 컸다. 무신란이 실패로 끝난 원인 중에는 관군 동원이 무산된 것이 가장 컸지만 참여했던 군도들의 소극적 태도에도 원인이 있었다고 볼 수 있다.

그런데 이런 이유들 말고 가장 중요한 근본적인 원인은 영조의 정책 변화에서 찾을 수 있다. 을사환국 이후 전국적으로 나붙는 괘서를 보면서 영조는 자신에 대한 차마 들을 수 없는 소문들이 막무가내로 퍼지는 것을 막을 수 없음을 알았다. 세상의 모든 것들은 시간이 지나면서 자연히 소멸되지만 어떤 것들은 끈질기게 사라지지 않는다. 형을 죽였다는 말, 선왕 숙종의 자식이 아닐지도 모른다는 말들은 영조의 가슴에 지워지지 않는 낙인이 됐다. 영조는 온 몸이 풀 수 없는 사슬들에 칭칭 감겨 있는 것처럼 느꼈다. 그 엉킨 사슬들이 영조의 숨통을 조여왔다.

그러나 영조를 임금으로 만든 노론은 영조와는 입장이 달랐다. 조선 사람이면 누구나 아는 이 내용은 영조를 임금 자리에 앉힌 노론에게도 호재였다. 약점이 많은 임금을 좌우하기란 누워서 떡 먹기보다 쉬운 일로 보였기 때문이다. 노론은 약점 많은 왕 영조가 자신들의 손아귀에서 절대 벗어날 수 없으리라 생각했다. 김일경, 목호룡을 도륙하고 소론을 몰아낸 영조 1년 을사환국 이후로 노론은 소론을 전멸시키기 위해 2년 내내 전면적 토죄를 줄기차게 주장했다.

그러나 영조는 영리한 임금이었다. 영조는 노론의 뜻에 따라 소론을 전멸시킨다면 다음 타깃은 본인이 될 것이라고 생각했다. 노론 덕분에 임금이 되었지만 노론의 허수아비가 될 수는 없었다. 영조는 노론에게 권력의 칼자루를 전부 넘겨줄 생각이 없었다. 삼남 지역의 대흉작으로 전국에 유민이 넘쳐나고 있었고 전국 도처에 괘서가 나붙고 있는데 노론은 이런 상황을 해결할 의지도, 능력도 없었다. 민심과 민생 안정은 뒷전이고 사사로운 복수만을 줄기차게 주장하는 노론을 억누를 필요가 있었다. 괘서 내용의 당사자 영조는 대규모 민란의 기운을 노론과는 다르게 피부로 느끼고 있었다.

영조는 무신란이 일어나기 6개월 전인 영조 3년(1727, 정미) 7월에 노론 관료 140여 명을 일거에 축출한 후[15] 소론 영수 이광좌(李光佐)를 영의정으로, 조태억(趙泰億)을 좌의정으로 임명하면서 정권을 소론에게 내준다. 이를 정미환국(丁未換局)이라고 한다.

정미환국은 전국으로 반란을 조직화해가던 세력에게 큰 충격을 주었다. 서울을 중심으로 하는 반노론 세력들이 전면 가담에서 관망으로 돌아서기 시작했던 것이다. 그러니까 영조의 정미환국은 반노론 세력들의 타오르는 반란 열기에 찬물을 끼얹는 역할을 한 것이다. 사실상 영조를 살린 사람은 영조 본인인 셈이었다.

---

15 이때 영부사(領府事) 민진원, 판부사(判府事) 이관명, 우의정 이의현, 전 판서(判書) 이병상(李秉常)·김흥경 등이 모두 쫓겨났다.

소론 정권이 들어서고 6개월 뒤에 무신란이 일어나자 영조는 "소론의 난은 '소론의 손'으로 다스리라."고 명했다. 토벌군의 수뇌부는 소론이 맡았다. 오명항, 박문수, 조현명 등은 이것이 자신들이 살아남을 마지막 기회라는 것을 알았다. 실수나 실패는 있을 수 없었다. 이광좌, 오명항 등은 자신들이 비록 소론이지만 김일경과 같은 강경파들과는 확실히 다르다는 것을 실질적 결과물로 보여줘야 했다. 그래서 그들은 최선을 다했다. 죽느냐 죽이느냐 딱 두 가지뿐인 선택지 앞에서 그들은 죽였고, 승리했다. 전국을 피바다로 만들고 역도들의 피로 물든 승리의 깃발을 영조에게 안긴 것이다. 소론은 강경소론을 제물로 바치고 영조 품에 안겼다. 영조는 기꺼이 소론을 품었다. 영조를 임금으로 만든 노론들은 영조의 배신에 치를 떨며 분노했다. 영조는 험난한 탕평(蕩平)의 길을 택했다. 닭 쫓던 개 지붕 쳐다보는 격이 되어버린 노론의 거센 공격을 예상하면서 영조는 본격적으로 가시밭길 탕평의 길을 걷기 시작했다.

탕평이라는 이름의 새로운 질서

무신란이 진압된 뒤인 영조 5년(1729. 기유) 8월 18일에 영조는 탕평정국을 확고하게 만들기 위해 신임옥사(辛壬獄事)에 관한 각 당의 요구사항들을 정리한다. 영조는 신축년에 연잉군의 왕세제 책봉과 대리청정을 추진했던 노론의 행위는 경종에 대한 역(逆)이 아니라고 규정한다. 반면에 임인년 목호룡의 고변 내용에서 노론이 경종을 위해하기 위해 삼급수를 모의했다는 사실은 인정한다.

그러니까 영조는 신축년 건저대리(建儲代理) 문제는 노론의 손을 들어주고 임인년 삼급수 모의는 소론의 손을 들어준 것이었다. 이에 따라 신임옥사로 죽은 노론 4대신 중에 임인년 삼급수 모의와는 관계가 없는 이건명, 조태채만 복관되었다. 이이명과 김창집은 그 아들 이기지와 손자 김성행이 임인년 삼급수 모의에 가담했으므로 패자역손(悖子逆孫)의 연좌율에 의해 복관되지 못했다. 이것을 기유처분(己酉處分)이라고 한다.

영조는 기유처분을 바탕으로 그동안 추진해오던 노·소론 연정을 강화한다. 사실 노론 소론 모두 기유처분에 불만이 많았다. 그러나 영조 입장에서는 두 당 모두에게 왕명이 통하게 할 수 있는 유일한 방법이었다. 영조의 탕평 원칙은 두 가지, 양치양해(兩治兩解)와 쌍거호대(雙擧互對)였다. 양치양해란 처벌을 한다면 양쪽 모두를 처벌한다는 뜻이고 쌍거호대란 양쪽을 모두 등용한다는 인사 정책이다. 말하자면 상과 벌을 양쪽에 똑같이 적용하겠다는 것이었다. 영조는 이 정책으로 노론에도 소론에도 영조를 따르는 탕평파가 생기도록 한다. 노론에서는 노론 완론(緩論, 온건파) 홍치중이 중심이 되고 소론에서는 소론 완론 조문명과 송인명(宋寅明)이 주도하여 조정에 탕평파를 만들어갔다. 노론 탕평파와 소론 탕평파가 조정을 주도하면서 노론 소론 양 당 모두에 있는 준론(峻論, 강경파)들의 입지는 점점 좁아졌다.

친국왕파인 탕평파가 조정에 안착하면서 당연히 영조의 정국 장악력이 강해졌다. 탕평은 왕권 강화의 가장 훌륭한 명분이었다. 탕평을 비판하는 자들은 왕권을 약화시키기 위해 당쟁에 몰입하는 자들이라고 정의 내려졌다.

숙종과 경종 시절을 지나 즉위 후 무신란을 겪은 영조는 무엇을

해야 왕이 왕다울 수 있는지 점점 더 분명히 알아가고 있었다. 왕은 오로지 세상에 새로운 질서를 부여할 수 있을 때에만 왕일 수 있다는 사실이었다. 영조는 왕의 입과 왕의 손에서 나온 질서만이 유일한 척도가 되게 만들 작정이었다. 어느 당도 왕을 좌우할 수 없도록 만드는 것, 어느 당의 누구든 왕의 말을 따르도록 만드는 것, 감히 왕 앞에서 자신의 당이 옳다고 주장할 수 없게 만드는 것, 감히 왕 앞에서 각 당들이 자기 당의 이익을 위해서 아귀다툼을 못하도록 만드는 것, 마치 부모 앞에서 형제들이 싸우는 것이 불효인 것처럼. 그 새로운 질서의 이름이 탕평(蕩平)이었다.

그러나 영조의 탕평 기조는 영조 8년 말에 친국왕 탕평파였던 노론의 홍치중과 소론의 소문명이 잇달아 사망하고 노론 준론들이 이이명과 김창집의 신원을 계속 요구하면서 흔들리고 있었다.

영조 9년(1733) 1월 19일.

한겨울밤 10시가 넘은 야심한 시각에 영조는 노론 영수 민진원과 소론 영수 이광좌를 불러들였다. 깊은 어둠이 정적을 감싸고 있었다. 31살에 즉위하여 재위 9년째인 영조는 이제 마흔이었다. 70살의 민진원과 60살의 이광좌는 임금의 옥음이 떨어지길 기다리고 있었다. 겨울밤은 점점 깊어갔다. 밖에서 불어오는 날선 밤바람은 벽으로 스며들어 머리를 서늘하게 만들고 있었다. 영조는 한동안 뜸을 들이더니 드디어 말문을 열었다.

"내가 궐에서 나고 자라 세상의 고통이란 것을 알지 못했는데. 신축년(辛丑年) 고통을 당한 이후로 마음에 한을 품고 살아온 지 이제 13년이 되었다."

신축년의 일. 경종 1년 노론에 의해 왕세제 책봉이 이루어지고 곧

이어 대리청정까지 밀어붙이다 노론 4대신이 결국 옥사를 당한 사건을 입에 올린 것이다. 노론 입장에서는 영조를 왕으로 만들기 위해 목을 내놓고 충성했다고 주장하는 사건이었다. 즉, 노론은 정권의 지분 대부분을 영조와 나눠 가질 자격이 있다고 생각하고 있었다. 그러나 영조는 생각이 달랐다. 약점을 가진 왕으로 노론 손아귀에 고스란히 안긴다면 명실상부한 왕 노릇을 하기란 불가능했다. 또 아직까지 무신란의 여파로 선왕독살설과 출생의 비밀이 널리 퍼져 사라지지 않고 있었다. 일방적으로 노론 편을 든다면 제2, 제3의 무신란은 또 일어날 것이었다.

"경자년(숙종 46) 국휼(國恤, 국상) 이후로 300년 동안 지켜오던 예의가 아주 무너져 임금이 임금 구실을 하고 신하가 신하 구실을 하는 도리가 땅에 떨어졌다."

이어서 영조는 노론을 공격하는 말을 한다. 목호룡의 고변으로 일어난 임인옥사 때 죽은 서덕수에 대해 말하기 시작한 것이다. 영조의 처조카이기도 한 서덕수는 당시 왕세제 연잉군이 역모를 알고 있었다고 자백하고 사형당했는데 그 때문에 영조는 사건 조사 기록인 「임인옥안」에 역모의 수괴로 등재되어 있었다. 그 기록은 여전히 살아 있어서 노론은 노론대로 소론은 소론대로 이 사실을 영조를 흔드는 데 이용하고 있었다.

영조는 노론이 서덕수를 이용하다 목호룡의 덫에 걸리는 바람에 억울한 옥사가 일어났다고 말한다.

나는 평소부터 서덕수 부자(父子)의 사람됨이 변변하지 못함을 알고 있었다. 그러나 세상의 도의(道義)는 이를 두려워하면서 처족(妻族)을 소홀히 대하면 반드시 부부 사이가 화목하지 않다고 여긴다. 그래서 그가 열 번 오면 하는 수 없이 두세 번은 만났다. 그러자 그들은 나의 동정을 살피곤 하였다. 그 후에 서덕수는 온갖 계책을 부려가며 찾아오면서 끈질기게 내게 매달렸다. 내가 서덕수에게 외방(外方)으로 피하라고 말해서 서덕수는 해서(海西) 지방으로 내려갔다. 그런데 신축년에 결국 목호룡의 그물에 걸려들었던 것이다. 처음에는 노론들이 나를 후하게 해준다고 하였으나, 내가 그들 말들을 무시했더니 '이렇게 한다면 다른 사람을 얻어 이 계책을 소론에게 주어 잿골[灰洞]을 만들겠'고 나를 협박했다. 이 말을 들으니, 그 기세가 그치지 않으면 장차 나를 해쳐 선왕(先王)의 피붙이가 남아나지 않게 하려는 뜻임을 알았다. 그들의 속뜻을 본다면 경종(景宗)까지도 위태로울 지경이었다. 그 생각을 하면 마음과 뼛속까지 소름이 끼쳐 다만 스스로 소리를 내지 않고 울 뿐이었다.

영조의 이 말에는 두 가지 중요한 뜻이 있었다. 하나는 노론들이 모여서 경종을 헤치고 왕세제였던 영조를 옹립하려고 모의한 사실이 있었음을 공식 인정한 것이다. 이것은 영조보다 노론에게 치명타였다. 노론은 자신들만이 영조의 충신이라고 주장하고 있는데 영조는 이런 논리의 틀 자체를 바꾸고 있었다. 이것이 두 번째였다. 노론이 자신들만의 이익을 위해 경종과 영조를 이간질시켜 택군(擇君)을 시도하다가 왕실 혈통 전체를 위험에 빠뜨렸다는 영조의 논리는 노론 역시 왕실 입장에서 보면 역(逆)이라는 주장이었다. 노론은 노론의 이익만을 위해 역모를 꾀한 것이지 조선 왕조 종사를 위한 행위를 한 것이 아니라는 말이었다.

이렇게 영조는 노론과 자신을 분리하고 있었다. 자신은 선왕 경종과 우애가 돈독했던 아우였는데 탐욕스러운 노론의 협박 때문에 「임인옥안」에 연루되어 지난 13년 간 눈물의 세월을 보내고 있으니 그 원통함을 말로 다할 수 없다고 말한다. 그러니 영조에게 원통함을 제공한 노론은 충신이라기보다 역신에 가깝다는 논리였다. 영조는 감히 신하들이 임금을 선택하려고 하는 택군 행위 시도 자체가 역(逆)이라고 말하면서 이에 따르면 노론, 소론, 남인, 세 개의 당 모두에게서 역이 출현했다고 주장한다.[16]

이렇게 영조는 매순간 한 걸음씩 용의주도하게 탕평을 실현시키고 있었다. 정국을 예의주시하면서 정국 주도권을 틀어쥐기 위한 시도를 접지 않았다.

신유대훈, 불타는 「임인옥안」

영조 15년(1739) 1월 11일.

겨울바람이 불고 있었다. 한낮이었지만 냉기를 녹여줄 태양은 보이지 않았다. 낮게 깔린 하늘에서는 당장이라도 진눈깨비가 내릴 것 같았다. 그 하늘 아래 5살 세자가 거적을 깔고 석고대죄하고 있었

---

16 영조가 만든 이 논리를 영조 9년 1월 19일에 나온 말이라고 하여 '십구하교(十九下敎)의 삼당구출역(三黨具出逆)'이라고 한다.

다. 세자 뒤로 우의정 송인명, 이조판서 조현명 등 60여 명의 신하들이 관(冠)을 벗고 머리를 땅에 두드리며 명을 거둬달라고 목청껏 울부짖고 있었다. 어린 세자는 영문도 모르고 살을 에는 칼바람 속에서 벌벌 떨며 땅에 머리를 조아렸다.

세자는 울고 있었다. 눈물이 저절로 나왔다. 무슨 일이 잘못된 것인지 분명히 알 수는 없었지만 부왕 영조가 더 이상 임금을 하지 않겠다는 말을 했다는 정도는 알고 있었다. 어린 세자가 알고 있는 영조는 늘 자상하게 대해주는 인자한 아버지였다. 그런 아버지에게 무슨 나쁜 일이 일어난 것인지 세자는 두려웠다.

영조는 이날 승정원에 비망기를 내렸다.

> 명을 내려도 신하가 임금의 말을 따르지 않으니 임금 노릇을
> 할 수가 없다. 세상의 기강이 한심하다고 말할 만하다. 나는
> 임금의 자리를 초개처럼 여긴다. 아! 효장(孝章)이 살아 있었다
> 면 어찌 오늘까지 기다렸겠는가? 다행히 지금 원량(元良, 세자)이
> 있다. 내가 비록 임금의 짐을 벗는다고 해도 백성을 소홀하게
> 여기지는 않을 것이다. 그러니 묘당(廟堂)을 시켜 전례에 의거하
> 여 거행하게 하라.

임금 자리에서 물러나겠다는 폭탄 선언을 한 것이다.

비망기를 받아든 승지 오언주(吳彦冑)는 탑전(榻前)에 다시 내려놓으며 말했다.

"신은 탑전에 두고 물러가겠습니다."

"열 번을 두고 가더라도 다시 열 번을 내리겠다."

영조가 말했다.

"오늘 이 일은 갑자기 나온 일이 아니다. 내가 지난 15년 간 세상을 바로잡으려고 했지만, 오히려 옛 모양으로 돌아갔으니 대체 그동안 이룬 것이 무엇이냐 말이냐."

"조정에 있는 신하들이 성심의 근본이 이러함을 누군들 모르겠습니까. 신이 전하께서 고심하시는 바를 모른다면 먼저 주륙(誅戮)당해야 마땅할 것입니다. 하교를 거두어주소서."

우의정 송인명이 다시 간청했다.

"사람들은 내가 원보(元輔)를 부르고 싶기 때문이라고 생각하겠지만, 내가 어찌 원보 한 사람 때문에 이렇게 하겠느냐."

원보는 소론 영수 이광좌를 가리키는 말이다. 사직서를 내고 동작강(銅雀江)가에 나가 있던 영의정 이광좌가 부랴부랴 들어왔다.

"전하, 나라가 장차 망할 것이옵니다. 하교를 거둬주소서."

이광좌가 부르짖자 이조판서 조현명 등이 전(殿)에서 내려가 관을 벗고 머리를 땅에 두드리며 다시 함께 소리쳤다.

"하교를 거둬주소서. 통촉하시옵소서."

60여 명의 신하들이 각자 자기들의 말을 하며 아뢰기 시작했다. 그 말들이 수천마디에 이르니 사관이 다 기록할 수 없었다. 이광좌가 들어오자 영조는 두 눈을 지그시 감았다. 표정을 드러내지 않고 만족감을 즐기기 위해서였다. 드디어 영조는 위로는 자성(慈聖)을 근심시키고 아래로는 원량을 괴롭히니 명을 철회하겠다고 말한다. 이광좌를 불러들이는 소기의 목적을 달성했으니 양위 소동을 더 질질 끌 이유가 없었던 것이다.

소론 영의정 이광좌가 사직을 청하고 궐을 나간 것은 영조가 서덕수를 전격 신원한 것에 대한 항의 표시였다. 영조는 양위 소동을 벌이기 한 달 전인 영조 14년(1738) 12월 10일 왕비의 사친(私親)이자 서덕수의 조모인 잠성부부인(岑城府夫人)이 죽자 왕비의 마음을 위로한다는 명분으로 서덕수를 복권시켰다. 서덕수를 신원시키는 문제는 노론에게나 소론에게나 단순히 서덕수 한 명의 문제에 그치는 일이 아니었다. 사실 영조는 노론 소론에게 절반씩의 승리만 가져다준 영조 5년의 기유처분 이후 계속 소론을 우위에 두는 탕평정국을 이끌고 있었다. 영조는 소론 영수 이광좌를 영의정으로 삼고 소론의 대표 탕평파 조현명을 꾸준히 중용하면서 노론의 이이명, 김창집의 신원 요구를 막아오고 있었다. 영조는 당쟁을 막아야 왕권이 커진다는 것을 알고 있었다. 탕평과 당쟁이 반비례 관계임을 정확히 알고 있었던 영조가 두 대신에 관한 노론의 요구를 순순히 들어줄 리가 없었다.

그러던 차에 서덕수를 신원했으니 이것은 노론과 소론에게 이이명, 김창집 복권의 신호탄으로 여겨졌다. 「임인옥안」의 패자역손 논리에 얽힌 두 대신마저 복권된다면 임인옥사가 무고(誣告)였다고 그동안 주장해온 노론이 패권을 쥐게 될 것이 분명했다. 사실 영조의 궁극적 목적은 자신을 역적의 수괴로 기록하고 있는 「임인옥안」의 폐기였다. 그러나 그 일을 노론의 압력을 받아들여 노론 주도 하에 진행되게 할 수는 없었다. 노론이 영조를 굴복시키는 모양새로 「임인옥안」을 폐기하는 것은 영조가 원하는 왕권 강화가 아니었다. 그러므로 영조의 목적은 소론에게 노론보다 우위의 정권 책임성을 맡기고 소론이 영조의 명을 받아 스스로 「임인옥안」을 폐기하도록 유도하는 것이었다.

그 분위기를 만들어내기 위해 영조는 당쟁이 없어져야 한다고 대신들을 계속 압박했다. 영조 13년(1737) 8월 28일 영조는 인정문(仁政門)에 나가 백관에게 당쟁을 금한다고 유시(諭示)하기도 했다.

이렇게 계속 당쟁을 금지하며 조정을 친국왕 탕평파에게 맡겼던 영조가 서덕수를 신원한 일은 정국이 서서히 바뀔 것이라는 예고편이었다. 영조는 소론 영수 이광좌의 사직을 윤허하지 않고 영의정 자리에 묶어둔 상태에서 「임인옥안」 폐기를 서서히 추진한다. 사실 서덕수가 신원되자 노론 강경파들은 즉각 소론을 토죄하면서 양 대신(이이명과 김창집)을 복권해야 한다고 거세게 들고 일어났다. 노론 강경파가 들고 나왔던 명분은 '변성무(辨聖誣)'였다. 즉, 목호룡의 고변은 당시 왕세제였던 지금의 임금을 무고(誣告)했다는 것이다. 그러니 그런 반역자들과 함께 정국을 운영할 수 없다는 강경한 논리였다.

노론 강경파의 이 주장은 언뜻 들으면 영조에게 큰 힘이 되는 것처럼 보이지만 정작 영조 본인이 정국을 주도하는 데에는 걸림돌이 되는 주장이었다. 영조는 노론 강경파가 '변성무'를 앞세우는 것은 영조를 임금으로 만든 것이 노론 덕분이라는 것을 최대한 생색내며 권력의 지분을 요구하는 행위로 여겼다. 따라서 영조는 노론 강경파를 일시에 정계에서 몰아내는 강경한 조치를 취하기도 한다. 영조에게는 양 대신의 복권보다는 「임인옥안」 자체를 없었던 일로 만드는 게 우선이었다. 따라서 영조는 노론 강경파들을 누르는 동시에 이광좌를 계속 영의정에 등용했는데 이것은 「임인옥안」 폐기까지 가는 길에서 일어날 소론의 반발을 무마하기 위한 방편이었다. 영조는 노론과 소론 모두를 누르면서 속도와 완급을 조절했다. 그러면서 임금만이 조정자이자 저울임을 만방에 각인시켰다.

영조 16년(1740, 경신) 6월 13일, 마침내 영조는 노론 좌의정 김재로와 소론 병조판서 조현명, 우의정 송인명을 불러 「임인옥안」에 대한 논의를 재개한다. 전달인 5월 26일에 영의정 이광좌가 사망한 후 보름 정도 지났을 때였다. 이날 영조는 본심을 솔직히 토로한다.

"이 옥안이 존치되어 있는 것을 보면 마음이 아프기 짝이 없다. 그래서 매번 이를 한강 물에 던져버리고 싶을 뿐이다. 그들[노론 강경파]이 비록 쓸모없는 무리라 해도 마땅히 그 옥안을 안고 물에 빠져 죽으려는 자라도 있어야 할 터인데 이런 사람이 있다는 말은 들어 보지도 못했다."

「임인옥안」을 폐기하고 싶으니 소론은 받아들이란 말이었다. 소론은 「임인옥안」을 뒤집으면 그 뒤에 따르는 책임 추궁 논란을 두려워했다. 「임인옥안」 자체가 잘못된 것이라면 당시 수사 책임을 맡았던 소론 대신들에 대한 대역죄 성토가 일어날 것은 당연지사였기 때문이다. 영조와 노론 김재로가 그런 일은 없을 것이라고 장담했지만 소론 조현명과 송인명은 믿지 않았다.

그러나 이날 결국 영조는 두 당의 대표들을 조절해서 「임인옥안」은 목호룡의 무고로 일어난 것이라고 천명하고 국안의 이름을 「삼수역안(三手逆案)」에서 「임인국안(壬寅鞫案)」으로 고치게 한다. 또 김일경과 박필몽에게 협박받아 협조할 수밖에 없었던 억울한 피해자들을 구제하도록 조치한다. 노론이 꾸준히 요구하던 이이명, 김창집의 복권은 이미 1월에 이루어진 뒤였다. 이것을 '경신처분'이라고 한다. 경신처분으로 「임인옥안」이 완전히 폐기되지는 못했지만 노론은 4대신 모두 역모 혐의가 없음을 공식 인정받았다. 반면 소론은 당시 조정에 남아 영조 곁에서 탕평파로 존재할 수 있었던 명분을 상당 부분

잃었다. 결국 영조의 의도대로 소론은 스스로 자신들의 존립 명분을 서서히 해체해가고 있었던 것이다.

영조는 한 번 목표했던 것을 중간에 포기하는 성격이 아니었다. 경신처분으로 일단 임인옥이 역(逆)이 아니었다는 결론을 내린 뒤에 「임인옥안」을 완전히 불태워 없애는 것은 시간문제였다. 영조의 의도를 소론도 알고 노론도 알고 있었다. 영조는 자신이 원하는 바를 얻기 위해서 할 수 있는 모든 수단을 동원하는 임금이었다. 신하들 앞에서 분노에 찬 호령을 하기도 하고 통곡하며 울기도 했다. 또 식음을 전폐하고 누운 뒤 약방의 입진을 거부하기도 했다. 최악은 어린 세자에게 양위하겠다고 억지 소동을 피우는 일이었다. 노론도 소론도 점점 영조의 뜻을 거스르기 힘들어져갔다. 당쟁을 억제하고 탕평을 강화하면서 영조의 힘이 커져간 것이다.

영조는 경신처분을 한 이듬해인 영조 17년(1741, 신유) 9월에 마침내 '신유대훈(辛酉大訓)'을 선포한다. 그 내용은 이러했다.

> 신축년의 왕세제 대리청정 주장은 경종과 대비의 하교에 따른 것이니 역모가 아니다. 그리고 임인년 목호룡의 고변은 무고이므로 옥안을 소각하고 피화자는 모두 신원한다. 단, 김용택, 이천기, 이희지, 심상길, 정인중 5인만은 역으로 단정해 별안으로 둔다.

영조 17년 9월 25일 영조는 옥안을 불태우라고 의금부에 명한다. 자신이 역적의 수괴로 등재된 기록을 세상에서 사라지게 만든 것이다. 영조가 만든 탕평파 대신들인 노론 영의정 김재로, 소론 우의정 조현명과 좌의정 송인명의 합의로 이뤄낸 것이었다. 이렇게 영조는 재위 17년 만에 자신의 전과 기록 말소에 성공한다. 그 결론으로 가기 위해 사용한 탕평 논리와 그에 따른 정국 운용은 권력이 영조에게로 독점돼가는 과정이었다.

9화
잠들지 않는 정통성 시비

확산되는 반체제 기운

황진기(黃鎭紀)는 무신란에 가담했던 평안병사 이사성의 수하로 선전관을 지낸 무인이었다. 무신란 가담자들이 모두 처형당하고 유배당했지만 황진기는 잡히지 않았다.

영조 정권은 황진기를 체포하려 애를 썼지만 헛수고였다. 황진기는 당대의 이름난 검객이었을 뿐만 아니라 중국어에도 능했다. 유창한 중국어로 황진기는 때때로 조선과 중국의 무역에도 개입했었기 때문에 청나라로 망명했을 거라는 소문이 파다했다.

무신란이 평정된 지 5년이 지난 영조 9년(1733) 4월 어느 날 밤 2경(21~23시)

달무리가 어둠을 뿌옇게 밝히고 있었다. 승복을 입고 머리를 파르라니 깎은 사내가 희미한 달빛을 길라잡이 삼아 걸음을 재촉하고 있었다. 낮은 비탈길 옆 초가집 앞에 이르자 사내는 걸음을 멈추고 문 앞에서 몇 번 헛기침을 했다.

기척이 없었다. 이미 늦은 밤이라 잠든 주인을 한 번에 깨우기는 힘들 것 같았다.

"여봐라, 기석(起石)이……, 자나?"

사내가 몇 번 다그쳐 부르자 잠시 후 허름한 초가집 방문이 삐그덕거리며 열렸다. 기석이라 불린 집주인이 어둠 속을 빤히 응시했다. 누군지 알아보자 기석은 맨발로 달려나와 사내의 발 밑에 넙죽 엎드려 절했다. 황진기였다. 무신난 때 잡히지 않았던 황진기가 그의 종 기석의 집에 나타난 것이다.

기석은 잠든 아내를 깨워 밥상을 차려오라 했다. 보리밥에 찬이라고는 무김치 한 종지가 전부인 밥상이 들어왔다. 보릿고개를 넘고 있는 사정을 뻔히 알았기 때문에 그 마음 씀씀이에 황진기의 눈시울이 붉어졌다.

"어찌된 일이신지……. 대체 어디서 어떻게 지내신 겁니까? 어디서 오시는 길입니까?"

"허어, 한 가지씩 물어보게. 그간 긴 사정을 어찌 다 말할 수 있겠나. 내 사정을 꼬치꼬치 자네가 아는 건 피차 좋을 일이 없지. 지금은 칠곡이를 만나고 오는 길이네."

칠곡은 황진기 집안 사람인 황재징(黃再徵)을 가리키는 말이다. 흥해 고을 수령인 황택(黃澤)이 그의 아들이었다. 기석은 얼마 전 황진기의 아들이 체포된 것을 알고 있었다. 무슨 말을 해야 주인에게 위로가 될지 몰라 황진기의 다음 말을 기다릴 뿐이었다.

"힘들겠지만……, 이 힘든 세상이 바뀔 날이 멀지 않았네. 앞으로 2, 3년이면 지금 이씨 왕조는 끝이 날 걸세. 전국 각지에서 활동하는 조직과 세력들이 이제 한곳에 모여 한양으로 쳐들어가는 일만 협의하면 되니. 조금만 더 참게."

황진기는 기석에게 세상이 천지개벽할 것이라고 말했다. 모든 것이 계획대로 되고 있으니 너무 걱정하지 말고 기다리라고 말한 뒤 황진기는 4월의 새벽 냉기로 가득한 어둠 속으로 사라졌다.

무신 여당의 핵심 황진기가 나타나 일가친척들을 만났다는 사실은 이내 조정에 알려졌다. 영조는 황진기 일가들을 모조리 잡아오게 한 뒤 인정문에서 친히 국문했다. 모두 황진기와 어떤 모의도 하지 않았다고 혐의를 부정했다. 영조는 황씨 일가들을 각각 대질심문하며 황진기의 행방을 알아내려고 했지만 허사였다. 국문은 결국 황씨들을 각 죄에 맞게 유배 보내는 것으로 끝났다.

영조는 불안했다. 무신란의 주역들을 모두 죽인 지 오랜 세월이 흘렀지만 잔당들은 소탕되지 않았다. 소탕할 수 없을 정도로 그들은 꼭꼭 숨었고 그 세력은 보이지 않는 곳에서 더 퍼지고 있었다.

영조 정권을 비난하는 괘서가 전라도 남원에서 또 나타났다. 황진기가 나타났던 같은 해 같은 달인 영조 9년 4월이었다. 흉서는 석불상에 걸려 있었다. 괘서에는 이렇게 씌어 있었다.

> 호서와 영남의 수만 명의 군사가 곧 날짜를 정하여 거사를 일으킬 것이다.
>
> 영호대원수(嶺湖大元帥) 정회충(鄭懷忠)

조사 결과 이 괘서는 그 지역에서 서로 앙숙으로 살고 있었던 양반들인 이위(李蔵)와 최두징(崔斗徵)이 서로를 모함하기 위해 지어낸 사건인 것으로 드러난다.

그런데 7월에 남원에 또 다른 흉서가 나타났다. '팔공암 흉서 사건'이라고 불리는 이 사건은 남원의 양반 최봉희(崔鳳禧)가 무신란 당시 사용되었던 흉서를 보관하고 있었는데 양인 김원팔(金元八)이 개인적인 복수에 쓰려고 그것을 몰래 베껴서 돌려보다가 발각된 사건이었다. 이 사건의 내용 역시 조직적 역모와 관련된 것은 아니었다. 그러나 양반 최봉희와 양인 김원팔이 함께 '필묵계'를 만들어 어울리며 당시 세상을 비난하는 의견들을 서로 교환했다는 사실이 드러난다. 최봉희는 몰락한 양반이었고 김원팔은 최봉희를 식객으로 거둘 정도의 재력을 가진 양인이었다. 김원팔은 조사가 진행되는 과정에서 이렇게 말했다.

"우리가 평민으로만 살아야 하는 날도 머지않아 끝날 것이다. 어찌 왕후장상의 종자가 따로 있는가."

신분제 사회가 변할 것이라는 염원을 거리낌 없이 추국 과정에서 말할 정도로 김원팔의 반(反)체제 인식은 강했다.

이 사건의 추국이 진행되는 중이던 8월에는 무신 여당들의 보다 조직적인 모반 계획이 발각되었다. 남원의 또 다른 양반인 곽처웅(郭處雄)이 모반 거사의 성공을 비는 제문을 지은 사실이 고변된 것이다. 제문에는 "서호(西湖)에 구름이 생기고 위수(渭水) 물가에서 구슬을 낚는다."라는 말이 있었다. 서호에 구름이 생긴다는 말은 왕의 기운이 생겨난다는 말이고 구슬을 낚는다는 말은 인재를 모은다는 말이었다. 계룡산에서 거사의 성공을 비는 제사를 지낼 때 이 제문이 사용될 예정이었다. 곽처웅은 무신란 이후 반체제 사상을 굳혔다. 그는 "인심이 어그러져가니 국가가 오래가겠는가? 옛사람도 혼란한 시기를 타서 굳세게 일어나 부귀를 도모해 취한 자가 많았는데, 남아가 어찌 골목 안 재상으로 남겠는가?"라는 말을 하며 새로운 나라를 열어야 한다는 뜻을 밝히기도 했었다.

영남과 호남에 여전히 무신란의 잔당들이 남아 있었고 다시 거사하기 위한 모의들이 면면히 흐르고 있었다. 무신란 이후 등장하는 괘서 사건은 영조 정권의 정통성을 꾸준히 공격하고 있었다. 괘서를 계속 붙이는 세력들은 반체제 사상을 더욱 체계화시키고 있었다.

『정감록』과 무신 여당들

영조 9년에 약 17만 명의 유민이 발생할 정도로 백성들의 삶은 점점 피폐해지고 있었다.[17] 조선의 지배 이념인 성리학은 백성들에게 어떤 희망도 주지 못하는 식물사상이 된 지 오래였다. 영조와 집권층들이 신봉하는 주자 성리학은 현실문제를 해결할 답을 주지 못했다. 답을 주기는커녕 오히려 백성들의 삶을 각박하게 만드는 문제의 근원이었다. 나라는 백성들을 착취하면서 괴롭히기만 할 뿐이었다. 나라의 착취도 피하고 또 도적 떼들도 피하면서 자신과 가족을 알아서 보호해야 했던 백성들에게는 의지하고 기댈 사상이 필요했다. 이런 상황에서 『정감록(鄭鑑錄)』이 유포되었다. 『정감록』의 정본으로 불리는 『감결(鑑訣)』에는 현실 사회의 불평등한 구조를 타파하고 싶어 하

---

17 국사편찬위원회, 『한국사』 36, 탐구당, 2013, 81쪽

는 백성들의 염원이 쓰여 있었다.

부자는 돈과 재물이 많기 때문에 섶을 지고 불로 들어가는
것 같고, 가난한 사람은 일정한 직업이 없으니 어디 간들 빈
천하게야 살지 못하랴.

가난한 사람은 살고 부자는 죽을 것이다.

말세에 이르면 아전이 태수를 죽이고도 거리낌이 없고, 상하
의 분별이 없어지고 강상(綱常)의 변이 잇달아 일어난다.

사대부의 집안은 인삼으로 망하고 벼슬아치 집안은 탐욕으로
망할 것이다.

이런 내용들을 모반 세력들이 보다 체계화시켜서 만들어낸 것이
『정감록』이다. 『정감록』 사상의 핵심은 조선 왕조가 망하고 새로운
왕조가 등장한다는 것이었다. '정(鄭)씨가 계룡산에 도읍한다'는 내용
이 백성들에게 설득력 있게 다가간 이유는 실현 가능한 구체적인 방
법들을 제시하고 있었기 때문이었다. 무신란의 핵심인물이었던 황진
기가 잡히지 않고 있는 가운데 정권에서 소외된 몰락 양반들과 잔
여세력들은 자신들의 모반 계획에 『정감록』을 적극 활용했다.

중국으로 망명했을 거라는 황진기가 『정감록』 내용들과 함께 다
시 나타난 것은 영조 24년(1748) 4월 충청도 청주와 문의(文義) 일대에
괘서가 나붙고 유언비어가 퍼질 때였다.

문의 고을 백성이 내달 15일에 의당 어육이 될 것이다. 회덕(懷德)도 그들의 당여이고 회인(懷人)도 그들의 당여이며, 병사(兵使)도 그들의 당여이다. 왜인 같지만 왜인이 아닌 것이 남쪽에서 오는데 물도 이롭지 않고 산도 이롭지 않으며 궁궁(弓弓)이 이롭다. 이 고을에 대인과 명장이 있다. 여기에서 나가지 않으면 큰 화를 당할 것이다.[18]

이 괘서로 청주와 문의 일대는 대혼란에 빠져들었다. 백성들이 모두 짐을 싸서 피난을 떠나 텅텅 비어버린 마을이 한두 곳이 아니었다. 괘서는 『정감록』에 나온 내용을 정확하게 반영하고 있었다. '왜인 같지만 왜인이 아닌 것'이란 『정감록』에서 말하는 '해도기병(海島起兵)'과 연관된 것이었다. '해도기병'이란 진인이 나라를 구하는 군사들을 해도(海島)에 숨겨놓았다는 말이다. 이것은 터무니없는 말이 아니었다. 당시 남쪽 섬들에는 도망친 노비들을 비롯해 유민들과 몰락한 양반 등 저항세력들이 은거하고 있었다. 이들이 진인의 지휘 아래 군사가 되어 뭍으로 올라와 한양으로 향하는 날이 새로운 왕조가 들어서는 날이었다. 가짜 왜인이란 바로 이들을 가리키는 말이었다.

그러므로 괘서 내용은 15일에 군사가 일어나는 변란이 있을 것이니 대피하라는 경고였다. 산도 물도 안전한 곳이 없으니 『정감록』에 언급된 장소 '궁궁'으로 가야 한다는 말이었다. '궁궁'이란 곳은 '십승지(十勝地)'라고 했다. 『정감록』에서 제시한 십승지란 말하자면 당시 백성들의 '이상향'이었다.

---

18 고성훈, 『영조의 정통성을 묻다』, 한국학중앙연구원, 2013, 116쪽

충청감영은 괘서 사건을 조사한 후 이지서(李之曙)를 주범으로 잡아들였다. 이지서는 남인으로 사회 경제적으로 몰락한 양반이었다. 그의 사촌 이지시(李之時)는 무신란 때 이인좌와 함께 활동하다 처형되었다. 또 육촌형제인 이지경(李之璟)과 삼촌 이만춘(李萬春)도 가담자들이었다. 이지서는 아들 이항연(李恒延)과 또 좌수를 지냈던 향촌 양반 오수만(吳遂萬)과 그의 아들 오명후(吳命后), 장의(掌儀, 장례원과 예식원에 속해 나라의 각종 예식을 맡아보던 벼슬) 박민추(朴敏樞) 등과 함께 일을 도모했다.

영조 24년(1748) 5월 영조는 금상문(金商門)에 나가 이지서 등 관련 죄인들을 친국했다. 이지서는 "이런 하늘 아래서 어떻게 남인이 벼슬을 할 수 있겠는가."라고 했다. 이들 몰락 양반들은 체제를 부정하는 강한 비판의식을 가지고 있었다. 오명후는 이지서의 아들 이항연에게 이렇게 말했다.

"그대는 양반의 권세에 의지하지 마라. 의당 귀한 자가 천하게 되고 천한 자가 귀하게 되는 세상이 올 것이다."[19]

자신들이 양반이지만 신분제가 얼마나 불평등하고 불공정한지 알고 있었고 그것이 깨져야 한다고 생각하고 있었던 것이다. 오수만, 오명후 부자는 당시로서는 혁명적 지식인이었던 셈이다. 오명후는 공초에서 왜인이 아닌데 왜인 차림으로 오는 사람들이 사실은 섬에 은거하는 무신 여당들이라고 진술한다. 이 말은 유언비어 유포를 위해 만들어낸 말이었지만 당시 체제 비판의식을 가졌던 지식인들이 20년 전의 무신란을 여전히 잊지 못하고 있었음을 알 수 있는 진술이다.

이지서는 처음에는 혐의를 부인했지만 결국 자신이 주도하여 한

---

19 주18과 같은 책, 118쪽

일이라고 자백한다. 자백에서 그는 괘서를 유포한 목적에 대해 2가지 이유를 말했다. 첫째는 나라를 원망하는 마음에서 나라에 해를 끼치게 하기 위해서였고, 둘째는 인심을 동요시켜 피란하게 되면 부자들의 곡식을 가난한 사람들이 얻어먹을 수가 있기 때문이라는 것이었다.

몰락한 양반들의 처지는 빈궁했다. 벼슬을 할 수 없는 양반이 할 수 있는 일이란 없었다. 자연히 빈곤했고, 그래서 나라를 원망했다. 먹을 것이 없어서 사람들이 피난을 가면 곡식을 얻어먹을 수가 있기 때문에 이지서는 괘서를 만들어 유포했다. 삶이 팍팍한 백성들은 괘서 내용을 믿었다. 나라가 백성을 위하기는커녕 괴롭히고 있었기 때문이다. 무신란 때문에 대대로 몰락한 양반들과 체제 비판적 사상을 가졌던 양반 지식인들은 『정감록』 내용을 활용하여 민심을 자극했다. 영조는 밑으로부터 올라오는 반정권 반체제 기운들을 무마시키고 제압하기 위해서라도 개혁을 추진해야 했다.

그 개혁의 내용은 탕평과 균역이었다. 우리는 일반적으로 영조를 탕평과 균역을 완성시킨 위대한 군주로 알고 있다. 그러나 과연 그 실상이 그럴까.

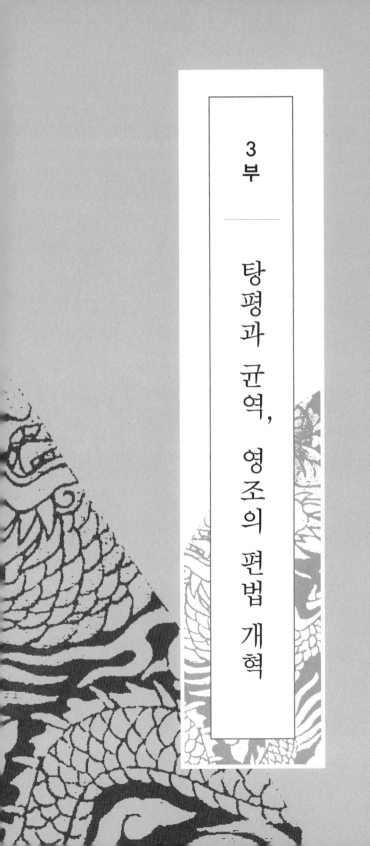

3부

탕평과 균역, 영조의 편법 개혁

10화
아랫돌 빼서 윗돌 괴기, 균역법의 딜레마

양역의 폐단

개혁이 가장 필요한 부분은 양역(良役)이었다. 유민이 넘쳐나고 그 유민이 결국 도적이 되는 것은 양인(良人)에게 주어진 역(役)이 가혹했기 때문이었다. 원래 조선의 양역이란 16~60살까지 양인 장정에게 부과하는 역(役)으로 노동력인 요역(徭役)과 국방 의무인 군역(軍役)을 말하는 것이었다. 이 가운데 차츰 문제가 심해진 것은 군역이었다.

조선 개국 초에는 신분을 막론하고 군역을 수행하도록 되어 있었다. 그런데 성종, 중종 대에 이르면서 양반층의 군역 기피 현상이 뚜렷해지기 시작했다. 양반은 군역에서 빠지고 일반 백성, 즉 양인들만 군역을 지게 된 것이다. 이렇게 군역 부담이 양민에게만 한정되면서 또 다른 변화도 일어났다. 군역은 실제 군사 활동을 하는 실역이었는데 포(布)를 내서 군복무를 대신하는 것으로 바뀌고 있었다.

군역은 군사 활동을 수행하는 정군(正軍)과 정군의 활동 경비를 담당하는 보인(保人)으로 구성되어 있었다. 보통 1명의 정군에 2~4명의 보인이 포를 거둬 군사 활동 경비를 충당했다. 정군이 된 사람은 거주지를 떠나 일정 기간을 근무하고 돌아오는데 평시에 주로 농업인 생업을 폐하고 정군 복무를 하는 것은 여간 고통스러운 일이 아니었다. 이들 정군을 번상병(番上兵)이라고 했다. 양반들이 빠져나간 자리를 양인들끼리만 번상을 서야 했는데 이들도 차츰 포(布)로 사람을 사서 자신들의 번상을 대신하도록 했다. 이런 일들이 일상화되었다.

그러자 급기야 개인들 간의 사적 거래였던 상황에 국가가 끼어든다. 중종 36년(1541)에는 아예 포를 병조에 납부하면 번상정병이 되는 것을 면제해주고 포를 받은 병조가 직접 사람을 사는 방식으로 군역 정책이 바뀐다. 이것을 군적수포법(軍籍收布法)이라고 한다. 군적수포법은 양반이든 양인이든 신분 구별 없이 군역을 수행해야 한다는 그나마 있었던 명분을 합법적으로 무력화시켰다. 양반은 포를 내지 않아도 됐기 때문이다. 이로써 군역은 양인이 부담해야 하는 새로운 조세로 변모했다.

문제는 임진왜란과 병자호란을 거치면서 군 병력이 엄청나게 증가했다는 데 있었다. 조선은 군적수포제로 실제 군사 활동에 복무하는 정군이 거의 없는 상태에서 임진왜란을 겪었다. 왜란을 겪고 군제를 개편하면서 훈련도감(訓練都監)이 창설된다. 훈련도감은 서울을 방위하는 주력 중앙군으로 급료를 받는 상주 직업군이었다. 지방에는 속오군(束伍軍)이 편성된다. 속오군은 양반, 유사(儒士), 향리(鄕吏), 양인, 공사천(公私賤, 공사노)의 다섯 신분을 하나로 묶어 편성하는 것이었다. 임진왜란 때 생긴 것으로 일종의 전 국민 전시동원 체제의 군제였다. 그런데 왜란이 끝난 후 양반, 유사, 향리, 양인이 속오군에서 모두 빠져나가고 천인들만 남게 된다. 이로써 군역은 양인이 부담하는 양역과 천인이 지는 천역 두 가지로 구분된다. 양반 특권층들은 군역을 부담하지 않았고 훈련도감 같은 직업 군인들의 군사 비용은 양인들이 더 부담해야 하는 상황이 되었다. 여기에 인조반정 이후 총융청(摠戎廳), 수어청(守禦廳), 어영군(御營軍)이라는 새로운 군대가 또 창설된다.

광해군을 몰아내고 집권한 서인 정권이 가장 두려워한 것은 반란이었다. 자신들과 같은 방식으로 다른 쿠데타가 일어날 것을 우려했던 서인 정권은 경기도와 도성 일대만을 방어하는 전문 군대를 계속 창설했다. 인조반정 세력들은 각 공신세력 계파들 간에 치열하게 군권 장악 경쟁을 벌였다. 군대를 자신들의 정치적, 경제적 기반으로 확보하려는 이른바 정치군인들이 등장한 것이 인조반정의 결과였다. 그 결과로 새로운 군대가 연속해서 창설된 것이다. 이렇게 창설된 군대는 숙종 대에 이르러 5군영 체제로 정비된다. 훈련도감, 어영청, 금위영(禁衛營)을 3군문이라고 했고 여기에 수어청과 총융청을 더해서 5군영이라고 했다. 5군영 모두 왕과 집권층들이 살고 있는 중앙 수도를 방위하는 군대였다.

중앙의 5군영을 위한 군사 비용 부담은 전부 양인들 몫이었다. 훈련도감에는 포수(砲手), 살수(殺手), 사수(射手)로 구성된 삼수군이 6,000~7,000명 정도 있었다. 이들의 양성을 위해 8만 석에 이르는 호조의 재정 지원과 4만 명이 넘는 수포(또는 수미)군이 필요했다.[20] 재정

---

20 국사편찬위원회, 『한국사』 32, 탐구당, 2013, 107쪽

에 당연히 무리가 갔다. 재정만이 문제가 아니라 중앙 수비군인 5군영 체제가 확립되면서 조선은 양정(良丁) 기근 현상을 겪는다. 조선의 양인 백성들은 원래부터 있던 병조 소속의 구 군적(舊軍籍)과 지방군인 속오군 군적, 새롭게 창설된 5군영을 위한 군적까지 부담해야 하는 상황이 된 것이다. 한 번 군적에 기록되면 그에 맞게 계속 군포(軍布)를 내야 했다. 중앙에서는 각 지방에 일정한 액수를 납입할 수 있는 양정 수를 할당했고 지방 수령은 책임지고 할당된 수를 군적에 채워 넣어야 했다. 60살이 넘어 군역에서 제외되는 노약자와 도망자들을 빼고 해마다 군적을 새로 작성해야 하는 의무가 지방 수령에게 있었다. 이것을 세초(歲抄)라고 했다.

세초에는 3년에 한 번씩 하는 정규 세초와 매년 궐액을 채워 넣는 별세초(別歲抄)가 있었다. 기근과 흉년, 전염병이 반복되는 데다가 무거운 군포(軍布) 납세가 힘겨워진 양인들이 속속 도망갔다. 그 바람에 수령들은 할당된 양정을 군적에 제대로 채워 넣을 수가 없었다. 조선에서 어린 아이를 군적에 올리는 황구첨정(黃口簽丁), 죽은 사람의 이름을 군적에 올리고 군포를 받는 백골징포(白骨徵布)라는 말은 이미 효종 때 이후로 계속 등장하는 익숙한 단어였다.

양민의 군포 납세로 운영되는 조선의 국방 현실에 대해 실학자인 반계(磻溪) 유형원(柳馨遠)은 『반계수록(磻溪隨錄)』에 이렇게 썼다.

병조는…… 모두 방군수포(放軍收布)하고 있다. 병조가 이러하니 지방에서 이를 본뜸이 더욱 심해서 장부를 펼쳐 사람 수를 헤아려서 다달이 들어올 가포(價布)나 셈하고 있다. 그러므로 군사라 하면 문득 포를 바치는 사람으로만 여기게 되고

보병이라 하면 사람들은 면포(綿布)로만 알 뿐 그것이 본래 군
사의 이름인 줄 모른다.

－ 유형원, 『반계수록』 권21, 「병제(兵制)」

유형원은 이 책을 효종 3년(1652)부터 현종 11년(1670) 사이에 썼다.
그러니까 이 책에 의하면 이미 효종 때 이후로 군역 때문에 고통받
는 백성들이 급격히 늘고 있었던 것이다. 5군영 체제가 확립된 숙종
전반기에 파악된 병력을 조선 중기 성종 때와 비교해보면 그 규모의
증가를 짐작할 수 있다. 이때 정군 또는 전졸(戰卒)은 모두 51만 7,714
명이고 이에 따르는 보인은 51만 3,259명으로 합계 103만 973명에 이
른다. 이 숫자는 50만 명은 군 복무를 하고 있고 50만 명은 포를
내고 있으며 전체 군액은 100만 명이 넘고 있음을 보여준다.

이런 병력은 성종 8년의 총 군액 46만 7,719명과 인조 연간 병조
의 군적에 기록된 41만 2,107명과 비교해보면 약 2배가 늘어난 것이
다.[21] 당시 양정만이 아니라 여자와 영유아를 포함해 추정할 수 있
는 인구가 1천만 명 안팎이었음을 감안하면 전시도 아닌 평시에 조
선의 재정으로 감당할 수 있는 병력이 아니었음을 짐작할 수 있다.
더구나 이들은 실제 군사 활동을 하는 병력이 아니었다. 군사 기능
은 쇠퇴했고 군 병력에 따르는 군포라는 세금을 과하게 거두는 역
할만 하고 있었다. 그것도 양반층은 쏙 빠지고 양인들에게만 집중적
으로 부과되면서 온 나라의 백성들이 유리걸식하며 떠돌게 만들고
있는 주범이 바로 군포라는 이름의 세금, 즉 양역이었다.

---

21 주20과 같은 책, 112쪽

사족수포론의 허와 실

갈수록 극심해지는 양역의 폐단을 시정해야 한다는 논의는 현종 말년부터 본격적으로 논의되었다. 그러나 이미 효종 때 병조참지(兵曹參知) 유계(俞棨)가 군역의 폐단을 고쳐야 한다고 말한 기록이 나온다.

> 신이 산골에 있었을 때 직접 군병을 보았는데 호포를 바치는 일에 지쳐 있었습니다. 한 집에서 4, 5명이 부역에 응하기까지 하니 근심하고 원망하는 소리가 가는 곳마다 그치지 않았습니다. 변통(變通)하지 않을 수 없습니다.
>
> ─『효종실록』효종 10년(1669) 2월 8일

유계가 지적한 "한 집에서 4, 5명"이란 말이 당시 양역 문제의 핵심이 어디에 있는지 말해준다. 군역으로 걷는 면포는 사실 양정 한 명 당 평균 2필이었다. 한 사람에게 부과되는 이 정도의 면포가 크게 부담되지는 않았지만 이것이 한 가구에 사는 양정 모두에게 부과될 때는 사정이 달라졌다. 한 집안에 부자 형제 3, 4인이 각자 양역을 부담한다면 쌀로 환산하면 5, 6석이 되고 돈으로 따지면 20냥이 넘었다. 당시 지주에게 땅을 빌려 농사를 짓는 양인들의 1년 수입은 평균 10석 정도였지만 지주에게 절반을 줘야 했으므로 5석 정도였다. 이것이 돈으로는 25냥 정도였으니 군역의 부담은 일반 양민 가계의 생계를 파탄으로 몰고 가는 핵심 원인이었다.[22]

---

22 주20과 같은 책, 120쪽

유계는 도망자나 노약자들에게 부과된 수포를 면제하고 군포 2필을 1필로 줄이고 재정 부족분은 사족(士族)에게서 포를 걷자고 말한다. 이른바 양반 특권층에게도 포를 부과하자는 '사족수포론(士族收布論)'은 이전에도 인조 초 최명길(崔鳴吉)과 효종 때 김육(金堉)도 주장했다. 효종 때 유계가 다시 같은 주장을 했지만 조정에서 갑론을박하다가 사라져갔다.

양역을 개혁해야 한다는 논의를 양역변통론(良役變通論)이라고 하는데 이 논쟁이 다시 수면 위로 떠오른 계기는 경신대기근이었다. 현종 11년(1670)에서 현종 12년(1671, 신해)까지 2년에 걸친 대흉년의 결과는 참혹했다. 현종 10년에 기록된 인구는 516만 명이었는데 대기근이 지난 뒤인 현종 13년의 인구는 470만 명이었다. 3년 만에 인구의 거의 10%에 해당하는 46만 명이 굶어죽은 것이다.[23] 군포를 바치는 양정의 수가 급격히 줄어 재정 손실이 심각했고 각 도에서 군포를 경감해달라는 요구도 줄을 이었다. 이에 따라 현종 15년(1674) 7월 13일 조정에서 논의를 시작했다. 효종 때 유계가 말했던 사족수포론이 다시 거론됐다. 생원과 진사를 빼고 벼슬을 하지 않은 유학(幼學) 이하에 대해 1인 당 1필을 부과하자는 것이었다. 현종은 이것을 받아들이고 절목을 마련하라고 명한다.

그러나 곧 유생들과 대사헌 강백년(姜栢年) 등 조정 대신들의 강력한 반발에 부딪힌다. 강백년은 반대 이유를 이렇게 말한다.

…… 이 법은 보기엔 편리하고 좋은 것 같지만 신은 이익은

23 주20과 같은 책, 135쪽

매우 적고 손해는 많은 법이라고 생각합니다. 왜냐하면 우리 조정은 지난 300년 동안 선비들을 매우 후하게 대우해왔습니다. 그간 일부가 이름을 빌어 역(役)을 면한 자가 있었으나 구분하기가 어렵기 때문에 모두를 선비로 대우해줬습니다. 그런데 만일 싸잡아 베를 거둔다면 역을 정한 것과 무엇이 다르겠습니까?

양반은 이미 오랫동안 역을 면제받았고 그것은 조정이 선비를 우대했기 때문이라는 것이다. 그러니까 역은 우대받을 만한 고귀한 신분이 아닌 사람들만 지는 것이라는 말이다. 양반이 역을 지는 것은 양반의 품위를 떨어뜨리는 행위라는 뜻이었다. 이런 이유와 더불어 지방의 생계가 곤란한 양반들이 심하게 반발할 것이라는 우려도 제기되었다.

이런 반대 때문에 논의는 양정수괄론(良丁搜括論)으로 방향이 바뀐다. 양정수괄이란 여러 가지 방법으로 양역을 회피하고 있는 양인 양정들을 색출하자는 말이다. 반대 없이 재정 적자를 줄일 수 있는 가장 현실적인 방법이었기 때문에 결국 양정 색출 쪽으로 논의가 모아진다. 그런데 이때의 논의는 현종 15년 당시 자의대비 조씨의 복제를 둘러싼 갑인예송 논쟁[24]이 일어나면서 사라진다.

---

24 예송(禮訟)이란 예절에 대한 절차란 뜻으로, 예송 논쟁은 효종이 사망한 기해년과 효종비가 사망한 갑인년 두 차례에 걸쳐 일어났다. 인조의 계비이고 효종의 계모인 장렬왕후(莊烈王后) 자의대비(慈懿大妃) 조씨(趙氏)가 살아 있었기 때문에, 자식이 죽었을 때 부모의 상복 입는 기간에 대한 논쟁이 일어난 것이다. 논쟁의 핵심은 인조 이후 효종과 현종의 정권 정통성을 어떻게 보느냐에 있다. 인조의 맏아들 소현세자가 사망했을 때 그에게는 아들이 셋이나 있었다. 조선의

숙종 때도 양역변통 논의는 계속된다. 논의는 크게 둘로 갈라진다. 한 갈래는 기존의 양역 제도 안에서 문제를 해결하자는 것이었고 다른 하나는 양역 제도 자체의 불평등성에 초점을 맞춘 것이었다. 전자는 양역 제도 자체는 문제가 없는데 양정이 부족해서 생기는 것이니 숨어 있는 양정들을 찾아낼 방법들을 제시한다. 반면에 후자는 양역 제도 자체의 불평등과 불균등을 문제 삼으면서 양반사족층에게 수포해야 한다는 것이 핵심 주장이었다.

문제는 양반 신분의 품위를 손상시키지 않으면서 수포할 수 있는 방법이 있느냐는 것이었다. 따라서 수포 방법을 양인 양정 단위로 하는 것이 아니라 양반 양인을 불문하고 가호(家戶)나 인구(人口) 또는 전결(田結, 토지 보유) 단위로 하자는 방안들이 나온다.

양반사족에게 수포를 하느냐 마느냐는 매우 중요하고 민감한 문제였다. 군역을 신분의 차별을 두지 않고 공평하게 해야 한다는 주장은 명분상으로 매우 훌륭하고 현실에서도 재정 적자를 메울 수 있는 가장 분명하고 간단한 방법이었다. 이렇게 명분과 실익이 분명했지만 제도로 정착하지 못한 데에는 이유가 있었다. 흔히들 이 제도가 정착하지 못한 것으로 단순하게 양반사족층들의 반대가 거셌기 때문인 것으로 보는 경향이 있다. 물론 양반들의 반대가 심했던

종법주의에 따르면 인조의 후계는 인조의 둘째 아들(효종)이 아니라 손자(소현세자의 아들)여야 했다. 따라서 왕권을 물려받았다 해도 효종은 둘째 아들이라고 보는 쪽은 자의대비 조씨의 1년복을 주장했고, 효종이 정상적으로 왕통을 승계했으므로 장자로 보는 쪽은 3년복을 주장했다. 남인 영수 윤휴를 중심으로 3년복이 주장되었고, 서인 영수 송시열을 중심으로 1년복이 주장되었다. 일반적으로 이 논쟁은 서인과 남인의 논쟁으로 알려져 있지만, 왕실과 친인척으로 연결된 척신세력이 3년복을 주장했고, 지방 사림이자 비척신세력이 1년복을 주장했다고 보는 것이 사실에 가깝다.

것은 사실이었다. 그런데 중요한 것은 사족수포론을 주장하면서 찬성한 측의 정치 경제적 신분이었다. 이들도 양반이었는데 게다가 집권 양반이었다.

집권 양반들은 왜 사족수포를 주장했을까? 사족수포를 둘러싼 찬반의 이면에 있는 정치권력 이해관계를 보자.

사족수포는 효종, 현종, 숙종, 영조 등 모든 왕들이 원하는 바였다. 당연히 사족수포를 찬성하고 지지하는 집권층은 중앙에서 왕의 측근으로 권력을 잡고 있는 왕의 외척들이나 친국왕파였다. 김육(金堉), 김석주, 김만기, 민유중, 김수항(金壽恒), 이사명(李師命) 등이 사족수포론인 호포론(戶布論)을 주장했는데 이들은 모두 왕의 외척이었다.

호포론은 징수 단위를 양정이 아니라 가호 단위로 바꾸고 양반 양인 불문 모든 가호에 적용하자는 주장이었다. 이 주장은 조정의 친국왕파이자 척신세력이 아닌 반대편에 있는 양반들의 큰 반발을 불러 일으켰다. 이들이 반대한 명분은 군역 부과는 양반 신분을 훼손하는 일이라는 것과, 대다수 양반들이 무늬만 양반이지 사실은 생계가 궁핍하다는 것이었다. 마지막으로 그런 양반사족층들의 불만은 결국 반란으로 이어질 것이라고 우려되었다. 바로 이것이었다. 효종 때부터 영조가 균역법을 만들 때까지 사족수포를 논의만 되풀이하고 실시하지 못했던 가장 큰 이유는 '반란에 대한 우려'였던 것이다.

사실 군역의 폐단은 인조반정 쿠데타로 정권을 독점적으로 장악한 서인세력 때문에 일어난 일이라고 해도 과언이 아니다. 왜란 이후 광해군을 내쫓고 정권을 장악한 쿠데타 세력은 내부 분열을 겪으며 이합집산하는데 그러면서 경쟁적으로 새로운 군대를 창설했다.

당시 훈련도감을 포함한 5군영은 모두 중앙 수도권에 있으면서 도성 방위에 집중하고 있었다. 7,000여 명이 상주하는 직업군인인 훈련도감을 제외하고 나머지 군영의 군사들은 지방에서 올라와 교대로 근무하고 다시 고향으로 내려갔다. 이것을 번상이라고 했다. 번상병은 1,000명을 기준으로 하고 한 번에 100명씩 근무했는데 100명이 10번으로 짜여 두 달씩 복무했으므로 개인들은 20개월에 한 번씩 한양에 올라와야 했다. 1명의 번상정병에 3명의 보인이 주어졌으므로 총 병력은 4,000명이 되는 셈이었다.[25] 지방에서 사람과 물자를 수탈해서 중앙의 집권세력들을 먹여 살리고 보호하는 구조였던 것이다. 그러니까 국방 안보 개념이 청나라나 왜의 침입으로부터 백성을 보호하는 개념이 아니라 지방에서 중앙으로 쳐들어올지도 모르는 반란군들을 막아내는 개념으로 바뀐 것이었다.

서인세력은 인조반정 이후 실제로 여러 가지 반란을 겪었다. 인조 2년(1624)에 논공행상에 불만을 품은 이괄(李适)이 반란을 일으켰고, 효종 때에는 척화파에 반대했던 주화파 김자점의 아들 김익(金釴)이 반란을 일으킨다. 이 일로 척화파는 김자점과 그의 아들 손자들을 모두 참형시켜 주화파를 제거한다. 수어청 군사들이 반란에 이용되었으므로 서인 내의 각 정파들은 자신들을 보호하기 위해 5군영 중 어느 한 군영이라도 자신들의 계파가 장악할 수 있도록 노력해야 했다. 조선 후기로 갈수록 당쟁이 격화된 이유 중에는 수도권을 방어하는 각 군영을 어떤 계파가 장악하느냐 하는 문제와도 밀접한 관련이 있었다.

---

25 제임스 B. 팔레, 『유교적 경세론과 조선의 제도들』, 김범 옮김, 산처럼, 2008, 586쪽

중앙 군영은 왕과 서울에 사는 집권 사족들을 위해 강화되어야 했고 그 군영들을 누가 차지하느냐가 중요한 문제였다. 그리고 지방에는 중앙의 권력 다툼에서 패배해서 실각한 양반들이 있었다. 그들의 경제적 몰락이 가속화되었다. 그 몰락한 양반들이 피폐한 삶을 사는 양인과 천인들 또는 양반보다 부자가 된 양인들과 손잡고 반란 조직을 만들 수도 있다는 우려는 공상이 아니었다. 숙종이 숙종 37년(1711)에 대대적으로 북한산성을 보수 축조한 이유 중에는 지방에서 상경하는 유민과 그 유민들이 도적이 되거나 반란군이 됐을 때를 대비한다는 이유도 있었다.

말하자면, 호포론이 시행되면 재정 적자를 벗어나고 백성들의 부담도 덜 수 있는 것은 분명했지만 조선의 당시 정치권력 구조로는 근본적으로 이것이 불가능했다. 왕과 왕의 척신세력들이 중앙 권력을 독점하면서 호포론을 주장한다는 것은 지방에 있는 양반 사림 세력들을 대표하는 비척신세력 입장에서는 고양이에게 생선을 맡기는 것과 같은 것으로 보였던 것이다. 즉, 단순히 양반사족들이 집단 이기주의에 빠진 일종의 모럴 헤저드(도덕적 해이)적 반항의 측면만 있는 것이 아니었다. 중앙의 척신 권력 양반들이 주장하는 호포론은 지방의 양반들 입장에서는 권력을 독점한 자들이 국방을 빌미로 이제는 말도 안 되게 양반에게까지 포를 뜯어가는 행위로 여겨졌던 것이다. 속된 말로 표현하자면 권력 가진 자들이 자기들의 신변 안전을 위해 지방 양반들에게 '삥을 뜯어 가는 것'으로 느꼈을 것이다. 이것이 당시 양반들이 거세게 반발한 이유였고 결국 그 이유 있는 반발을 억누르고 강제로라도 호포론을 시행하지 못한 이유이기도 했다.

영조의 편법, 균역법

영조는 즉위 초반에 선대왕들이 그랬듯이 호포론을 시행하고 싶어 했다. 그러나 영조 3년(1727) 11월 조문명이 고려가 호포 때문에 망했다고 강력하게 주장하는 바람에 일단 포기한다. 영조 9년과 10년에도 양역 폐단 시정에 대한 논의가 있었지만 이때도 역시 피역자를 색출하고 유능한 수령을 선발하자는 것으로 결론이 난다. 그랬던 영조가 사족수포에 대한 논의를 재개한 것은 영조 26년(1750)이었다. 영조 24년의 괘서 사건들과 그로 인한 민심의 동요가 수그러들지 않고 있는데 다시 전염병과 기근이 몰아치자 논의만 되고 사라졌던 호포론을 다시 검토하게 한 것이다.

이즈음 영조에게 사족수포 방법에 관한 두 가지 안(案)이 제출되었다. 하나는 영조 25년(1749) 8월에 충청감사 홍계희(洪啓禧)가 제출한 결포론(結布論)이었다. 결포론이란 양역을 없애고 토지 결당(結當) 포 1필을 부과하자는 것이었다. 영조 26년(1750) 5월에는 호조판서 박문수가 호전론(戶錢論)을 제안했다. 박문수는 양역을 없애고 각 호를 대, 중, 소로 나누어 호당 5전 이하를 징수하고 그 뒤의 재정 부족분은 각 아문(牙門. 군문)과 궁방에 속해 있는 어염세(魚鹽稅)를 호조로 이관한다면 해결할 수 있을 것이라고 주장했다.

호당 5전 이하만 부담하면 된다는 박문수의 주장은 획기적인 것으로 보였다. 영조는 즉시 박문수의 주장을 현실에서 적용할 수 있는지 조사하라고 지시하는 한편, 사서인(士庶人) 50여 명을 불러 모아 호전론, 즉 호포론이 좋은지 결포론이 좋은지 의견을 묻는다. 모두들 호포가 좋다고 대답한다. 당연한 대답이었다. 토지 소유 정도에 따라 포를 내는 결포론을 토지를 많이 가지고 있는 서울에 사는 부유한 양반들이 좋아할 리가 있겠는가? 영조는 이들의 의견에 힘을 받아 호포론을 추진하려 했다.

그러나 현실은 박문수의 주장과는 달랐다. 호당 5전 이하만 부담하면 될 것이라는 예상과 달리 대호(大戶, 20인 가구)가 1냥 5전(1냥은 10전), 소호(小戶, 10인 가구)도 1냥이나 부담해야 한다는 결론이 나온 것이다. 이때 이미 가난한 양반이 많았을 때이므로 가구 규모와는 상관없이 1냥을 초과하는 금액을 부과할 수 없다는 것이 일반적인 견해였다. 또 정확한 호포를 부과하기 위해서는 전국적으로 대대적인 호적조사를 시행해야 했다. 이런 와중에 영중추부사 김재로가 감필론(減疋論)을 들고 나왔다.

양반 평민 할 것 없이 모든 가구에 포(布) 또는 전(錢)을 징수하든지, 아니면 양반 양인 할 것 없이 토지 소유에 따른 토지 결(結) 단위로 부과하든지, 어쨌든 양역 개혁의 최종 목적은 불균등한 징수를 균등하게 바꾸자는 것이었다. 그런데 균등함을 이루기 위한 호포, 호전, 결포와 같은 최선책은 결국 다른 때와 마찬가지로 최종적으로 폐기됐다. 영조는 영조 26년(1750) 7월 5일 호전제를 실시하지 않겠다고 공식 선포한다.

그러나 원래 양역변통의 목적이었던 "상하균역(上下均役), 대동지정(大同之政)"을 포기한다고 말할 수는 없었다. 그래서 나흘 뒤 영조는 2필을 1필로 감하라는 명을 내린다. 사실 감필론 역시 숙종 말년부터 제기되어 경종, 영조 때도 계속 제기되었던 안이었다. 그런데 감필론조차 정책으로 채택되지 못한 이유는 감필한 후 부족분을 채워 넣을 방법을 합의하거나 찾지 못했기 때문이었다. 이때 영조는 똑같이

2필을 1필로 감하고 부족분을 다른 곳에서 찾아서 메울 방법을 찾도록 지시한다.

이것이 우리가 알고 있는 균역법(均役法)이다. 영조는 균역법을 시행하면서 원래 의도했던 균역(均役), 대동(大同)을 완성했다는 의미로 일필대동(一疋大同)은 대동지정(大同之政)과 같은 의미라고 선포한다.

그러나 이때의 감필은 엄밀히 말하자면 1필로 균일 통일하자는 정책이었다. 숙종 31년(1705)에 양역개혁을 추진하면서 양역이정청(良役釐正廳)이 군포를 최종 2필로 균일화한다는 조치를 내린 이후 영조가 다시 1필로 균일화한다고 선포한 것이었다. 당시 각 군영이나 병조, 또는 각 지방의 속오군 등이 징수하는 군포가 각각 달랐다. 양정을 색출할 때 헐역처(歇役處)로 피역한 자들을 찾아낸다는 말들이 자주 등장하는데 헐역이란 다른 곳에 비해 납입할 군포가 헐했던 곳을 말한다. 그러니까 1필 이상을 받는 곳은 1필로 줄이고 1필이 안 되게 받는 곳은 1필로 올린다는 것이 일필대동(一疋大同)이었다. 즉, 양정들이 헐역처로 피역하는 것을 막겠다는 의도도 포함된 것이었다. 그것도 양반사족들에게는 부과하지 않고 양인들에게만 일률적으로 적용하겠다는 말이었다.

이 시기 조선은 극심한 신분 분화를 겪고 있었다. 끼니를 걱정해야 하는 형편의 양반이 많았던 한편으로 많은 토지를 소유하고 가용할 사적 재산을 축적하고 있는 양인도 증가하고 있었으며 심지어 부자가 된 노비도 있었다. 토지의 사적 소유의 수준에 따라 가계 형편의 차이가 많았고 상공업의 발달로 그 분야에서 성공한 양인이나 노비들도 속속 등장하고 있었던 것이다. 그러니까 조선은 형식으로는 신분제 나라였지만 내용으로는 이미 가난한 양반과 부자 양인과 부자 노비, 또는 부자 중인들이 뒤섞여 있는 나라였다. 따라서 균역법이 진정한 균등의 의미를 가지려면 소유한 토지에 따라 포를 부과하는 것이 옳았다. 그러나 영조와 집권층은 그 방법들은 제외했고 최종적으로는 양반을 제외한 모든 양인 양정에게 군포를 1필로 통일한다는 균역법을 내놓았다.

평등한 1필에 담긴 모순

군포를 1필로 감필한 뒤 재정 부족분은 약 80여 만 냥으로 파악되었다.[26] 부족한 재원을 채워 넣는 것을 급대(給代)라고 했다. 균역법의 내용은 크게 감필과 급대, 두 부분으로 나뉜다. 영조 26년(1750)에 군역을 1필로 통일하라고 선포한 후에 2년이 지난 영조 28년(1752) 6월에 구체적인 시행 절목인 『원사목(原事目)』이 완성된다.

『원사목』에는 균역 감필의 내용과 군 병력 축소 개편 내용이 포함되었고 균역에 관한 모든 업무를 전담하는 균역청 설치에 관한 절목이 있었다. 아무리 병력을 축소한다고 해도 기존의 병조가 관장하는 군과 5군영이 존속하고 있는 한 한계가 있을 수밖에 없었다. 따라서 『원사목』에서 거론하고 있는 모든 내용 중에서 가장 중요한 것은 급대였다. 급대재원 조달 방법은 결미(結米), 어염선세(魚鹽船稅), 은여결(隱餘結), 선무군관(選武軍官), 이획(移劃) 이렇게 크게 다섯 부분으로 나뉘었다.

---

26 국사편찬위원회, 『한국사』 32, 탐구당, 2013, 161쪽

결미는 토지를 가진 모든 가호에게 토지 1결 당 쌀 2두(또는 돈 5전)를 거두는 것으로, 평안도와 함경도를 제외한 나머지 6도에서 시행했다. 결미 총액은 매년 37만 냥 전후에 달했다. 결미는 균역청이 거두는 수입의 절반에 해당했는데 이것은 토지를 가진 양반사족층들이 일정 부분 양보한 결과였다. 그런데 중요한 것은 그 쌀을 누가 내느냐, 하는 것이었다. 사목에는 '원세(元稅)의 예(例)에 따라 시행한다'고만 되어 있었다. 그러니까 애초부터 전주(田主)가 세를 내는 땅이면 그에 따르고 작인이 내는 것이면 그에 따른다는 것이다. 누가 부담했는지 현재 정확한 기록은 없으나 대개 작인이 부담했을 것으로 보고 있다.

어염선세는 어장, 염전, 선박에 부과하는 것으로 당시 왕실 재산인 각 지역의 궁방이나 아문(衙門. 군문)에 속해 있었다. 이 어염선세는 각 지방의 궁방과 아문의 주 수입원이었는데 이것을 균역청으로 넘긴 것이다. 어염선세는 결미 다음으로 균역청의 중요한 세원이 된다.

은여결은 각 지방 관아가 자체 비용을 조달하기 위해 토지대장에 등재시키지 않은 토지를 말한다. 영조는 각 지방 수령들이 은여결을 자진신고하도록 한다. 그렇게 수령들의 자수로 확보된 은여결이 영조 28년(1752)에 2만 2,767결이었다.[27]

선무군관이란 부(富)를 바탕으로 온갖 방법의 뇌물로 역을 피하고 있는 양인에게 주어진 이름이었다. 이들은 사족은 아닌데 돈이 많아서 군보(軍保)에는 아깝고 군관(軍官)에 합당한 자들이라고 지목된 양인들이었다. 이들을 색출하라는 것이었다. 초기에 선발 기준이 모호한

---

27 주26과 같은 책, 178쪽

상태에서 선무군관을 지정해야 하는 수령들은 빠른 시일 안에 할당된 액수를 채워야 했다. 수령들이 마구잡이로 대상자를 물색했고 그 와중에 전국적인 소란이 일어나기도 했다. 영조 28년에 선무군관으로 찾아낸 이들의 숫자는 전국적으로 2만 4,500명이었다.[28]

이획은 선혜청 재원을 균역청으로 이관하는 것을 말한다. 선혜청은 광해군 때 대동법을 처음 실시하면서 대동미를 관장하는 기구로 만들어진 관청이다. 경기, 강원, 호서 등 8개 지역에 지청을 두고 있었는데 각 지역 선혜청에서 보관하고 있던 곡식이 저치미(儲置米)였다. 이 저치미를 균역청으로 옮기도록 한 조치가 이획이다.

이렇게 5가지 항목으로 균역청에서 거둬들인 세수는 영조 28년에 69만 냥이었다. 거둬들인 69만 냥 중에서 그해에 52만 냥이 지출된다. 그러니까 중앙의 병조, 금위영, 어영청, 수어청 등 각 군문이 모자란 재정을 균역청으로부터 지원받은 것이다. 균역법으로 중앙 군영들의 재정 적자는 해소되었지만 문제는 지방 재정에서 나타났다.

말하자면 균역법은 지방 재정의 희생을 바탕으로 시행된 것이었다. 어염선세나 은여결이나 선무군관은 지방 재정에서 핵심 역할을 하던 세원들이었다. 지방에서 거둬간 세원들은 오로지 중앙 군영들에게만 지급되었고 지방의 영, 진, 읍 소속의 군영들에게는 한 푼도 지원되지 않았다. 지방 군영들을 위한 역(役)을 어떻게 운영해야 하는지에 관한 절목도 없었다. 지방은 각자 알아서 군영을 운영하라는 식이었다. 각 지방은 군영을 없앨 수는 없었으므로 울며 겨자 먹기로 새로운 세원을 찾아야 했다. 두말할 것도 없이 그 부담은 지역

---

28 주26과 같은 책, 181쪽

백성들에게 고스란히 돌아갔다.

피해를 입은 계층은 일반 백성들만이 아니었다. 균역법은 지방 토호들의 경제적 기반을 무너뜨렸다. 당시 지역 향촌의 어장, 염전, 선박 등을 제조 경영 운영하고 있었던 지역 토호들 역시 피해자였다. 선무군관도 마찬가지였다. 지방 재정을 빼내 중앙 군영들을 보조하는 균역법의 부작용은 이것만이 아니었다. 지방 관아들은 환곡(흉년, 춘궁기 때 곡식을 빌려주고 풍년, 추수기 때 되돌려받는 구휼미)에 손대기 시작했다.

예를 들면 이런 식이었다. 경상도 포항창(浦項倉)은 어염선세로 별장, 하인, 군관 등의 급료를 해결하고 있었는데 어염선세가 균역청으로 넘어가자 환곡 2,000석에 손을 댔다. 그들은 2,000석을 모곡으로 하여 백성들에게 시세보다 높은 가격을 받고 팔아서 차액으로 급료를 해결했다.[29] 환곡으로 돈놀이를 해서 급료를 해결한 것이었다.

영조 역시 균역법의 모순을 모르지는 않았다. 균역법은 100년 가까이 논의만 거듭해오던 군역의 폐단을 시급하게 시정하지 않으면 안 될 상황에서 나온 임시변통이었다. 단지 양인들에게만 한정해서 1필로 감필한다는 것은 당시 심각했던 군역의 폐단을 근본적으로 고칠 수 없었다. 영조도 이 사실을 잘 알고 있었지만 일단 균역법이 제정되고 시행된 이후로는 어떤 비판도 허락하지 않았다. 이런 균역법의 모순은 결국 19세기에 폭발하는 민란의 주요 원인이 되었다.

---

29 주26과 같은 책, 192쪽

11화

탕평이라는 가면

빈민 백성의 절반이 빈민층 양반

영조 26년(1750)에 지돈녕(知敦寧) 이종성(李宗城)은 양반에게 호전법 또는 호포법을 적용할 수 없는 이유에 대해 이렇게 상소한다.

> …… 우리나라는 가난한 나라입니다. 부유한 지주나 녹을 먹는 자들을 제외하고는 대개 빈곤한 사람이 많습니다. 그 가운데에도 양반이 가장 많고 또 가장 가난합니다. 사대부 공경(公卿) 자손과 향인(鄕人)과 교생(校生) 이상을 지금 다 통칭하여 양반이라고 하는데 이런 양반의 수는 거의 모든 백성의 절반이 넘습니다. 그런데 양반이 한 번 수공업이나 상업에 종사하면 당장 상놈으로 떨어집니다. …… 그렇기 때문에 이들은 차라리 죽을 고생을 참을지언정 수공업, 상업, 농업 어느 하나

에도 종사할 수 없는 것입니다. 그러면서도 겉으로는 양반의 체모를 잃지 않기 위해 관복을 입으니 어떻게 가장 가난하지 않을 수 있겠습니까? 서울에서부터 팔도에 이르기까지 오두막집이 찌그러지고 쑥대에 파묻혀 눈보라치는 혹한에도 굴뚝에서 연기가 나지 않는 집들은 물어보지 않아도 모두 다 양반의 집입니다. 과년한 딸이 있어도 시집을 보내지 못하는 집도 모두 다 양반의 집입니다. 세상에 궁한 것으로 따지면 이들과 비교할 데가 없습니다. 양역을 지는 상민이 비록 불쌍하기는 하나 그래도 그들은 힘써 농사를 짓고 땔감을 져 나르면 어떻게 해서라도 마련할 방도가 있습니다. 그러나 양반들에게 돈이나 포를 내라고 한다면 이들이 돈 한 푼, 무명 한 오라기인들 어디서 구하겠습니까? ……

위의 상소에는 당시 조선의 신분 변화상을 보여주는 아주 중요한 말이 나온다. "이런 양반의 수는 거의 모든 백성의 절반이 넘습니다." 라고 지적한 부분이다. 신분만 양반이지 실제 양반에 걸맞은 소득을 가지고 생활하는 양반은 많지 않았다는 말이다. 양반의 대부분이 빈민층 양반이었다는 사실이 당시 조선의 가장 큰 문제였다.

빈민층 양반들은 당시 조선 정치권에 큰 부담인 동시에 방패막이였다. 유민과 도적들이 창궐하는 마당에 이들 지식인 빈민층 양반들이 일반 백성들인 농민 양인들에게 반정부 지식을 체계적으로 전수하고 조직을 결성한다면 그야말로 조선 왕조 체제가 전복될 수도 있었다. 도처에서 일어나는 일회성 농민 봉기는 당장의 굶주림과 억울함 때문에 일어나는 것이라 그때그때 미봉책으로 진압하고 다독이면 되었다. 그러나 그런 단순한 농민 봉기에 지식인의 사상과 조직이 결합한다면 영조 4년의 무신란 같은 전국적인 반란이 들불처럼 번지는 것은 시간문제라는 것을 당시 정권 담당자들은 잘 알고 있었다.

따라서 영조와 집권층에게는 이들 빈민층 양반들이 다른 계급 계층들과 연대하지 못하게 막는 것이 중요했다. 빈민층 양반들이 평민 백성들과 연대하는 것을 막고 동시에 평민 백성들이 생활고로 일으키는 봉기들을 빈민층 양반들이 중간에서 차단하는 역할을 하도록 하는 것이 균역법의 또 다른 기능이기도 했다. 사실 한 사회에 이런 부류의 사람들이 인구 구성에서 많은 비율을 차지하고 있으면 그 사회의 진보적 발전을 가로막는 중요한 원인이 된다. 놀고먹으며 소비만 하고 생산 활동에는 전혀 종사하지 않는 지식인들은 조선뿐만 아니라 동서고금을 막론하고 체제를 전복하는 혁명세력으로는 발전하지 않는다. 이런 면에서 빈민층 양반들은 조선의 민중 사회가 근대적 혁명을 시도하는 것을 가로막고 있는 세력이기도 했다.

청요직 혁파와 서원 철폐

영조의 균역법은 빈민층 양반들을 자극하지 않으면서 일반 백성들의 하늘을 찌르는 원성도 무마시켜야 하는 상황에서 나온 고육지책이었다. 영조가 진정으로 백성들의 고통을 해결하려고 했다면 소득수준에 맞게 수포하는 정책을 시행하든지 양역 자체를 폐지하는 대변통론(大變痛論)을 수용했어야 했다. 그러나 그 정도라도 백성들의 부담을 일부 경감했다는 것에 영조는 자부심을 가졌다. 영조가 사실 이런 정도의 정책이나마 펼칠 수 있었던 것은 즉위 후 집요하게 추진해온 탕평책으로 왕권을 강화시킨 덕분이었다.

영조는 자신이 역모의 수괴로 기록되어 있는 「임인옥안」을 불태우며 신유대훈을 선포했던 영조 17년(1741)에 왕권을 강화시키는 여러 가지 조처들을 단행했다. 그중에서 당쟁을 막고 탕평파의 권한을 확대한 정책은 이조전랑(吏曹銓郎)의 통청권(通淸權)과 예문관 한림(翰林)의 회천권(回薦權), 그리고 청요직(淸要職)을 혁파한 것이다.

조선에는 오늘날로 치면 행정부에 해당하는 의정부(議政府)가 있었다. 의정부에는 이조, 병조 등 6조가 있었고 각 조의 실무자를 조랑(曹郎)이라고 했다. 6조의 조랑들 중에서 이조와 병조의 조랑은 따로 전랑(銓郎)이라고 불렀다. 전랑의 '전(銓)' 자는 사람을 가려서 뽑는다는 뜻이다. 이조와 병조는 각각 문관과 무관에 대한 인사권을 가지고 있었는데 그 인사권의 실무 담당자가 이조와 병조의 조랑이었기 때문에 이조와 병조의 조랑은 전랑이라고 한 것이다. 이 중에서 중요한 직책은 이조전랑이었다. 이조판서도 아니고 정5품인 이조전랑이 중요해진 이유는 삼사(사헌부·사간원·홍문관) 관리 추천권을 가지고 있었기 때문이었다. 청요직(淸要職)이라고도 불리는 삼사는 재상 대신들에 대한 탄핵, 간쟁, 감찰의 권한을 가지고 있었다. 따라서 이들이 고유한 직무를 제대로 이행하기 위해서는 이조판서를 비롯한 재상 대신들이 이들을 임명할 수 없게 해야 했다.

이조전랑이 이런 막강한 인사추천권을 가지게 된 시기는 조선 중기 성종, 중종 대에 각 지방 사림세력이 중앙 정계로 진출하면서였다. 이성계와 정도전이 조선을 개국할 때 역성혁명에 반대하면서 지방으로 내려갔던 성리학자들이 많았다. 길재 등을 비롯한 이들은 지방에 은거하며 지방 정치세력으로 성장했다. 이들을 사림(士林) 또는 산림(山林)이라고 했다. 조선 왕조는 중앙에 있는 왕과 훈구공신들만으로는 이들 지방 정치세력들을 통제할 수 없음을 알았다. 통제할 수 없으면 타협해야 했다. 중앙의 왕과 왕의 척신들과 훈구세력들은 지방의 사림을 중앙 정계에 진출시키며 그들에게 자신들을 견제할 수 있는 제도적 장치를 마련해주었다. 그것이 재상 대신들을 탄핵할 수 있는 탄핵권과 그 탄핵권을 가진 관리들을 임명할 수 있는 인사 추천권이었다. 중앙의 척신 훈구세력들과 지방의 사림 정치세력들이 정치적으로 타협한 결과가 이조전랑의 인사 추천권이었다.

이조전랑은 자대권(自代權), 통청권(通淸權), 낭천권(浪薦權)을 가지고 있었다. 자대권은 임기를 마치고 물러나는 전랑이 후임자를 직접 지목하는 권리였다. 통청권은 각 조의 당하관을 추천하는 것과 삼사의 관리 선발권이다. 낭천권은 재야에서 학문 등으로 명성이 있는 사람을 과거 응시 여부와 관계없이 출사할 수 있도록 추천하는 권리였다. 이조전랑의 인사 권한이 이토록 컸기 때문에 조선 정치권은 이 자리를 둘러싸고 격돌했다. 이조전랑 자리는 사림 정치세력이 붕당을 갈라서 당쟁에 몰입하는 원인이었다.

영조는 당쟁을 막고 탕평을 강화하기 위해서는 이조전랑의 권한을 제한해야 한다는 것을 잘 알고 있었다. 영조 17년 4월 영조는 이조전랑의 권한을 축소한다. 6명이었던 이조전랑(정5품 이조정랑 3명과 정6품 이조좌랑 3명)을 4명으로 줄이고 핵심권한 중의 하나인 통청권을 혁파한다. 한림 회천권도 마찬가지였다. 한림은 예문관 소속 관원으로 사관(史官)이었다. 회천권이란 전 현직 사관들이 모여서 전원 만장일치로 후임을 선발하는 권한이다. 영조는 이것 또한 혁파한다.

청요직은 글자 그대로 '맑고 중요한 직책'이라는 뜻으로 원래는 위에서 말한 삼사 관원과 이조전랑, 예문관 한림을 가리키는 말이었다. 그런데 이 외에도 학문을 바탕으로 의리 원칙 공론정치를 지향하는 사림세력이 주로 진출하는 관직을 청요직이라고 했다. 영조는 왕실도서관을 관리하는 직책으로 청요직으로 존중받았던 교서관(校書館) 겸교리(兼校理)도 혁파한다. 사림정치 세력의 상징이기도 했던 청요직들은 영조에 의해서 권한이 축소되거나 하나 둘 퇴출되었다. 그리고 영조는 그들의 권한을 자신이 임명한 탕평파 대신들에게 넘겨준다.

같은 해에 영조는 전국에 난립해 있던 서원을 정리한다. 당시 전국의 서원은 700여 개에 달했다. 서원은 각 지역 향촌 사림세력들의 기반이었다. 서원이 소유한 땅은 면세전이었고 또 양인들을 모집하기도 해서 군역을 피하는 양인들의 피난처이기도 했다. 서원을 중심으로 공공연하게 피역촌(避役村)이 형성될 정도였다. 무엇보다도 심각한 폐단은 당쟁이 전국으로 번져가는 통로가 서원이라는 것이었다. 서원을 기반으로 중앙 정치의 당쟁이 지방 향촌에까지 확산되어 어느 지방을 가도 서원을 중심으로 노론–소론 당쟁이 있었다. 따라서 당쟁의 뿌리인 서원을 약화시켜야 왕권이 강화될 수 있었다. 영조는 조현명 등 탕평파 대신들의 적극적 지지를 바탕으로 이미 인조 때 이래로 여러 왕들이 시도했지만 시행하지는 못했던 서원 정비 사업을 착수해 170여 개의 서원을 철폐한다.

이렇게 지방의 사림 세력들이 중앙 정치에 영향을 미쳐 당쟁을 격화시키던 제도적 원인을 영조는 폐지시키고 축소시켰다. 청요직의 혁파는 새로운 정치 집단이 중앙으로 진출하여 세력을 형성하는 길을 막았다. 그 결과 국왕의 측근 세력들인 탕평파에게 권력이 집중되는 현상이 일어났다. 영조 옆에서 영조의 뜻을 거스르는 신하들은 점점 사라져갔다. 친국왕파인 탕평파들만 살아남는 정치구조가 성립돼갔다.

탕탕평평? 친국왕파만 살아남는 세상

영조가 탕평파를 권력의 중심으로 끌어오는 과정이 순탄했던 것은 아니다. 영조는 노론과 소론이 몰입하고 있는, 경종에게 충신이면 영조에게는 역적이 되고 영조에게 충신이면 경종에게 역적이 되는 도돌이표 같은 충역시비 당쟁을 종식시켜야 했다. 당쟁을 종식시키는 일은 탕평파를 강화시키는 일이었다. 하지만 각 당 안에 친국왕파를 만드는 영조의 행보를 드러내놓고 반대하는 반(反)탕평파의 저항도 만만치 않았다. 대사헌 조관빈의 예를 보자.

영조 7년(1731) 10월 27일.

대사헌 조관빈이 입시(入侍)했다. 조관빈은 신임옥사로 목숨을 잃은 노론 4대신 중의 한 명인 조태채의 아들이다. 영조는 조관빈을 노려보고 있었다. 날카로운 눈매와 날렵한 하관에서 냉기가 뿜어져 나오고 있었다. 조관빈이 정좌하자마자 영조는 화를 누르지 않고 쏟아붓듯 말했다.

"어떻게 경이 그런 상소를 올렸단 말인가? 음(陰)도 아니고 양(陽)도 아니라는 말을 쓰다니, 오늘날 탕평을 누가 주관하는지 모르고 감히 그런 말을 썼단 말인가?"

영조의 서릿발 어린 노여움을 그대로 받았지만 조관빈은 태연히 맞받아쳤다.

"탕평은 아래에서 그것을 주장하는 자가 있는 것이고, 전하께서는 단지 그 술수에 빠지신 것입니다. 『주역』에서 양을 군자에 비유하고 음을 소인에 비유했습니다. 탕평을 주장하는 신하는 이미 군자가 아닙니다. 그렇다고 소인에게 비유하자니 딱 맞는 것도 아니기에 음도 아니라고 한 것입니다."

영조보다 3살 많은 조관빈의 기세는 당당했다. 당신이 임금이 된 게 누구 덕분인데 이제 와서 이런 식으로 배신을 하다니 뻔뻔한 줄은 알고 있느냐고, 조관빈은 온 몸에서 뿜어져 나오는 기운으로 영조에게 묻고 있었다. 영조는 하마터면 손에 잡고 있던 서책을 조관빈에게 내동댕이칠 뻔했다. 올라오는 화를 억지로 누르며 영조는 숨을 골랐다.

"탕평은 즉위한 그해부터 내가 해왔던 말이다. 경은 어찌하여 음도 아니고 양도 아닌 나 같은 물건에게 충성을 하려 한단 말인가?"

영조는 조관빈이 경멸하는 그 물건이 바로 조선의 임금인데 어쩔 것이냐고 이죽거리듯 대놓고 물었다. 영조가 에둘러 말하지 않고 정면승부로 나오자 그제야 조관빈은 당황했다.

"전하, 어찌하여 그런 말씀을 하십니까? 즉위하신 초에 함께 조정에 나가 했던 일들이 어떻게 탕평에 대한 일이었겠습니까?"

"경은 어찌 나랏일은 돌보지 않고 이따위 괴란(乖亂)한 짓을 한단 말인가?"

영조가 묻자 조관빈은 기다렸다는 듯이 말하기 시작했다. 세상

만물은 음양으로 고정되어 있어 사람의 힘으로 바꿀 수 있는 것이 아닌데, 양도 아니고 음도 아닌 것이 생겨나 세 번째가 되었으니 이것이 바로 탕당(蕩黨)이다. 탕당이 출현한 후부터 세상의 의리가 사라져 군주의 원수와 나라의 역적이 누구인지 잊었으며, 탕평파들은 자기들끼리 좋은 작위와 관직을 마음대로 하고 있다. 영조가 총애하는 영조의 사돈 탕평파 재상 우의정 조문명은 겉으로는 영조를 위하는 척하지만 사실은 영조를 배척하고 해치려는 자들을 번번이 감싸고 포용했던 자이다. 영조는 지금 그들의 말에 현혹되고 있는 것이다. 제발 통촉해달라, 조관빈은 간절하고 절절하게 토로했다.

우의정 조문명은 영조 4년(1728)에 10살 나이로 사망한 영조의 맏아들 효장세자의 장인이다. 면전에서 조관빈이 우의정 조문명을 "총애하시는 사돈"이라고 말하자 영조의 낯빛이 벌게졌다. 조관빈이 일부러 이 말을 한 것은 영조가 말하는 탕평이란 구실일 뿐이고 사실은 왕실과 혼인 관계로 얽힌 척신들만 우대하는 정책을 쓰고 있다고 비난하기 위해서였다. 다시 말해서, 왕이 왕과 왕실 가족들을 위한 사익(私益) 추구를 위해 공적인 정치권력을 이용하고 있다는 비난이었다.

영조는 더 이상 듣고 있을 수가 없었다.

"조관빈을 제주 대정현(大靜縣)으로 귀양 보내라!"

영조는 조관빈을 유배 보냈지만 조관빈이 각오하고 내뱉은 말들이 틀린 것은 아니었다. 영조는 조문명과 조현명, 송인명을 중심으로 하는 소론탕평파에게 탕평의 주도권을 주고 있었다. 그런데 조관빈이 지적한 것처럼 조문명은 영조의 사돈이고 조현명은 조문명의 동생이었으며 송인명도 조문명 가문과 혼인 관계로 얽혀 있었으니 크게 보면 왕가의 척신들이었다.

영조의 탕평은 노론 소론 당쟁을 종식시키기는 했지만 친국왕 탕평파가 영조의 척신들로 구성되고 권력이 집중되는 현상이 다른 부작용을 낳기 시작했다. 무신란 이후 영조가 소론 탕평파인 조문명과 송인명을 중심으로 정국을 운용하면서 조정은 공공연하게 '조송건곤(趙宋乾坤)'이라는 비난에 휩싸이곤 했다. 조송건곤이란 하늘과 땅의 모든 관직을 조씨 일가와 송씨 일가가 장악하고 있다고 비아냥대는 말이었다.

이것은 매우 예민한 문제였다. 영조가 탕평의 명분으로 내세운 사상은 고대 유학에서 이상사회의 표준 모델이라고 여겼던 요순정치상(堯舜政治像)에서 가져왔기 때문에 더욱 그러했다.

원래 '탕평(蕩平)'이란 말은 고대 유학 경전 중의 하나인 『서경(書經)』 홍범(洪範)에 "무편무당 왕도탕탕(無偏無黨 王道蕩蕩) 무당무편 왕도평평(無黨無偏 王道平平)"에서 나온 말이다. 군주의 치도가 어느 쪽으로도 치우치거나 기울어짐이 없으면 왕도가 넓고 평평해진다는 말인 탕평사상은 숙종 때 소론 영수였던 박세채가 황극(皇極)탕평론을 주장하면서 시작되었다.

황극 역시 『서경』 홍범에 나오는 말인데 황(皇)은 군주라는 뜻이고 극(極)은 표준이라는 뜻이다. 그러니까 황극탕평이란 군주가 천하의 표준을 만들어 이것을 기준으로 왕도가 탕탕평평해지면 천하가 화평해진다는 뜻이다. 박세채는 붕당을 망국에 이를 큰 조짐으로 여겼다. 박세채는 신하된 자가 붕당을 이용하여 우환을 일으키는 것은 군주에 대한 심각한 불충이라고 주장하며 『서경』 홍범에 나오는 '황극탕평'을 언급했다. 숙종 때부터 왕권 강화를 위해 여러 차례 언급되었지만 하나의 주장일 뿐이었던 탕평사상이 현실 정치에 적극 적용되면서 조선 사회의 이데올로기로 정착하기 시작한 것은 영조부터 였다.

영조는 즉위년(1724) 11월 11일 다음과 같은 탕평교서를 반포했다.

> 아! 아! 우리 조종조(祖宗朝)로부터 이어받은 심법(心法)은 곧 요 (堯), 순(舜)의 효제(孝悌)의 도(道)이니, 김일경이 감히 노(魯), 당(唐) 의 일을 끌어다 성조(聖祖)를 비난함이 깊었다. 지금은 탕평에 먼저 힘써야 할 때이니, 이처럼 이미 지나간 일들을 마음에 품고 있을 수 있겠느냐?

숙종 때 박세채가 황극탕평을 주장할 때 근거가 된 고대 중국의 이상사회는 '하(夏), 은(殷), 주(周)' 세 나라를 모델로 하고 있었다. 그런 데 영조가 즉위한 뒤 반포한 교서들에 나타나는 이상사회는 하, 은, 주 이전의 요순시대로 거슬러 올라간다. 조선에서 요순을 평가하고 이상사회의 모델로 언급한 것은 조선 전기부터 종종 있었다. 그러나 이때는 사림 정치세력이 임금을 계도하고 왕을 왕의 척신과 훈구세 력으로부터 벗어나게 하기 위해 압박하는 수단으로 인용되었다. 이 랬던 요순시대 인용이 영조 연간에 와서는 실제로 영조가 요순처럼 되어 탕평을 해야 한다는 논리로 확장된다.

영조가 친국왕 탕평파를 길러내며 요순을 자주 언급하자 왕의 눈 에 들기 위해 실제로 영조가 요순이 되어야 한다고 말하는 신하들 이 늘어갔다. 영조 자신도 '조선의 요순'을 자임했다. 영조 9년(1733) 1 월 19일에 소론 이광좌와 노론 민진원을 불러 탕평에 대한 하교를 내렸던 이른바 '십구하교'에서 영조는 이렇게 말한다.

> ······ 아주 공평하게 하면 요순이 될 수 있으나, 조금이라도
> 사심을 앞세운다면 어떤 임금이 되겠는가? 나의 마음은 얼음
> 이나 옥처럼 깨끗하다. 황형(皇兄, 경종)께 후사가 있었다면 나는
> 본래의 뜻을 굳게 지키며 산야에 살았을 것이다.

자신은 사심을 가지지 않고 공평하게 정사를 돌보는 임금이라는
말이다. 경종의 후사가 없었기 때문에 어쩔 수 없이 임금이 된 것이
지 사리사욕에 가득 차서 임금 자리에 오른 것이 아니니 자신이 추
진하는 탕평정책을 잘 따라달라는 말이었다.

그런데 문제는 사욕을 추구하지 않는 공명정대한 임금 영조가 추
진하는 탕평책이 과연 현실에서도 사적(私的) 집단의 이익을 추구하지
않았느냐 하는 것이다. 사관은 당시 탕평의 현실이 어떠했는지 기록
하고 있다.

> 이른바 탕평 논의는 또 한 당파를 이루어 임금의 총명을 가
> 리우고 사의(私意)를 자행하여 나라를 병들게 하고 정사(政事)에
> 해를 끼침이 거의 남인, 서인, 노론, 소론의 당파보다 심했으
> 니, 견식이 있는 사람은 이를 걱정하였다.
> — 『영조실록』, 영조 10년(1734) 11월 4일

이런 기록은 사관 한 사람의 생각에서 나온 게 아니었다. 영조를
포함한 탕평파 당사자들도 은연중에 다 인정하고 있는 사실이었다.

그것을 보여주는 에피소드가 있다.

영조 21년(1745) 4월 5일 영조는 대신과 비국당상을 인견하고 있었다. 이날 영조는 양역 문제, 노비·전정 문제 등 복잡한 국사를 논의하고 있었다. 그런데 논의가 끝나갈 즈음 서로 얼굴을 보기가 민망한 일이 일어난다. 사태는 송인명이 자신의 조부 송광연(宋光淵)에 대해 말하는 것으로 시작되었다.

"신의 할아비가 일찍이 선정신(先正臣) 박세채의 소(疏)에 의해 형조판서를 역임하셨으니, 신의 탕평은 실로 가학(家學)에서 말미암은 바요, 조문명 형제와 김약로(金若魯) 형제 역시 모두 선정(先正)의 연원입니다."

송인명에 뒤질세라 부제학 원경하(元景夏)가 말했다.

"선정(先正)은 바로 신의 고조(高祖) 원두추(元斗樞)의 사위인데, '붕당을 깬다(破朋黨)'는 세 글자는 본래 신의 가정의 견해입니다."

숙종 때 탕평을 말한 박세채의 학맥에 자신들의 가문이 속해 있고 또 서로 친인척 관계이기 때문에 탕평은 자신들 가문의 가훈에서 나온 것이나 다름없다고 송인명과 원경하가 서로 자랑삼아 말한 것이다. 이 말을 할 때는 자신들이 얼마나 뼛속까지 탕평을 지지하는지, 영조에게 뽐내기 위해 한 것이었다. 그러나 그 말을 듣는 영조의 표정이 굳어졌다. 임금의 표정을 본 송인명과 원경하는 아차 싶었다. 영조의 얇은 입술 사이로 굳은 표정만큼이나 굳은 말이 흘러나왔다.

"지난번 조징(趙徵)의 옥사 때 죄인이 걸핏하면 탕평을 험담하는 말을 했었다. 탕평이란 본래 황극의 말이었다는 것을 경들은 모르는가? 지금은 동요(童謠)가 돼버렸지만 말이다. 그런데 경들은 탕평을 가학(家學)이라고 한단 말인가?"

영조가 가슴에 대못이 박힌 듯 말하자 두 사람은 안절부절못하며 앉아 있을 수밖에 없었다.

영조가 추진하는 탕평의 속사정이 현실에서는 '탕평파'라는 또 하나의 사적 권력 집단을 양성하는 것에 지나지 않는다는 것을 탕평파 당사자들도 알고 있었던 것이다. 이날의 분위기가 얼마나 한심하고 냉랭했는지 당시 사관이 개인의 견해를 다음과 같이 따로 써놓을 정도였다.

> '탕평'이란 두 글자는 본디 기자(箕子)의 홍범(洪範)에서 나온 말이니 바로 성인이 천하를 다스리는 대경(大經)인 것이다. 불행하게도 소인이 이것을 도둑질하여 겉으로는 양전(兩全)을 보이면서 안으로는 자기들의 사(私)를 이루었다. 또 임금의 뜻이 깊이 시비를 구별하지 않으려 함을 헤아려 때를 틈타 투합해 그 은총을 굳혔으니 나라 사람들이 분통해한 지 오래였다. 조징(趙徵) 같은 무리가 술에 취해 한 미친 말은 본디 죽어야 할 도리이지만 역시 여론이 일었음을 볼 수 있는 것이다. 아! 송인명은 대신(大臣)으로서 간사하게 속이고, 원경하는 재신(宰臣)으로서 아부하느라 가학이란 말을 연석(筵席)에서까지 발설했는데 주상께서 영명하여 한마디로 타파시켰지만 아깝게도 끝내 물리치지는 못하였다.
>
> ─『영조실록』, 영조 21년(1745) 4월 5일

12화
남자 신데렐라의 등장

왜 홍봉한이었을까?

영조 19년 윤4월 9일 밤 9시가 넘은 늦은 시간.

영조는 숭문당(崇文堂)에서 신하들을 만나 일전에 치른 알성시(謁聖試. 임금이 문묘에 참배한 뒤 치르던 비정기 과거) 급제자들에 대한 얘기를 나누고 있었다.

시험 감독관으로 참여했던 대신들과 장원 급제를 한 이정중을 비롯한 급제자들에 대한 얘기를 나누던 말미에 홍봉한(洪鳳漢) 이야기가 나왔다. 송인명이 먼저 말을 꺼냈다.

"이번 과거의 선발은 좋았다고 이를 만합니다. 지방 출신 합격자들이 없는데 이런 때에 홍봉한 같은 명문 세력가 집안 출신이 뽑혔다면 당연히 지방 사람들이 크게 실망했을 것입니다."

영조가 되물었다.

"홍봉한이 글은 잘하느냐?"

"네. 그렇사옵니다. 실로 재주가 있으며 그 방면에 명성도 있사옵니다."

송인명과 영조의 이 대화는 홍봉한이 글재주가 있고 명성도 있는데 알성시에서 급제하지 못한 이유는 세력가 집안 출신이었기 때문임을 보여주고 있다. 홍봉한을 세력가 집안 출신이라고 한 것은 물론 아버지 홍현보(洪鉉輔)와 큰아버지 홍석보(洪錫輔)가 요직을 두루 역임했기 때문이지만 다른 배경도 있었다. 홍현보와 홍석보의 외삼촌이 경종 재위 당시 좌의정 이건명이었던 것이다. 이건명은 연잉군의 왕세제 책봉에 앞장선 노론 4대신 중의 한 명이었다. 경종 1년(1721) 8월 20일 노론이 경종을 한밤중에 포위하고 연잉군을 후사로 책봉하라는 압력을 가했던 현장에 좌의정 이건명과 그의 조카 대사간 홍석보가 함께 있었다. 그러니까 홍봉한은 영조를 임금으로 만든 원조 핵심 노론 집안의 후손이었다.

이때 알성시에서 홍봉한은 급제하지 못했지만 이후 7월에 세자빈 간택령이 떨어진 직후 미관말직인 의릉참봉(懿陵參奉)직을 받는다. 의릉은 경종과 계비 선의왕후 어씨의 능이다. 참봉직을 받은 홍봉한은 간택령에 응해 딸의 단자를 올린다.

세자빈이 누가 되느냐는 영조에게는 물론이고 당시 모든 정치세력들에게도 매우 중요한 문제였다. 임금의 사돈인 척신 세력들이 탕평이라는 명분으로 정국을 좌우하고 있는 마당에 임금의 새로운 사돈이 등장한다는 것은 기존 정치세력들 사이에 새로운 긴장관계가 발생되는 사안이었다. 영조는 새 사돈은 노론에서 뽑고 싶었다. 소론 탕평 정국에 불만이 많은 노론들을 달래기 위해서, 다른 한편으로는 소론 탕평파의 독주를 막기 위해서였다. 영조의 이런 셈법을 송인명을 비롯한 소론 탕평파도 모르지 않았다. 그래서 영조는 홍봉한을 어떻게 생각하는지 송인명의 의중을 물어본 것이다. 송인명은 홍봉한이 세력가 집안 출신이지만 재주는 있다고 말함으로써 이후 홍봉한이 간택단자를 올리는 길을 열어놓았다.

당시 홍봉한은 원조 노론 집안 출신이긴 하지만 아버지와 큰아버지가 모두 사망한 뒤였고 사촌 형 홍상한(洪象漢)이 호조참의로 있을 뿐이었다. 소론이 보기에 홍봉한은 뚜렷하게 노론들의 후원을 받는 것도 아니었고 나이 서른이 다되도록 변변하게 이룬 것도 없는 가난한 선비에 불과했다. 영조의 사돈이 된다고 해도 당장 소론 탕평파들을 위협할 만한 존재로는 보이지 않았다. 영조가 자신들에게 모든 권한을 밀어주고 있는 마당에 사돈을 노론 출신으로 뽑고 싶어 하는 영조를 말려봤자 미운 털이나 박힐 뿐, 좋을 일이 없었다. 괜히 반대했다가는 탕평을 거스른다는 비난이나 받을 것이 뻔했다.

영조 19년(1743) 11월 13일 홍봉한의 딸이 세자빈으로 최종 간택되었다. 홍봉한은 세자와 동갑인 자신의 딸이 세자빈으로 간택되자 서러웠던 지난 세월이 주마등처럼 스쳐갔다. 홍봉한은 넉넉지 않은 가정을 이끌어야 하는 양반이었다. 덕분에 아내인 한산 이씨의 고생이 컸다. 그런데 이렇게 홍봉한이 넉넉지 않은 양반 집안의 장남으로 살게 된 것은 홍봉한 탓이 아니었다. 홍봉한 집안은 원래 왕실 외척이었다. 홍봉한의 4대조인 영안위(永安尉) 홍주원(洪柱元)은 선조(宣祖)의 계비인 인목대비의 사위였다. 홍주원의 손자가 홍중기(洪重箕)였는데, 홍봉한의 어려운 살림 형편은 아버지 홍현보가 할아버지 홍중기의 차남이었기 때문에 시작된 것이었다. 홍중기는 슬하에 2남 2녀를 두었는데 장남이 홍석보였고 차남이 홍봉한의 아버지인 홍현보였다. 홍중기는 차남 홍현보가 결혼할 때 안국동에 새 집을 지어주며 분가를 시켰지만 재산은 장남에게 몰아주고 차남에게는 나눠주지 않았다. 따라서 홍현보는 형보다 형편이 항상 어려웠고, 그 상황이 홍봉한까지 내려온 것이었다.

홍현보는 대사헌과 이조참판, 예조판서 등을 두루 역임했었다. 그런데 홍현보의 장남인 홍봉한의 형편이 더욱 어려워진 것은 아버지가 영조 16년(1740) 윤6월에 사망한 뒤부터였다. 물려받은 재산 없이 홍현보의 녹봉으로만 생활해왔기 때문이었다. 이때 홍봉한은 28살이었고 과거 예비시험인 소과(小科)에 합격해 겨우 진사(進士)였을 뿐이었다. 진사는 대과(大科) 응시 자격을 가질 뿐, 녹봉을 받는 관직이 아니다. 홍봉한은 아버지 홍현보가 사망한 후 30살이 되도록 과거에 급제하지 못한 채였기 때문에 살림은 나날이 어려워졌다. 이런 상태로 여러 해를 보내던 차에 자신의 딸이 세자빈으로 간택되었으니 홍봉한은 감격하지 않을 수 없었다.

한편 영조는 홍봉한의 딸을 최종간택한 뒤 생각에 잠겼다. 사실 이번 간택은 이미 홍봉한을 사돈으로 만들 작정을 하고 진행한 것이었다. 영조는 홍봉한 집안 내력이 홍봉한을 가난하게 만들었다는 것을 알고 있었다. 영조는 홍봉한의 아버지 홍현보를 떠올렸다. 홍현보가 말을 심하게 더듬었던 것이 제일 먼저 떠올랐다. 말 더듬는 병 때문인지 홍현보는 요직을 두루 역임했지만 사람들의 관심을 끄는 일을 벌이거나 눈에 띄는 활약을 한 적은 없었다. 홍현보와는 다르게 그의 형 홍석보는 사치스러운 생활 때문에 구설에 오르내리곤 했었다.

그런데 영조가 홍봉한을 사돈으로 만들려고 마음먹었을 때는 홍현보의 말더듬 병이나 홍석보의 사치스러운 생활 같은 것은 중요하게 고려할 사안이 아니었다. 제일 중요하게 생각했던 점은 따로 있었다. 영조가 세자빈을 간택할 때인 영조 19년(1743)은 영조 17년(1741)에 「임인옥안」을 폐기하고 신유대훈을 선포한 뒤였다. 영조는 정치적 전략 전술을 치밀하게 운영하는 임금이었다. 「임인옥안」을 소론의 손으로 직접 폐기하게 한 것은 여러모로 성공적인 전략이었다.

영조를 역적의 수괴로 등재시킨 사건을 만든 것은 소론이었다. 그런데 소론이 이 사건을 무효이고 무고로 인한 사건이라고 선포했다. 즉, 소론이 스스로 자신들의 정치적 대의명분의 깃발을 내린 것이었다. 정치에서 대의명분이란 나아갈 방향을 보여주는 나침반이자 깃발이며 존재의 이유다. 소론이 스스로 자신들의 깃발을 내리고 존재 이유를 제거하도록 유도한 것은 영조였다. 영조는 소론에게 한 개를 내려놓으면 다른 것을 주겠다고 거래를 제시한 것이고 그것을 소론이 받아들였기 때문에 「임인옥안」 폐기가 가능했던 것이다.

그러니까 소론은 자신들의 정치적 명분을 버렸고 영조는 그 대신 소론들에게 요직을 주고 소론 출신 탕평파들을 중심으로 정국을 운용해나간 것이다. 간단히 말하자면 소론은 명분을 버리고 실속을 챙긴 것이고 영조는 실리를 내주고 소론에게서 정통성을 인정받은 것이다. 이런 면으로 보면 영조가 영조 17년에 이조정랑의 통천권과 한림의 회천권 혁파뿐만 아니라 각종 청요직을 없애면서 소론 출신 탕평파 재상들의 권한을 강화시켜준 것은 소론에게 주는 일종의 선물이자 안전보장이었다. 삼사(사헌부·사간원·홍문관)에 대한 이조정랑의 인사추천권을 제거하고 그 인사권을 소론탕평파 재상들에게 주었으니 소론 출신 재상들은 감찰, 간쟁, 탄핵으로부터 벗어날 수 있었다.

이렇게 되자 노론은 닭 쫓던 개 지붕 쳐다보는 신세가 되었다. 노론들은 소론 재상들의 권한이 강화되는 것을 극렬히 반대했다. 영조는 노론들의 반대를 누르고 소론 탕평파들의 적극적인 지지를 받아 관련법들을 혁파하거나 개정했는데 이에 대해 노론들은 반대와 불만을 꾸준하게 표시하고 있었다. 영조 입장에서 노론은 좀 소홀하고 섭섭하게 대해도 되는 집토끼였다. 연잉군 시절부터 영조를 지지해온 노론이 이제 와서 지지를 철회하고 돌아설 일은 없었다. 그러니 일단 소론을 무릎 꿇리는 것이 중요했던 것이다. 그러나 그렇다고 해서 언제까지 노론을 홀대할 수는 없었다. 소론의 반대 없이 노론을 다독이면서 동시에 영조의 정국 주도권 강화에도 보탬이 되는 무엇인가가 필요한 시점이었다. 이것이 영조 19년에 진행된 세자빈 간택에서 영조가 홍봉한을 택한 이유였다.

이렇게 영조와 소론 탕평파들의 암묵적 타협과 거래 속에서 노론 세력가 집안의 가난한 30살 선비 홍봉한은 영조의 사돈으로 단숨에 출세가도 위에 서게 된다.

15살 세자, 대리청정의 명을 받들다

영조 25년(1748) 1월 22일. 비가 억수같이 퍼붓는 밤, 한밤에 임금의 봉서(封書)가 승정원에 내려졌다. 입직 승지였던 박필재(朴弼載)와 김상복(金相福)이 봉서를 받았다. 두 사람은 긴장했다. 한밤중에 임금의 느닷없는 봉서라니, 파란이 일어날 조짐이었다. 박필재가 떨리는 손으로 봉서를 뜯었다. 펼치자마자 첫 머리글 "중옹(仲雍), 백이(伯夷)"가 눈에 들어왔다. 서찰은 "을유등록고출(乙酉謄錄考出)"로 끝나고 있었다.

서찰을 들고 있던 박필재의 손이 덜덜 떨렸다. 옆에서 함께 보던 김상복 역시 아연실색했다. 중옹은 중국 주나라 태왕(太王)의 둘째 아들이다. 그는 부왕이 아우 계력(季歷)에게 왕위를 물려주길 원한다는 것을 알고 그의 형 태백(泰伯)과 함께 형만(荊蠻)으로 도망간 사람이다. 백이의 사연도 같다. 고죽군(孤竹君)의 둘째 아들인 백이는 동생 숙제(叔薺)에게 왕위를 물려주기 위해 도망갔다는 인물이다. 형이 동생에게 왕위를 양보하고 물려주었다는 고사를 인용한 것은 경종에게 왕위를 물려받은 영조 자신을 빗댄 것이었다.

문제는 '을유등록고출(을유년의 등록을 상고하라는 뜻)'이라는 문구였다. 을유년의 등록이란 숙종 31년(1705)에 숙종이 당시 왕세자였던 경종에게 양위하겠으니 절목(節目)을 만들라고 명했던 것을 말한다. 한밤중에 내려온 왕의 서찰은 현재 56살인 영조가 15살인 세자에게 왕위를 물려주겠다는 뜻이었다. 박필재와 김상복은 지체할 겨를이 없다는 것을 알았다. 즉시 서찰을 다시 봉함에 집어넣고 입직 옥당(玉堂. 홍문관)을 불러 함께 합문(閤門)으로 나가 임금을 뵙기를 청했다.

하늘이 통째로 뚫린 듯 비가 퍼붓고 있는 밤이었다. 우르릉우르릉, 한밤의 검은 하늘이 그렁거리더니 콰쾅, 천둥이 울렸다. 뒤이어 번쩍 하는 섬광 사이로 세자가 있는 덕성합(德成閤)이 보였다. 세자는 이미 내전(內殿)으로부터 선위 전교를 받고 시급히 세자 시강원(世子侍講院) 관원들과 여러 신료들을 불러 대책을 논의했다. 선위 전교를 거두어달라고 거듭 요청하는 것 말고 뾰족한 수가 없었다.

"전하, 신 등이 이 자리에서 전부 죽을지언정 전교를 받들 수 없나이다."

박필재를 비롯해 승지와 옥당들이 영조에게 거듭 부르짖었다.

"전교를 거둬주소서."

모두들 한목소리로 합창했다. 그 목소리들이 지붕 위의 기와에 후드득거리며 사납게 내리꽂히는 빗소리에 튕겨 나왔다. 얼마나 시간이 흘렀을까. 묵묵부답이던 영조가 드디어 입을 열었다.

"내가 감히 삼종의 혈맥이란 자전의 하교를 어기지 못해 이 자리에 머물러 있긴 했지만 그것은 남면(南面. 임금 노릇)하기를 즐겨했기 때문이 아니다. 내가 지난 25년을 하루같이 남면하기가 싫었으므로 원량이 어서 나이 들기만을 기다렸는데 이제 다행히 15살이 되었다. 오늘 내가 이 일을 하려는 데에는 3가지 뜻이 있다. 첫째는 죽어서 황형의 용안을 뵐 면목을 갖추고자 함이요, 둘째는 남면하기를 즐기지 않는 마음을 이루고자 함이요, 셋째는 5년 전부터 병이 더하여 고치기 힘들어질까 염려되니 일에서 벗어나 정양을 하고자 함이다. 경 등은 더 묻지 말고 모두 물러가라. 또 이후로는 비국(備局. 비변사)의 여러 재신(宰臣)들만 볼 것이니 다른 신하들은 일체 들이지 말라."

비는 밤새도록 퍼부었다. 빗줄기 사이로 어느덧 먼동이 터왔다. 날이 밝기가 무섭게 소식을 듣고 부랴부랴 달려온 문무백관이 머리를 바닥에 찧으며 울부짖었다.

"전하, 전교를 거둬주소서."

"통촉하여 주소서."

모두들 엎드려 목이 터져라 외쳤지만 영조는 요지부동이었다. 영조는 양위를 해야 하는 이유에 대해 다시 설명하기 시작했다.

"내가 마음을 굽히지 않고 이루려고 하는 데에는 5가지 이유가 있다. 첫째는 『상훈(常訓)』의 술편(述編)에 이르기를, '자신을 한사(寒士), 포의(布衣)에 견준 까닭에 전후에 시를 지으면서 자주 부운(浮雲) 자를 썼다'고 하였는데, 이는 바로 내 마음이다. 나에게 형제가 있었다면 어찌 중옹(仲雍), 백이(伯夷)가 되지 않았겠는가? 둘째, 세제 책봉을 받고 나서 문득 갑진년(1724. 영조 즉위년)에 이르렀는데, 오늘날의 괴로운 마음을 이룬 뒤라야 저승에 가서 황형을 뵐 면목이 있다. 셋째, 마음속 병이 해가 갈수록 점점 심하여 온갖 정무를 보살필 수 없다. 넷째, 세자는 기품이 뛰어나지만 뒷날 과연 어떻게 행동할지 알지 못하는 까닭에 내가 살아 있을 때 보고자 한다. 다섯째, 보통 사람도 부형(父兄)이 있으면 타인이 그 자제를 업신여기지 못하는 것인데, 세자가 어찌 시국의 형편에 따른 편벽한 내용의 상소를 알 수 있겠는가? 오늘 기반을 세우고자 한다. 이 5가지는 모두 내가 나라를 위해 마음 아파하는 것이나, 나이가 들고 병이 심한 것이 또한 제일 견딜 수 없는 것이다."

영조는 5가지 이유를 말했지만 사실 그 모든 것의 뿌리는 하나였다. 즉위한지 25년째였고 이제 오십 중반이 넘은 나이가 됐지만 영조는 아직도 형을 죽이고 왕위를 가로챈 정통성 없는 정권이라는 오명을 불식시키기 위해 애쓰고 있었다.

아니 사실을 말하자면 영조가 그 그늘에서 벗어나길 진심으로 원하는 신하들은 아무도 없었는지도 모른다. 정통성이 약한 정권의 권력자는 정통성을 확보하기 위해 계속해서 무리수를 두어야 한다. 무리수를 두는 와중에 발생하는 권력의 빈틈으로 항상 거래들이 오고 가기 마련이다. 권력자 주변의 측근들과 정치세력들에게 그것은 예외 없이 기회인 법이다. 영조의 약한 정통성을 어떻게 이용할 것인지 모르는 정치세력은 없었다. 영조에게는 그런 정치적 환경이 항상 뼈 아픈 현실이었다. 영조의 양위 소동은 그 뼈아픈 현실을 향해 맨몸 으로 부딪히는 영조의 절규이며 무기이기도 했다.

세상에서 가장 상대하기 무서운 사람은 아무것도 바라는 게 없는 사람이다. 영조는 그것을 잘 알고 있었다. 영조는 자신이 형을 죽이 고 왕위를 가로챈 사람이 아니라 한낱 벼슬이 없는 가난한 선비로 지내고 싶은 사람이라는 것을 강조했다. '내가 임금이 되고 싶어서 된 게 아니라 너희들이 너희들의 욕심 때문에 나를 임금으로 만들 어서 나에게 고통을 주고 있다고 말하는 것이 영조의 논리였다.

영조의 말이 끝나자 노론 영의정 김재로가 말했다.

"동궁의 강학(講學)이 하루가 급한데, 어찌 번거로운 국사를 맡겨 촌음을 아끼는 공력에 방해가 되도록 하신단 말입니까?"

이어서 소론 좌의정 조현명이 나섰다.

"사람의 자식으로 나서 함부로 늙었다는 말을 하지 않는 것은 부 모의 마음을 아프게 할까 두렵기 때문입니다. 그런데 지금 전하께서 나이가 늙어서 짐을 벗겠다고 하시면 대비마마의 마음이 어떠하겠 습니까? 동궁의 강학으로 보더라도 해와 같이 오르고 촌각마다 전 진하고 있는데, 지금 이처럼 정무에 시간을 빼앗기게 한다면 이것이 어찌 자식을 기르는 참된 어버이의 도리라고 할 수 있겠습니까?"

그러나 영조는 요지부동이었다. 멀리서 영조와 신하들을 보고 있 던 세자가 비를 맞으며 달려와 헌함(軒檻) 밖에 엎드렸다. 세자는 울 고 있었다. 엎드려 울고 있는 세자를 보니 울컥하고 뜨거운 것이 치 밀어 올랐다. 영조의 눈시울이 벌겋게 물들었다. 너에게는 내가 당했 던 모욕들을 물려주지 않으리라.

영조는 자신이 걸어왔던 정치 인생을 돌아보며 자기연민에 휩싸였다. 하루하루가 투쟁이었다. 세자는 첫 아들 효장세자를 보내고 나이 마흔둘에 얻은 유일한 후계자였다. 눈에 넣어도 아프지 않을 하나뿐인 아들이 그 험난한 길을 걸어야 한다고 생각하니 눈물이 절로 흘렀다.

"세자는 앞으로 오라."

목이 메어 잘 나오지 않는 소리로 영조가 말했다. 세자는 어깨를 떨며 울고 있었다. 영조가 다시 말했다.

"세자는 앞으로 오라."

빗소리에 세자의 울음소리가 번져갔다.

"왜 울기까지 하느냐. 세자는 앞으로 오라."

영조는 뺨을 타고 흐르는 눈물을 감추지 않고 다시 세자를 불렀다. 너에게는 강한 권력을 물려줄 것이다. 그러기 위해서는 할 일이 있다. 내가 해야 할 일과 또 네가 해야 할 일이 있다. 아들아, 너는 강해져야 한다. 울지 마라.

"여러 신하들의 마음이 이와 같으니 내가 다시 생각해보겠다."

영조가 말했다. 여러 신하들이 입이 닳도록 다시 힘써 영조를 독려했다. 듣고 있던 영조가 무거운 입을 열었다.

"부득이하다면 대리청정은 어떠한가?"

마침내 영조가 본심을 드러냈다. 세자에게 대리청정을 시키기 위해 어젯밤부터 밤새도록 양위하겠다고 억지를 부렸던 것이다.

"그것 역시 천부당만부당한 말씀이십니다."

김재로가 펄쩍 뛰었다.

"크고 작은 모든 공사(公事)를 승정원에 머물러두게 하라. 나는 결단코 임금 노릇을 하지 않을 것이다."

영조의 노한 목소리가 쩌렁쩌렁 울려 퍼졌다.

그때 어디선가 누군가 말했다.

"전하, 뜻을 받들겠나이다."

양위를 하겠다는 것은 아니고 대리청정을 시키고 싶다고 하니 그 정도는 받아들여야 하지 않겠느냐는 분위기가 삽시간에 퍼져나간 듯했다.

영조는 자신의 결정이 번복될 수 없다는 것을 확실하게 보이기 위해 마지막으로 못을 박았다.

"내가 고심 끝에 물러나려고 하였는데 세자가 울면서 이렇게 사양하는 것을 보니 감동하지 않을 수가 없구나. 지난밤의 전교는 특별히 거두겠다. 세자로 하여금 대리청정을 하도록 하겠으니 정유년의 고사(숙종 43년 숙종이 당시 세자였던 경종에게 대리청정을 명함)에 따라 절목을 마련하도록 하라. 모든 대소신료들은 묵은 습성을 버리고 순결한 마음으로 우리 세자의 대리 정사를 도와 국정을 일신하게 하라!"

이렇게 15살 세자는 영조의 대리청정 임무를 부여받고 국정의 전면에 나서게 된다.

이때까지만 해도 앞으로 남은 자신의 정치 인생이 어떤 방향으로 나갈지 영조는 짐작도 하지 못했다. 단지 세자를 내세운 뒤에 어떻게 권력을 강화할 것인지, 그리고 그것을 아들에게 어떻게 물려줄 것인지 계산하기에만 몰두하고 있었다.

13화
오래된 상처, 권력의 틈

소론에 둘러싸인 어린 왕자

세자에게 대리청정을 명하던 날 영조는 많이 울었다. 눈에서 흐르는 눈물보다 가슴속에서 흐르는 눈물이 더 많았다. 10살에 죽은 맏아들 효장세자와 사도세자가 태어나기까지 7년 간 겪었던 굴욕이 떠올랐기 때문이었다.

영조 4년(1728) 이인좌의 난이 일어난 그해 11월에 영조는 맏아들 효장을 잃었다. 효장이 죽을 때 영조는 35살이었다. 영조와 왕비 정성왕후(貞聖王后) 서씨(徐氏) 사이에는 소생이 없었고 당시 영조의 소생으로는 효장세자를 낳았던 정빈(靖嬪) 이씨의 딸 화순옹주(和順翁主)와 영빈(映嬪) 이씨의 딸 화평옹주(和平翁主), 화억옹주(和億翁主)가 있었다. 효장세자가 죽고 영조 11년(1735) 1월에 사도세자가 태어날 때까지 영조는 영빈 이씨와의 사이에서 화억옹주 이후로 내리 딸만 셋을 보았다.

경종이 30대 중반에 후사가 없다는 이유로 동생 연잉군을 세제로 책봉해야 했던 과거사가 영조에게 부메랑이 되어 돌아오고 있었다. 속히 후사를 정해야 한다고 압박하는 상소가 올라오기 시작한 것이다. 영조 5년(1729) 목천(木川)에 사는 서자(庶子) 황소(黃熽)가 다음과 같은 상소를 올렸다.

> 국가가 불행하여 학가(鶴駕. 왕세자)가 빈천(賓天)하였으니 군국을 누가 감독하며 종사를 누구에게 의탁하겠습니까? 용루(龍樓. 세자궁)의 새벽달에 옥침(玉寢. 임금의 침실)을 문후하는 이가 없고 학금(鶴禁. 세자궁)의 연화(煙花)에 경연을 열지 못하고 있습니다. 오늘날 전하를 위한 계책으로는 저사(儲嗣)를 세워 신민의 큰 기대에 답하는 것만 한 것이 없습니다. …… 지금 국세의 외롭고 위태로움과 인심의 물결처럼 흔들림은 옛날에 비하여 훨씬 더합니다. 빨리 종반(宗班) 가운데서 어질고 효성이 있는 사람을 선택하여 저위(儲位)를 정하소서.

종친 중에서 입양하여 후사를 빨리 결정해야 한다는 말이었다. 영조는 분노에 치를 떨었다. 황소에게 이런 상소를 쓰도록 한 배후가 있을 것이라고 의심한 영조는 황소를 친국한다.

"향곡(鄕曲)에 사는 일개 천얼(賤孽)이 어떻게 이처럼 흉측한 상소를 쓸 수가 있단 말이냐? 필히 너의 배후가 있을 것이다. 누가 사주하였느냐?"

"적족(嫡族) 황옥현(黃玉鉉)이 상소문을 짓고 적육촌(嫡六寸) 황위(黃煒)가 상소문을 썼습니다."

황소가 진술했다. 영조는 끓어오르는 화를 누르며 냉철해지려고 애썼다. 이 상소의 배후를 꼭 밝히고 싶었기 때문이다. 그러기 위해서는 자백을 받아내야 했다. 살이 찢기고 피가 튀는 추국이 사흘 내내 이어졌다. 황소가 말한 황옥현과 황위도 잡혀왔다. 대질 심문도 행해졌다. 황소에게 사흘 동안 총 아홉 번의 형신이 가해졌다. 그러나 황소는 끝까지 배후를 말하지 않은 채 죽고 말았다.

영조는 이 사건의 배후로 경종 때 자신을 왕세제로 책봉하는 데 앞장섰던 노론의 핵심인물 민진원을 의심하고 있었다. 민진원이 효장세자가 사망했을 때 영조에게 종친 중의 한 명을 입적해서 대통을 이을 것을 청한 적이 있었기 때문이었다.

민진원을 의심하는 데에는 다른 이유도 있었다. 영조는 탕평의 일환으로 소론 영수 조문명을 효장세자의 장인으로 만들었다. 그런데 효장세자가 사망했으니 노론 입장에서는 임금의 척신 자리를 되찾아올 기회가 생긴 것이었다. 그러니 이미 경종 때 연잉군을 세제로 만든 경험이 있었던 노론들이 영조에게 양자를 입양하도록 압력을 가할 모의를 하고 있을 것이라고 영조가 추측하는 것은 무리가 아니었다. 영조는 당시 느꼈던 굴욕감을 다시 느끼고 있었다. 영조는 노론에게 포위되어 공포와 모욕으로 치를 떨었을 경종의 심정을 이제야 뼈저리게 느꼈다.

황소 사건은 더 이상 확대되지는 않았다. 그러나 그 후로도 오랫동안 후사가 없었기 때문에 영조는 후사 문제를 거론할 때마다 노심초사하지 않을 수 없었다.

영조 9년⁽¹⁷³³⁾ 7월 1일 영조는 봉조하^(奉朝賀) 민진원과 좌의정 서명균^(徐命均), 우의정 김흥경^(金興慶)을 마주하고 있었다. 민진원이 한 번

일어섰다가 엎드리더니 결의에 찬 목소리로 말하기 시작했다.

"지금 나라의 형편이 외롭고 약한 데다가 또한 거듭 기근을 만나 인심이 안정되지 않고 있으므로 신민(臣民)의 간절한 소망은 오직 종사의 경사에 있는데, 아직까지 소식이 없습니다. 작년 초봄에 신이 명종조(明宗朝)의 고사에 유의하실 것을 우러러 진달한 바 있었고, 그해 여름에 또 아뢰자 성상께서 '나 또한 어찌 일시라도 잊고 있겠느냐?'고 답하셨습니다. 그런데 올 봄에 후궁의 소생에서 또 실망하였습니다."

명종조의 고사란 "수자(數字, 일종의 주술성 고서적으로 추측됨)의 친서(親書)를 은밀하게 내전(內殿)에다 붙이고, 뒷날 성사(聖嗣)가 탄생하기를 기다린 뒤에 내전에서 그 친서를 없애도록 한다."는 것으로 일종의 주술적인 방법도 써보라는 것이었다. 그런데 민진원의 이 말이 영조 귀에는 명종이 후사가 없자 죽기 전에 중종의 서손인 선조를 양자로 입적하여 왕통을 승계해준 것을 참고해야 한다는 말로 들렸다. 영조는 한동안 아무 말도 하지 않았다.

"진달한 바가 대체로 좋으니 내가 어찌 생각하지 않겠는가? 유의하겠다고 답하는 것 외에 다시 무슨 적당한 말이 있겠는가?"

영조는 치밀어 오르는 화를 누르며 자못 태연하게 말했다.

"그러하옵니다, 전하."

모두들 영조의 안색을 살피며 맞장구쳤다. 그러나 민진원은 한 발 더 나갔다.

"그렇기는 하나 '말한 것에 따르겠다'고 하교하신다면 진실로 기쁘고 다행스럽겠습니다."

왕통을 승계할 후사가 없는데 영조의 나이가 벌써 마흔을 바라보고 있었기 때문에 설왕설래 논의가 나오는 것 자체를 막을 수는 없었다. 이 자리에서 좌의정 서명균과 우의정 김흥경은 영조에게 의약을 복용하는 방법도 고려해야 한다는 말을 하기도 한다. 종사를 걱정하는 신하라면 당연히 임금의 후사 문제를 공론화해야 한다는 분위기였다.

그런 분위기에서 영조는 시간을 벌어야 했다. 후계가 없어서 명종이 방계 혈통인 선조에게 왕위를 넘겨준 것과 같은 종류의 논의가 번져가게 할 수는 없었다. 영조 입장에서는 당연한 일이었다. 세자자리에 노론이 원하는 종친을 앉히기라도 한다면 그것은 전국에 있는 소론들을 반정부 세력으로 똘똘 뭉치게 할 불씨가 될 것이었다. 그런 정치적 이유에 앞서 자신의 핏줄로 왕위를 잇게 하고 싶은 것은 당연한 본능이었다. 민진원을 비롯해 노론들이 은밀하게 양자 입적을 원하는 분위기는 영조에게 그렇게 굴욕을 선사하고 있었다.

이런 상황에서 영조 11년(1735) 1월 21일, 후궁 영빈 이씨가 아들을 출산한다. 42살 영조의 기쁨은 이루 말로 다할 수 없었다. 왕자는 태어나자마자 원자로 책봉됐다. 적어도 겉으로는 당파를 떠나 온 나라가 기뻐했다. 그러나 동시에 갓 태어난 왕자를 둘러싼 정치적 셈법들도 부지런히 작동하고 있었다.

그 셈법을 가장 먼저, 가장 정략적으로 사용한 사람은 왕자의 아버지 영조였다. 영조는 효장세자가 떠난 자리에 갓 태어난 원자를 들어앉힌다. 효장세자의 장인이 소론의 영수 조문명이었으니 소론에서는 당연히 원자를 효장세자 대신인 양 여겼다. 반대로 종친 중에서 입양을 고려해보자고 은근히 압박했던 노론은 새 원자의 탄생을 마냥 반길 수 없었다. 따라서 노론은 그동안의 입장을 만회해야 했다. 또한 새 원자의 탄생이 소론의 정치적 입지를 더욱 공고하게 해줄 것을 알았기 때문에 노론은 기민하게 움직였다. 신임사화로 죽은 노론 4대신 중 그때까지 복권되지 못한 김창집과 이이명의 복권을 거세게 요구했다. 명분은 새로운 원자의 탄생이 전체 노론당의 경사이니 원자의 축복을 위해서 사면복권해야 한다는 것이었다. 영조는 서둘러 노론의 기고만장을 눌러야 했다. 그리고 영조의 정통성을 소론이 인정하게 만들어야 했던 영조는 소론 중심 탕평파에게 힘을 실어주기 위해 새 왕자 주변에 소론을 대거 배치시켰다. 영조는 원자의 세자 책봉을 앞두고 세자 시강원 관리의 4분의 3을 소론 인사들로 채웠다.

그리고 원자가 태어난 이듬해인 영조 12년(1736) 1월 1일, 영조는 백관들과 함께 원자를 세자로 책봉했다. 민진원만이 나서서 아직 말도 못하고 밥도 먹지 못하는 아기를 세자로 책봉하는 것은 숙종 때의 고사와 다르니 천천히 책봉하는 것이 옳다고 말하지만 영조는 그말을 무시했다.

"원자를 세자로 삼아 3월에 날을 가려 책례를 행하도록 하라."

영조는 3월 15일에는 원자를 왕세자로 책봉하고 이듬해 8월에는 은퇴해 있던 소론 영수 이광좌를 영의정으로 불러들인다.

영조 13년(1737) 8월 14일, 영조는 영의정 이광좌와 우의정 송인명을 만난다. 그 자리에서 영조는 이광좌에게 자신의 앞에 놓여 있던 수라상을 내민다. 이광좌는 영조의 갑작스런 행동에 당황했다. 어쩔 줄 모르던 이광좌는 임금이 내민 음식들을 혼자 먹을 수는 없으니 다른 신료들과 나눠먹겠다고 말한다. 영조는 만면에 웃음을 띠고 이광좌에게 말했다.

"경이 먼저 먹고 다음에 우상에게 주고, 또 그 나머지를 싸서 좌상에게 전해주라. 경들이 이 밥을 먹으면 어찌 차마 잊겠는가? 그릇을 가지고 자손들에게 나누어주어 오늘 음식을 하사하고 그릇을 나눈 일을 알아서 대대로 내 자손을 보필하게 하도록 하라."

세자 보필의 최종 책임을 이광좌에게 주겠다는 의미였다. 이광좌는 감격했다.

"전하, 심력을 다하겠나이다. 다만 원하옵건대 전하께서도 분발하시어 힘써주소서."

이렇게 새 왕세자 이선(李愃)은 출생하자마자 정치적으로 친소론 입지에 놓였다. 그것은 전적으로 아버지 영조의 의도였다.

권력의 틈바구니, 영조와 세자 사이

15살 세자에게 대리청정을 맡길 때 영조는 한편으로 일상적인 정무에서 벗어나 휴식을 취하고 싶은 마음도 있었다. 31살에 즉위해 25년 동안 오로지 앞만 보고 달려왔다. 아니, 즉위 전의 세월까지 포함하면 30년이 넘는 세월을 일각도 마음 편히 쉬어본 적이 없었다고 해도 과언이 아니었다. 생모 숙빈 최씨와 김춘택과 관련된 모욕적인 소문과 형을 죽이고 즉위했다는 모략들에 맞서 권력의 정통성을 강화해온 길은 가시밭길이었다.

노론은 영조에게 채권단처럼 행세했다. 영조는 노론에게 자신이 채무자가 아니라 조선의 왕임을 분명하게 가르쳐줘야 했다. 또 소론에게는 영조만이 조선에서 정통성을 가질 수 있는 유일한 왕이라는 것을 소론 스스로 천명하게 만들어야 했다. 그러기 위해 영조는 자신에게 엄격했다. 국왕으로서가 아니라 한 개인으로서도 신하들의 마음에서 저절로 존경심이 우러나오도록 해야 영조가 원하는 탕평을 이끌 수 있었기 때문이다.

금욕과 검소는 기본이었다. 민간에서 쓰는 호화로운 비단이나 그릇, 장식용 도자기, 병풍 등을 일절 사용하지 않았다. 명주 이불과 요만 사용했고 수라상에 오르는 반찬 수도 줄였다. 술도 마시지 않았고 금주령을 선포했다. 정무를 보거나 경연을 행함에 있어서도 철두철미했다. 영조는 뚜렷한 목표를 가진 영리한 사람이었다. 때문에 경연이 거듭될수록 영조보다 학식과 안목이 높은 신하가 없어서 경연장은 임금이 일방적으로 신하들을 가르치는 장이 되곤 했다. 종묘나 능묘에 대한 행차나 대비(大妃) 인원왕후 김씨를 섬기는 일에도 최선을 다했다.

말 그대로 조선의 요순임을 보여야 노론, 소론의 반발을 누르고 국왕 중심의 탕평을 펼칠 수 있었다. 영조가 탕평을 꾸준히 추진함에 따라 환국이 있을 때마다 벌어지던 상대 당에 대한 살육전이 일어나지 않았다. 당쟁으로 인한 혼란을 막아내면서 영조는 『속대전(續大典)』과 『속오례의(續五禮儀)』를 완성했다. 뒤돌아보면 참으로 숨 가쁘게 하루하루를 살아왔던 것이다.

영조는 형옥(刑獄), 군정(軍政), 용인(用人)에 관한 사항을 제외한 일상 정무를 세자에게 대리시킨다. 오늘날로 치면 사법, 국방, 인사를 제외하고 행정부만 맡긴 셈이다. 일상 업무에서 벗어나자 휴식은 물론이고 평소에 하고 싶었던 일에 몰입할 수 있는 시간적 여유가 생겼다. 영조는 세자에게 대리를 맡기고 가장 문제가 되고 있던 군역(軍

役)의 혼란을 정리하는 일에 착수한다. 영조 25년에 세자에게 대리를 시킨 후에 영조는 균역법을 추진해서 영조 28년(1752)에 완성된 균역법을 반포 시행한다. 선택과 집중이 가능해졌기 때문에 할 수 있는 일이었다. 휴식과 선택과 집중, 그리고 세자에게 국정 실습도 시키고자 했던 것이 대리청정의 목적이었다. 여기에는 그동안 추진해온 탕평책이 어느 정도 자리를 잡아 이제는 당쟁을 막을 수 있다는 자신감도 깔려 있었다.

그러나 대리청정은 영조의 탕평 강화를 반대하고 있는 세력들에게도 기회였다. 영조 25년 8월 15일 사간원 정언(正言) 송형중(宋瑩中)이 대리하고 있는 왕세자에게 다음과 같은 상소를 올린다.

> …… 또 지금 기강이 밝지 못하고 신하의 직분이 점점 타락해져서 조현명이 '횡일(橫逸)'을 제어하기 어렵다'는 등의 말로써 망령되게 이군(貳君. 세자)을 군부(君父) 앞에서 논했으니, 그 뜻이 혹 성취를 경계하고 권면하는 데에서 나왔다고 하더라도 실은 일호(一毫)도 저하와 비슷한 면이 없습니다. 전하께서도 전대(前代)의 역사를 두루 보셨겠지만, 일찍이 이러한 말로 오군(吾君. 임금)의 저부(儲副. 세자)를 말한 적이 있었습니까? 이는 곧 기강이 해이하여 임금을 섬기는 체통에 완전히 어두워진 것입니다. 사방에서 목을 빼어 기대하고 있는 이때에 이러한 망발을 지어낸단 말입니까? ……

노론이 소론인 좌의정 조현명을 탄핵한 것이다. 탄핵 명분은 열 달쯤 전인 영조 24년 10월 24일에 조현명이 영조에게 올린 차자의 내용에 나온 글귀 '횡일(橫逸)을 제어하기 어렵다'는 말이었다. 횡일이란 '제멋대로 논다'는 뜻인데 조현명은 당시 차자에서 세자에 대해 이렇게 말했었다.

> …… 신이 삼가 살펴보건대, 우리 저하께서는 타고난 기운이 성대하십니다. 또 특이하게 성숙한 탓으로 침착하고 말이 없이 조용하신데 그러면서도 횡일(橫逸)한 기운이 발로되면 제어할 수 없을 것 같은 상황입니다. 이렇게 혈기가 점점 장대하여 져가는 때를 당하여 한번 차실(差失)이 있게 되면 제어할 수 없을 것 같은 상황입니다. 삼가 바라건대 전하께서는 늘상 조관(照管)하시고 자주 계칙(戒飭)하는 것을 어릴 때에 견주어 더욱 상세하고 조밀하게 하소서. 말로는 감히 다할 수 없는 점이 있으니 오직 전하께서 묵묵히 이해하시기에 달려 있습니다.

조현명이 세자의 보도(保導)에 관해 했던 말이었다. 노론은 열 달도 더 지난 일을 가지고 탄핵을 한 것이다.

사간원에서 탄핵이 나오자 조현명은 의금부에 가서 대명했다. 조선은 간쟁 기관에서 탄핵을 받으면 그 진실 여부와 관계없이 일단 탄핵을 받은 사람은 피혐(避嫌, 혐의가 풀릴 때까지 벼슬에 나가지 않는 것)하고 대명하는 것이 원칙이었다. 영조는 왕세자에게 올라간 이 상소의 존재를 모르고 있다가 승지를 통해 조현명이 의금부에서 대명하고 있다는 말을 전해 듣고서야 자초지종을 알았다. 좌의정이 탄핵을 받고 의금부에서 대명하고 있는 상황은 갓 대리청정을 시작한 15살 세자가 혼자 처리할 수 있는 문제가 아니었다.

영조는 상소의 내용을 듣자마자 노론의 의도를 알아차렸다. 세자를 통해 영조의 소론 중심 탕평을 흔들려는 시도였다. 노론은 세자를 흔들어서 영조를 압박하겠다는 전략을 세운 것이다.

영조는 송현중의 상소를 가볍게 물리치며 더 문제 삼지 않고 넘어간다. 그러나 이것은 시작에 불과했다. 노론은 영조의 탕평에 반드시 균열을 내야 했다. 현재 영조가 소론 위주 탕평책을 실시하는 것도 문제지만 더 큰 문제는 차기 권력인 세자까지 친소론 분위기에서 성장하는 것이었다. 노론이 보기에 세자가 그런 분위기에서 계속 성장한다면 영조 사후에도 노론이 권력을 잡기는 힘들어보였다.

이즈음 조정은 영조의 탕평책으로 노론과 소론 각 당은 내부에서 친탕평파와 반탕평파로 나뉘어 있었다. 반탕평파가 보기에 친탕평파는 원칙과 질서를 무시하고 오로지 왕에게 아첨하는 '권력 해바라기'일 뿐이었다. 따라서 반탕평파들은 자신들을 권력에 아부하지 않고 원칙을 따르는 청류(淸流)라고 여겼다. 이들 노론 내의 반탕평파 자칭 청류들이 대리청정하는 세자에게 본격적으로 탕평을 흔드는 상소를 올리기 시작했다.

영조 27년(1751) 윤5월 29일 대사헌 정형복(鄭亨復), 부제학 윤급(尹汲) 등이 연명하여 세자에게 상소한다. 상소의 내용은 대략 이러했다. 이미 고인이 된 소론 대신들인 이광좌와 조태억은 영조에게 천하에 둘도 없는 역적이다, 이광좌는 김일경과 목호룡을 감싸 안으려고 했었고, 또 무신란에 참여했던 무리 대다수가 이광좌가 추천하고 육성했던 자들이다, 조태억 역시 지금의 성상인 영조를 무함하는 글을 제멋대로 쓴 적이 있는 자이다, 그러니 이광좌와 조태억의 관작을 추탈해야 한다, 아들 된 도리로 아버지의 원수를 갚는 것은 당연하니 대리하는 세자가 엄중하게 죄를 다시 물어라. 한마디로, 노론 반탕평파 자칭 청류들이 '경종의 충신은 영조의 역적'이라는 '충역시비' 논쟁을 다시 일으킨 것이다.

세자는 이들이 한꺼번에 몰려와서 협박하듯 상소하는 것을 어떻게 감당해야 할 지 몰랐다. 이때 영조는 한창 균역법 제정에 몰두해 있었다. 이런 상소가 올라올 때마다 일일이 답변을 청한다면 대리청정을 시킨 의미가 없어질 터였다. 세자는 고심하다 이렇게 말한다.

"이러한 말을 어찌 감히 이처럼 시끄럽게 할 수가 있는가? 참으로 해괴한 일이다. 더구나 오늘날의 신자(臣子)들이 대조(大朝. 영조)께서 몇 년 동안 고심하신 것을 생각한다면, 어찌 나에게 다시 떠들어댈 수 있단 말인가? 더욱 매우 한심스럽다. 이와 같은 말을 다시는 번거롭게 떠들지 말고 빨리 정달(停達)하라."

세자의 답변은 영조가 이런 종류의 상소들을 처리했던 방침에 비춰볼 때 아주 적절한 것이었다. 이 상소 이전에 영조 27년 3월 2일 대사헌 이존중(李存中)이 이광좌를 비호한 이종성(李宗城)과 그의 소론 일파들, 그리고 심지어 노론 탕평파 재상인 김재로까지 이광좌 편을 들었다며 한꺼번에 탄핵한 일이 있었다. 영조는 그때 이존중이 뱃속까지 당심으로 꽉 차 있다며 분노했다. 영조는 이존중을 거제부로 귀양 보냈는데 얼마나 화가 났는지 배도압송(倍道押送)을 하라고 명할 정도였다. 배도압송이란 이틀 걸려서 갈 길을 하루 만에 가게 하는 것이다.

세자는 영조와 노론 반탕평파들 사이에서 영조의 의도에 맞게 움직여야 하는 어려운 처지에 놓였다. 영조는 탕평에 반대하는 이른바 노론 청류들의 끝없는 상소를 세자를 내세워 짐짓 모르는 척하며 피하고 있었다. 노론 반탕평파들은 자신들만이 영조의 충성스러운 신하이며 세자가 부왕의 원수를 갚아야 한다는 상소를 올리는 것을 멈추지 않았다.

영조는 자신의 탕평을 흔드는 반탕평파들의 상소가 자신에게까지 올라오는 것을 매우 불쾌하게 생각했다. 이들의 상소는 대리하고 있는 세자 선에서 끝나야 한다고 여기고 있었다. 세자가 이들을 엄하게 제압하기를 바라고 있었던 것이다.

그러나 그런 기대 자체가 모순이었다. 정무를 대리할 뿐, 인사권이 없는 세자가 그들을 제압하기 위해 할 수 있는 일이란 상소를 돌려주는 일 말고는 없었다. 그런데도 급기야 영조 27년(1751) 6월 12일 영조는 세자에게 격하게 분노를 표출한다. 탕평파와 반탕평파의 정치적 갈등을 조정하고 제압할 사람은 사실 영조였지 대리하는 세자가 아니라는 것을 모르는 사람은 없었다. 세자를 질책하는 것이 옆에서 보고 듣기에 너무 민망할 정도였기 때문에 영의정 김재로가 이렇게 말할 정도였다.

"동궁 저하께서 어린 나이에 대리하여 수응(酬應)이 다 합당하고 정령(政令)의 사이에 또한 일찍이 성상의 뜻을 우러러 몸 받지 않음이 없으니 신은 일찍이 찬탄하였는데, 전하께서는 매양 지나치게 책망을 하십니다……."

아버지로서 영조의 처신에는 '나는 바담 풍 해도 너는 바람 풍 해라' 식의 억지스러움이 있었다. 임금으로서 자신이 수십 년을 당론 조제에 힘썼지만 완벽하게 해내지 못한 일을 갓 대리청정을 시작한 10대 중반의 세자가 완벽하게 해낼 것을 요구하는 것이 얼마나 모순된 행동인지, 그것이 자신의 하나뿐인 아들을 얼마나 괴롭히고 있는

지 당사자인 영조만 깨닫지 못하고 있었다. 영조와 세자의 멀어지고 있는 사이, 그 권력의 빈틈을 놓칠 리가 없는 영리한 인간들이 우글대는 정치판 한가운데서 세자는 방황하지 않을 수 없었다.

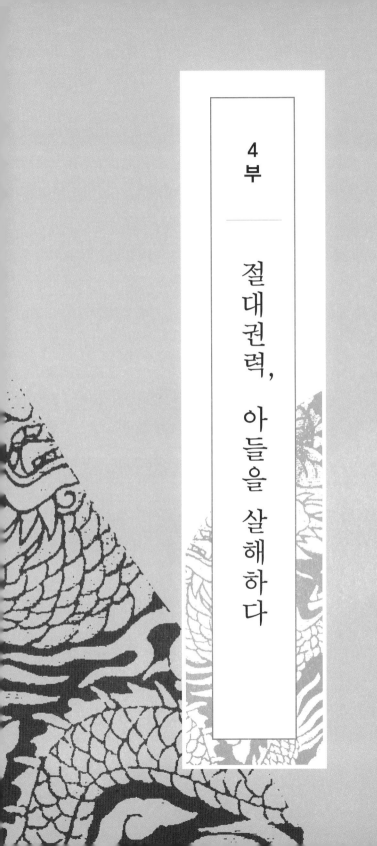

4부

절대권력, 아들을 살해하다

14화
흔들리는 탕평

가짜 시 사건

영조 27년(1751) 6월 23일, 대사간 민백상(閔百祥)은 영조에게 하고 싶은 말을 왕세자에게 절절하게 쏟아낸다.

> 우리 주상 전하께서는 삼종(三宗)의 혈맥으로써 자성(慈聖)의 하교를 받들고 경종(景廟)의 부탁을 받아 동궁이 되셨으니 그 주고받는 과정이 광명정대했다는 것을 후세에 말할 수가 있습니다. 끝내는 목호룡을 꾸며내고 무옥(誣獄)을 구성(構成)하여 흉악한 말을 거짓으로 늘어놓아 팔방에 격문을 전달하였습니다. 아! 난적의 변고가 어느 시대인들 없겠습니까만 우리 전하만큼 고난을 겪으신 경우가 또 어디 있겠습니까. …… 지금 여항(閭巷)의 사람들도 부형(父兄)이 무함을 당하면 애원(哀冤) 통

박(痛迫)하여 반드시 한 번 씻어야 한다고 생각하고 있습니다. 더구나 저하께서는 분부를 받아 대리하여 의리를 밝게 풀고 성무(聖誣)를 통쾌하게 분변해서 성인의 효도를 빛내고 비자(조子, 왕세자)의 책임을 다하는 것이 어찌 오늘날의 급선무가 아니겠습니까? 지난번에 궁관이 『자성편(自省編)』을 진강한 일로 인하여 저하에게 신축년·임인년 무렵의 일을 고하는 자가 있게 되자 저하께서 대조께 아뢰기를, '이 시기를 당하여 전하께서는 어떻게 감내하셨습니까?' 하였습니다. 아! 저하의 이 말씀은 바로 충신과 효자가 걱정하는 바입니다. 삼가 바라건대, 의리를 크게 밝히시고 윤강(倫綱)이 썩 바로 되게 하소서…….

민백상이 상소에서 말하고 있는 것은 분명했다. "성무(聖誣)한 자들" 즉, 무엄하게 임금을 모함한 자들을 분명하게 밝히고 끝까지 토벌해야 한다는 말이었다. 영조가 지나치게 관대하게 포용하면서 넘어가는 바람에 적당들을 제대로 토벌하지 못했으니 이제라도 대리하는 세자가 아버지의 원수를 갚아야 윤리가 바로 서는 나라가 될 것이라는 상소였다. 또한 민백상은 세자가 신축년과 임인년의 일을 듣고 부왕 영조가 대체 어떻게 그 억울함을 견디며 버텨내셨는지 울분을 토한 사실이 있다고 상소에서 언급한다. 그러니까 민백상은 세자도 자신과 같은 뜻을 가지고 소론을 토죄하고 싶어 한다고 쓴 것이다. 영조에게 하고 싶은 말을 세자에게 하면서 세자 역시 자신과 한 편이라고 물귀신처럼 끌고 들어간 것이다.

민백상은 이어서 "돌아보건대 지금 정석(鼎席, 삼정승)에 있는 자는 바로 신이 한 하늘 아래에서 함께 살 수 없는 사람입니다."라는 말을 덧붙인다. 이때 삼정승은 영의정 김재로, 우의정 정우량(鄭羽良), 좌의정 조현명이었다. 민백상이 이들 삼정승들과 한 하늘 아래서 살 수 없다고 말한 것은 사실 좌의정 조현명을 겨냥한 말이었다. 조현명은 민백상의 아버지 민형수(閔亨洙)를 곤경에 빠뜨린 적이 있었다. 이른바 위시(僞詩) 사건이라 불리는 이 사건 때문에 민백상은 조현명을 아버지의 원수로 여겼다.

위시(僞詩)란 '위조된 시, 가짜 시'란 뜻이다. 영조 16년(1740, 경신)에 있었던 위시 사건의 전말은 이렇다.

어느 날 조현명이 민백상의 아버지 민형수에게 물었다.

"자네가 김용택의 무리들을 신원하는 일을 자주 주장했다고 하는데 사실인가?"

김용택은 목호룡의 고변 사건에 등장하는 인물이다. 목호룡은 김용택 등과 함께 경종 살해 시도인 삼급수를 모의했다고 고변했는데 그는 노론 대신인 이이명의 조카 사위였고 민형수의 형인 민익수의 처가 쪽 사람이기도 했다. 민형수는 그렇다고 대답했다.

민형수는 김용택 등이 숙종의 밀지를 받고 당시 연잉군을 보호하기 위해 최선을 다했을 뿐이지 경종 살해를 모의했다는 것은 사실이 아니라고 말한다. 바로 이것, 숙종의 밀지를 받았다는 것은 보통 문제가 아니었다. 숙종 43년(1717) 정유년에 좌의정 이이명이 숙종과 단둘이 만나 밀담을 나누었을 때 숙종이 이이명에게 연잉군과 연령군 두 왕자를 보호해달라고 부탁했다고 하는데 민형수 말에 따르면 이이명이 숙종의 이런 뜻을 담은 밀지를 김용택 등에게 전달했다는 말이었다. 그 밀지는 시(詩)인데 심지어 당시 연잉군이 나중에 불려가서 숙종이 말하는 것을 직접 받아 쓴 것이라고 했다.

조현명은 화들짝 놀라지 않을 수 없었다. 그것이 사실이라면 숙종의 유지를 받들지 못했던 소론들은 한 명도 살아남지 않아도 되는 중차대한 정치적 문제였다. 조현명은 짐짓 민형수 편을 드는 것처럼 태도를 바꿨다.

"만약 그것이 사실이라면 김용택 등을 역안에 그대로 두는 것은 옳은 일이 아닌 것이 분명하네. 단지 선왕의 유지를 받든 것뿐인데 어찌 역모라고 할 수 있겠나. 그런데 그 시가 있는 것은 확실한가?"

민형수는 순진하게도 조현명이 소론이라는 당파에 좌우되는 사람이 아니라 옳고 그름만을 담백하게 바라보는 의연한 사람이라고 생각했다. 또 조현명의 장인이 김용택과 친인척 사이라는 것도 조현명을 믿을 수 있는 사람으로 보이게 했다. 그래서 민형수는 조현명을 믿고 그 시의 존재에 대해 말한다.

"저 역시 본 적은 없습니다만, 김용택의 아들이 가지고 있다는 말은 들은 적이 있습니다."

민형수의 이 말에 조현명은 맞장구를 친다.

"생각해보니 나도 그런 말을 들은 적이 있는 것 같네. 우리 두 사람이 함께 청대하여 옥안을 번복시키는 것이 어떻겠나?"

이렇게 해서 두 사람은 영조를 만난다. 그런데 문제는 영조가 민형수가 들었다는 그 시의 존재를 딱 잘라 부정하면서 시작됐다.

"잠든 후 꿈을 꾸었어도 내가 만약 이 손으로 썼다면 어찌 생각하지 못하겠는가."

임금이 쓴 적도 없는 시를 썼다고 말했으니 당연히 옥사가 뒤따랐다. 김용택의 아들 김원재(金遠材)의 국청이 벌어졌고 김용택의 사촌 김복택(金福澤)도 잡혀 들어왔다. 소론들은 임금이 쓰지도 않은 시를 썼다고 한 것은 임금을 능멸한 것이라고 목소리를 높였다. 그러면서 국청을 확대해 민형수 등도 처벌해야 한다고 주장하기 시작했다. 이즈음 영조가 「임인옥안」을 폐기처분하고 싶어 한다는 것을 눈치 채고 있었던 소론은 이참에 정국을 주도할 사안 자체를 바꾸고 싶었던 것이다.

영조는 김복택을 국문하는 것을 매우 곤혹스러워했다. 김복택은 숙종의 정비였던 인경왕후 김씨의 조카였고 자신의 생모 숙빈 최씨의 내연남일지도 모른다는 소문의 주인공인 김춘택의 동생이었기 때문이었다. 영조는 김복택에게 형신을 가할 때 눈을 감고 쳐다보지 않았다. 소론이 옥사를 확대해야 한다고 주장했지만 영조는 받아들이지 않았다. 나이가 많았던 김복택은 몇 차례의 형신을 이기지 못하고 국청이 벌어진 지 닷새째 되는 날 옥사했다.

민형수는 김용택 등을 신원하려다가 오히려 같은 편 노론 인사들이 옥사를 당하자 몹시 괴로워했다. 영조 17년(1741) 12월, 죄책감에 시달리던 민형수는 결국 화병으로 세상을 떠난다.

민백상은 대리하고 있는 세자에게 자신이 아버지의 원수 조현명에게 복수를 해야 하는 이유와 세자가 영조를 위해 복수를 해야 하는 이유와 같다고 상소한 것이었다. 그렇게 민백상은 세자에게 가서 영조와 영조가 만든 소론 중심 탕평파들을 공격했다.

영조가 민백상의 상소를 본 것은 상소가 올라온 지 닷새째 되는 날이었다. 영조는 격노했다. 영조는 즉각 상소를 불태우게 하고 민백상을 의금부에 하옥시키고 국문했다.

영조가 특히 분노했던 이유는 민백상이 세자를 끌고 들어간 것에 있었다.

아! 한 번 '대훈(大訓)'을 공포한 이후로부터 오늘의 신자(臣子)된 자가 어찌 감히 '국무미설(國誣未雪)'이란 네 글자를 세자에게 진달할 수가 있는가? 이것은 안중(眼中)에 '대훈'이 없는 것으로서 나라에는 삼척(三尺. 법)이 있으니 어찌 왕장(王章. 법)을 피할 수가 있겠는가? 더욱 괴이한 일은 세자가 말하지 않은 일로써 방자하게 장주(章奏)에 기록한 것이다. 만일 전달한 사람이 없다면 이것은 민백상이 세자의 말을 거짓으로 꾸민 것이다. 민백상을 해부(該府)로 하여금 잡아다 엄중히 국문하고 구초(口招)를 아뢰도록 하라.

'국무미설'이란 임금을 무고했던 사건이 눈처럼 깨끗하게 밝혀지지 않았다는 말이고 '대훈'이란 영조 17년에 「임인옥안」을 폐기처분한 신유대훈을 말하는 것이다. 신유대훈 이후 「임인옥안」에 관련된 모든 사안은 깨끗하게 마무리됐는데 아직도 임금이 무고당했던 일들이 해결되지 않았다고 주장하는 것은 신하된 자가 할 짓이 아니라는 말이었다. 영조는 또 세자가 영조에게 했다는 '이 시기를 당하여 전하께서는 어떻게 감내하셨습니까?'라는 말도 민백상이 지어낸 것이라고 못 박는다. 그러나 세자가 이 말을 한 것은 사실이었다. 민백상은 당시 입직 사관(史官)들을 통해 세자가 영조 앞에서 이런 말을 했음을 알았다. 탕평을 흔들기 위해 민백상이 사관들까지 동원해 세자를 앞세운 방자함에 영조는 분노했다. 국문을 한 다음 날인 6월 29일 영조는 민백상을 거제도로 귀양 보낸다.

민백상은 민형수의 아들이자 숙종의 계비 인현왕후 민씨의 오빠 민진원의 손자이기도 했다. 민진원은 죽었지만 민진원의 손자 민백상이 있듯이 영조의 탕평에 반대하는 강경 노론들의 활약은 대를 이어 계속되고 있었다. 그들은 이제 영조의 탕평을 흔들고 권력을 차지하기 위해 세자를 자신들 편으로 만드는 것을 지상과업으로 여겼다. 노론 강경파들이 이렇게 움직이기 시작한 것은 믿는 구석이 있기 때문이었다. 바로 세자의 장인 홍봉한이었다. 홍봉한과 민백상은 오랫동안 막역한 사이였으므로 노론 강경파들은 세자가 대리청정에 나서자 곧 영조의 탕평을 거리낌 없이 흔들 빌미를 잡을 수 있었던 것이다. 한편, 세자의 정치적 혼란과 중압감은 점점 커지고 있었다. 세자를 친소론 환경에서 성장하도록 만들어놓고, 세자의 장인은 노론에서 발탁한 영조의 모순된 행위 때문이었다.

이유 있는 13일 간의 양위 시위

영조 27년(1751) 11월에 효장세자빈인 현빈(賢嬪) 조씨가 사망한다. 현빈 조씨는 11살의 나이에 영조의 맏며느리로 궁에 들어왔지만 이듬해에 효장세자가 세상을 뜨는 바람에 평생 홀로 살았는데 사망 당시 36살이었다. 영조는 현빈의 죽음을 매우 애통해했다. 그런데 소론 영수 조현명의 조카였던 현빈 조씨의 사망은 결과적으로 영조가 추진하고 있던 소론 중심의 탕평에 서서히 균열을 가져오는 시발점이 된다. 이듬해 영조 28년(1752) 4월에 영조의 소론 중심 탕평에 기둥 역할을 하던 조현명이 갑자기 사망하면서 소론 중심 탕평은 크게 흔들리기 시작한다. 이런 상황에서 영조의 사생활과 관련된 문제가 엉뚱한 곳에서 터진다. 이제 환갑을 바라보는 영조에게 새로운 연정(戀

情)의 여인이 생긴 것이다. 현빈 조씨의 장례를 치르면서 영조는 현빈 궁 소속 나인 문(文)씨에게 애정을 느꼈다. 장례를 치른 후 영조는 문 씨를 가까이한다.

말도 많고 탈도 많았던 균역법을 성공적으로 선포한 뒤였고 또 당 쟁을 최전선에서 막아야 하는 부담을 대리청정하는 세자에게 일단 맡긴 뒤여서인지 영조는 문씨를 통해 그간의 피로를 잊고 싶어 했 다. 영조는 천민 출신 문씨의 오빠 문성국(文聖國)을 별감(別監)으로 특 채하는 파격을 베풀 정도로 문씨를 총애했다. 왕조 국가에서 왕의 애정사는 곧 정치사다. 영조의 총애를 받던 문씨가 회임을 하고 배 가 불러오자 조정의 각 정치세력들은 숨을 죽이고 추이를 예의주시 하지 않을 수 없었다. 문씨가 아들이라도 낳는다면 지금 대리하고 있는 세자에게 후계가 이어지리라 장담할 수 없는 것이 정치판이었 다. 대궐 안팎의 모두가 서로 민감하게 차가운 긴장감을 느끼고 있 었다.

영조 28년(1752) 12월 8일.

눈비가 추적추적 내리는 겨울 아침의 차가운 공기 속에 영조는 선화문(宣化門)에 나가 모든 대소신료들을 불러 모았다. 영조는 청포(靑 袍)를 입고 있었다. 임금의 옷은 홍포(紅袍)였기 때문에 청포를 입고 대 신들을 불러 모은 것은 심상한 일이 아니었다.

"다들 모였느냐. 내가 할 일이 있다. 모든 대소 공무를 동궁에게 들여보내라."

양위를 하겠다는 뜻이었다. 약방에서 쌀쌀한 날씨에 옥체를 보존 하셔야 한다며 진맥을 청했으나 영조는 이를 거부하고 말을 이었다.

"이 문에 앉은 이유는, 희정당은 정사당(政事堂)이므로 왕세자에게 대리청정케 한 뒤로는 다시는 앉고 싶지 않아서이다. 송현궁(松峴宮)에 거둥했던 것은 나의 큰 뜻을 이루기 위해서였는데, 자전의 분부 때문에 행하지 못했다."

사흘 전인 12월 5일 송현궁으로 거둥했던 영조는 대궐로 돌아가지 않겠다고 선언했었다. 임금 자리에서 물러나겠다는 말이었다. 송현궁은 반정 쿠데타로 정권을 잡은 인조의 잠저(潛邸, 임금이 되기 전 살던 집)였다. 영조는 영조 28년 7월에 송현궁에 나가 인조가 반정 후에 '오늘날 조정 신하들이 다시 동인(東人)이니 서인(西人)이니 하겠느냐?'라고 말했다며 인조가 당쟁을 타파하려고 했었음을 모두에게 상기시켰다. 그러면서 송현궁이 오랜 세월 방치되어 있는 것을 지적하며 개보수를 명한다. 영조는 공사가 지체되자 담당자 처벌을 명할 정도로 송현궁 보수 공사에 신경을 썼다. 그러니까 송현궁은 영조의 당쟁 금지를 상징하는 건물이었다.

따라서 완공된 후 거둥했다가 그곳에 계속 머물겠다는 말은 영조가 대궐 안팎에서 일어나는 분란 또는 당쟁에 제동을 걸겠다는 의사표시였다. 당시 홍역을 앓고 막 회복기에 들어섰던 세자는 초췌한 몸을 이끌고 눈비를 맞으며 부랴부랴 송현궁으로 향할 수밖에 없었다. 그날 영조는 대비 인원왕후 김씨가 대궐로 돌아오라는 봉서를 내린 뒤에야 송현궁을 떠났다.

그 일이 있은 지 사흘이 지난 오늘, 영조가 다시 양위 선언을 한 것이다.

혹독하게 추운 날이었다. 눈비를 맞으며 세자가 다시 달려 나와 엎드려 빌었다.

"전교를 거둬주소서."

"네가 지금 내 마음을 어떻게 알겠느냐. 태조께서는 정종에게 선위하였고 세종께서도 문종께 이미 거행하신 전례가 있다. 그러니 네가 너의 아비의 마음을 평안하게 하고자 한다면 이 옷을 항상 입도록 허용하여야 할 것이다. 오늘 청포를 입은 것은 사실 의도가 있는 것이다."

여러 신하들이 전교를 거둬달라고 아무리 주장해도 영조는 꿈쩍도 하지 않았다. 대신들은 이 사실을 대비 인원왕후 김씨에게 알려야겠다고 결정한다.

상황을 전해들은 대비는 본격적으로 시작된 영조의 양위 파동을 어떻게 해야 다독거리며 정리할 수 있을지 근심스러웠다. 대비가 보기에 오늘의 이 소동은 비단 최근에 있었던 정언(正言) 홍준해(洪準海)의 상소 때문만은 아니었다.

홍준해는 영조 28년(1752) 10월 29일 소론 영의정 이종성을 탄핵하는 상소를 대리하는 세자에게 올렸다. 세자는 홍준해의 상소를 받고 참으로 어이없었다.

"대조께서 하교하신 것은 생각지 않고 협잡하는 마음을 부리려고 하였으니, 매우 무엄하다. 상소를 돌려주도록 하라."

그런데 같은 날 영조는 홍준해의 탄핵 때문에 영의정 이종성이 도성 밖으로 나갔다는 사실을 알게 된다. 영조의 탕평은 계속 도전받고 있었다. 영조는 대리하고 있는 세자를 표적으로 삼아 반탕평파들이 더욱 분주하게 움직이고 있는 것에 분노했다.

"이번에 어떻게 하교를 내렸던가? 참으로 조금이라도 신하의 의리가 있다면 어떻게 감히 이렇게 할 수 있단 말인가? 그 글의 깊고 얕음은 비록 모르겠으나 보지 않아도 알 만하다. 세자는 어찌 이처럼 관대하게 처분하였단 말인가? 이와 같은 따위를 엄중하게 징계하지 않을 경우에는 나라가 나라꼴이 안 되고 임금이 임금 구실을 하지 못하게 될 것이다. 홍준해를 대정현(大靜縣)으로 귀양보내되, 즉시 이틀 길을 하루에 압송하도록 하라."

노론 강경파들은 이종성의 영의정 제수에 일제히 반발했다. 이종성이 이광좌의 제자였기 때문이었다. 이광좌는 영조가 소론 위주 탕평을 주도하면서 중용했지만 노론들에게는 여전히 신축·임인년 옥사로 노론 4대신들을 죽음으로 몰고 간 역적의 괴수였을 뿐이었다.

대비 인원왕후 김씨는 영조의 이번 양위 시위 목적이 이종성의 영의정 제수를 반대하는 노론들의 반발을 잠재우려는 것임을 알고는 있었다. 그런데 대비 김씨의 마음 한 편에는 짐작되는 또 다른 사안도 있었다. 후궁 문씨에 대한 일이었다. 얼마 전 대비 김씨는 세자의 생모인 영빈 이씨에게 방자하게 군 문씨를 불러다가 회초리로 궁중 법도를 가르친 적이 있었다.

대비 김씨는 영조가 연잉군 시절 경종의 후사인 왕세제로 책봉받는 데 결정적인 역할을 한 사람이었다. 김씨는 당시 자신이 지지했던 연잉군이 결국 보위에 오른 것에 자부심을 지니고 있었다. 그리고 어릴 때부터 보아 온 지금의 세자에게도 애착이 있었다. 당연히 영조 다음 권력은 지금의 세자여야 했고 그렇게 되는 것이 자신도 참여해 만든 임금인 영조의 정통성을 확고하게 하는 것이라고 믿었다. 그런데 문씨가 아들이라도 낳는다면 대리하고 있는 세자의 처지가 지금보다 배는 더 힘들어질 것은 불 보듯 뻔했다. 대비 김씨는 임신한 문씨를 회초리로 다스린 사실이 영조에게 알려지길 원했다. 세자를 흔들려는 세력들이 문씨 주변에 모이고 있다는 사실도 알려지길 원했다. 영조가 알아야만 세자의 위치가 안정될 것으로 생각했기 때문이다.

영조는 대궐 안팎에서 왕권을 흔드는 모든 세력들에게 보여주고 싶은 것이 분명히 있었다. 당사자 영조가 있을 때에만 노론이든 소론이든 또 세자든 후궁 문씨든 간에 존재할 이유가 있다는 것을 못 박고 싶었다. 누구도 왕에게 이래라저래라 할 수 없다는 것을 보여줘야 했다. 문씨를 체벌한 것도 영조에게는 왕권 흔들기의 일종으로 여겨졌을 것이라고 대비 김씨는 생각했다. 대비 김씨는 여러 가지 목적으로 양위 파동을 일으킨 영조가 이 사태를 쉽게 접을 것이라고는 기대하지 않고 희정당으로 나갔다.

대비 김씨가 나오니 영조는 뜰 가운데로 내려와 엎드렸다. 대비는 승전색을 시켜 구두로 전교했다.

"주상은 무슨 연고로 찬 곳에 앉아 있는가? 즉시 올라오시오."

"자전께서 추운 궁전에 나오시게 한 것 역시 신이 불초한 죄입니다만, 마음이 몹시 답답하고 울적하여 명을 따르지 못하겠습니다."

"주상에게 들어볼 말이 있으니, 잠시 들어왔으면 하오."

영조는 잠시 안으로 들어갔다가 다시 나왔다. 대비의 승전색이 다시 나와 구두로 전교했다.

"이처럼 찬 곳에 다시 앉아 있으려면 애당초 왜 뜻을 받들겠다고 답하였소? 어서 다시 올라오시오."

영조는 관을 벗고 승전색에게 전할 말을 다시 일렀다.

"마음이 몹시 답답하니, 소신의 마음을 굽어 양찰해주시기를 천만 번 엎드려 바랍니다. 임오년(숙종 28)부터 머리를 땋고 받들어 모시었습니다마는, 오늘의 하교는 받들어 따를 수가 없습니다."

대비 김씨와 영조의 실랑이는 끝도 없이 이어졌다. 날은 점점 추워지고 있었다. 영조가 작정하고 벌이는 이 양위 시위가 언제 끝날지 알 수 없었다. 달래다 못한 대비는 이기지 못하고 돌아갔다. 결국 영조는 양위하겠다는 전교를 승지가 받들게 만들고 대내(大內)로 들어갔다. 정국은 추운 겨울 날씨보다 더 꽁꽁 얼어붙고 있었다.

양위 파동이 시작된 지 열흘째 되는 영조 28년 12월 14일.

밤 11시가 넘어가고 있었다. 영조의 양위 시위는 계속되고 있었다. 시골에 있던 영의정 이종성이 입시했다. 영조의 강경한 양위 의지에 맞서 모든 신하들이 전교를 거둬달라고 극렬하게 간하고 있었다. 영조는 자신이 세제로 책봉됐을 때 사양했던 상소를 가져와 읽게 했다. 자신은 임금이 되고 싶어 한 적이 없다, 그런데 너희들 때문에 어쩔 수 없이 임금이 된 것인데 너희들이 내 말을 듣지 않고 감히 흔들어대는 것이 맞느냐고 묻고 싶은 것이었다.

영조의 눈에 두 손을 공손히 모으고 서 있는[30] 세자가 들어왔다.

"너는 여기 어째서 나왔느냐?"

영조는 세자에게 물었다.

"내가 시를 읽을 것인데, 네가 눈물을 흘리면 효성이 있는 것이므로 내 마땅히 너를 위해 내렸던 전교를 반한(反汗)하겠다."

영조는 『시전(詩傳)』「육아(蓼莪)」 편을 읽기 시작했다. 효자가 부모 봉양을 자신의 뜻대로 하지 못하고 있음을 한탄하는 내용이었다. 시

---

30 공수시립(拱手恃立). 현재 『조선왕조실록』 국역본에는 이 부분이 '세자가 팔짱을 끼고 서 있었다'라고 번역되어 있다. 그러나 공수시립은 웃사람을 모실 때 '두 손을 공손하게 모으고 옆에 서 있다라는 뜻이다. 이 문구를 예를 들어 세자의 정신에 문제가 있었다고 주장하는 경우가 있기 때문에 여기에서 밝혀둔다.

가 끝나갈 즈음 세자는 눈물이 흐르는 것을 주체하지 못하다가 드디어 엎드려 흐느껴 울기 시작했다. 아버지가 세자 자신의 처지를 다 알고 있다고 빗대어 말해주는 것 같았다. 세자는 아버지의 뜻을 잘 받들어 최선을 다하고 싶었지만 정치 경력이 짧은 세자에게 현실 정치는 녹록지 않았다.

"전하께서 친히 동궁에게 하교하셨는데, 동궁의 효성이 지극하였습니다. 반한하겠다고 하신 명을 식언(食言)하시면 아니 되옵니다."

옆에 있던 이종성이 간곡하게 말했다. 영조는 못들은 척하고 세자를 향해 다시 말했다.

"너는 들어가라는 명을 들었으면 들어가면 될 뿐이다. 그것이 너의 도리다. 무엇하러 오래 앉아 있는가?"

왕세자가 안으로 들어갔다. 여러 신하가 일제히 회수한다는 전교를 빨리 쓰라고 청하기 시작했다. 영조는 묵묵히 생각에 잠기더니 외마디를 내뱉었다.

"어렵다. 어려워."

영조는 잠시 안으로 들어갔다가 세자가 기둥 뒤에 여전히 서 있는 것을 보았다. 홍역의 뒤끝이 아직 남아 있어 초췌한 모습이 힘들어 보였다. 안쓰러웠다. 그랬다. 그래서 어려웠다. 아들을 힘들게 하려고 이 소동을 벌이고 있는 것은 아니었기 때문이다.

그러나 저들은 영조의 하교들을 무시하고 아들에게 끊임없이 상소를 올리고 있었다. 거기에 덧붙여 대비 김씨까지 내명부에서 일을 만들어 각 정치세력들에게 빌미를 주고 있었다. 영조는 이 시위를 시작하면 아들이 힘들어질 것이라는 걸 누구보다 잘 알고 있었다. 아들을 힘들게 하고 싶지는 않았지만 그렇다고 이대로 있을 수는 없었다. 가만 놔둔다면 이종성은 영의정 자리를 거절하고 낙향할 것이고 그렇게 되면 지방 민심의 동요를 막을 수 없을 것이라고 영조는 생각했다.

영조 4년 무신란 이후 영조가 자나 깨나 우려하는 것은 반란이었다. 무신란은 중앙의 집권당을 노론 일색으로 만들었기 때문에 일어났고 그나마 빠른 시간 안에 진압할 수 있었던 것은 소론이 일으킨 난을 소론이 진압할 수 있도록 집권당을 재편성했기 때문이었다. 때문에 영조는 노론들이 뭐라고 반대하건 소론 영수 이종성을 중앙에 잡아두어야 했다.

영조는 아들이 고생하고 있는 것이 마음 아팠지만 시작한 이상 끝을 봐야겠다고 다짐한다. 말릴수록 초강수를 써야 했다. 보여주기식 시위가 아님을 더 분명히 보여줘야 했다. 영조는 양위 전교를 철회해달라는 모든 대소신료들을 파직하고 귀양 보내라고 명한다.

다음 날인 영조 28년 12월 15일.

영조는 육상궁(毓祥宮. 숙빈 최씨의 신위를 모신 사당)에 전배(展拜)하고 이어서 효장묘(孝章廟. 효장세자 사당)에 들렀다. 그리고 궁으로 돌아오는 길에 궁문 밖에 멈춘다. 영조는 여(輿)를 타고 앉아 소매 속에서 종이 하나를 꺼내 새로 임명한 도승지 유복명에게 주고 읽도록 했다.

자전께 윤허를 얻었으니 이제 진전(眞殿. 조선 역대 왕들의 어진이 모셔진 전각)에 곡하고 하직한 다음 춘추관 당상과 낭청으로 하여금 즉시 강화도로 가서 열성조에서 선위한 고사를 상고해내게 한다.

유복명과 수행하던 신하들이 부들부들 떨면서 꿇어앉아 울면서 고하기 시작했다. 모두들 낯빛이 질려 있었다. 영조는 모든 신하들의 만류를 뿌리치고 대궐로 돌아가지 않고 창의궁(彰義宮, 영조가 임금이 되기 전에 살았던 사저)으로 갔다. 승지에게 소식을 들은 왕세자가 허둥지둥 창의궁 합문 밖에 엎드려 상소했다.

삼가 신이 너무나도 불초한 사람으로 외람되게 대리하라는 명을 받들고 나서 주야로 걱정하고 두려워했습니다. 그런데 꿈속에서도 전혀 상상할 수도 없는 차마 듣지도 못할 하교를 갑자기 받고 나니 가슴이 덜컥 내려 앉아 마치 깊은 연못으로 떨어진 것과도 같아 어찌할 바를 모르겠습니다. 아! 신이 불효하고 무상하여 어젯밤에 성상의 마음을 감동시켜 돌이키지 못한 채 오늘에 이르렀으니, 이는 실로 신의 죄입니다. 당장 땅이라도 뚫고 들어가고 싶으나 되지를 않습니다. 아! 성상의 계책이 충실하시어 교화가 팔도에 두루 미치었는데, 갑자기 망극한 분부를 내리시니, 마음이 녹아내리는 것만 같아 놀랍기 그지없습니다. 잠시라도 어찌 차마 물러갈 수 있겠습니까? 감히 만 번 죽음을 무릅쓰고 문 밖에 거적자리를 깔아놓고 엎드려 우러러 성상의 마음을 번거롭게 하고 있으니, 신은 더욱 죽을죄를 지었습니다. 삼가 원하건대, 성상께서는 정원에 내린 하교를 빨리 거두셔서 종사를 중히 하소서.

영조는 왕세자의 상소를 돌려주고 말했다.
"왜 이처럼 나를 괴롭힌단 말인가? 즉시 들어가라는 뜻으로 전유

하라. 그렇게 차가운 데 앉아 있으면 냉기가 올라올 것이니 어서 즉시 들어가라고 이르라."

세자는 영조의 말을 들을 수 없었다. 합문 밖에서 세자는 큰 소리로 말했다.

"어찌 감히 이처럼 하교하시는 것을 듣고 물러가겠습니까? 할 수 없이 문을 밀치고 곧바로 들어가겠습니다."

세자는 강제로 문을 밀치고 들어갔다. 그러나 끝내 영조의 마음을 돌리지는 못했다.

영조 28년 12월 17일.

양위 파동이 13일째로 접어들고 있었다. 영조는 15일과 16일 이틀 동안 대궐로 돌아가지 않고 창의궁에 머물렀다. 이제 창의궁에 머문 지 사흘째였다.

전날인 16일에 영부사 김재로가 백관을 거느리고 정청(庭請)하면서 전교 철회를 요청했고 낙창군(洛昌君) 이탱(李樘) 등이 종친들을 거느리고 청대했지만 영조는 거절했다. 왕세자가 또 절절한 상소문을 올리고 바닥에 거적을 깔고 대명했다. 눈이 내려 세자의 머리와 등에 하얗게 쌓이고 있었다. 영조는 세자가 대궐로 돌아가지 않는다면 밥을 한 숟가락도 먹지 않겠다고 선언했다. 거적 위에서 눈을 맞으며 대명하던 세자는 돌아갈 수밖에 없었다.

임금이 양위하려고 한다는 사실은 도성에 파다하게 퍼져 모르는 백성이 없을 정도가 되었다. 상중(喪中)에 있는 신하 정우량(鄭羽良), 경기감사 김상익(金尙翼) 등, 오부(五部)에 사는 백성 이진성(李震成) 등, 관학 생원 이언중(李彦中) 등, 한성부 서리 한시걸(韓時杰) 등과 의정부 서리 이덕만(李德萬) 등이 모두 상소하여 궁으로 돌아갈 것을 청했다. 그야말로 조선의 온 백성이 나서서 양위를 말리고 있었다. 그러나 영조는 꿈쩍도 하지 않았다.

17일, 세자는 다시 거적 위에 앉아 대명했다. 눈이 그치지 않고 계속 내리고 있었다. 눈은 세자의 얼굴과 어깨와 등에 차곡차곡 쌓이고 있었다. 세자는 명을 철회해달라고 하루 종일 거듭 요청했다. 이마를 바닥에 계속 짓찧었기 때문에 망건이 찢어지고 이마에서 피가 흘러내렸다. 세자 위에 쌓인 눈은 세자를 완전히 뒤덮었다. 날이 저물어가고 있었다. 영부사 김재로가 신하들과 함께 허겁지겁 대비전으로 달려갔다. 모두들 애가 타고 몸이 떨려 죽음을 무릅쓰고 대비 김씨가 나서야 한다고 고했다. 급박한 상황임을 알게 된 대비 김씨는 승전색에게 말을 전했다.

> 거둥하였을 때에 지나치게 간청한 바람에 기운을 손상할까 염려한 나머지 만류하지 못하였다. 그날 주상이 현기증이 특히 심하였고, 나 역시 현기증과 담기가 있어서 마음속으로 고민하다가 얘기하는 사이에 허락하는 것처럼 돼버린 것이 지금에야 생각이 난다. 오늘에 이르러 바라는 것은 주상뿐인데 어찌 이 같은 일이 있단 말인가. 궁으로 돌아가지 않고 있다니 답답해하다가 바야흐로 봉서(封書)를 쓰고 있다. 나 역시 창의궁으로 거둥하고 싶은 마음이다. 주상이 거둥하였을 때에 나의 침식(寢食)을 염려하시었는데 나도 어찌 주상의 침식을 걱정하지 않겠소? 그런데 사흘이 지나도록 궁으로 돌아가지 않고, 주상이 수라를 들지 않으니 내 어찌 차마 들 수 있겠소? 세자가 이제 막 홍역을 치렀는데 침식을 전폐하고 계속 찬 곳에

있으니 답답하고 민망하오. 음식물을 가지고 권하고 있으나 나 역시 먹을 수가 없소. 전혀 먹지 않고 계시니, 답답하고 염려됨이 이루 헤아릴 수가 없소.

며칠 전인 12월 8일에 김씨가 영조를 말리기 위해 희정당으로 거둥한 뒤 결국 영조를 설득하지 못하고 돌아갔던 그날 대비 김씨와 영조 사이의 대화에 오해가 있었을 뿐 자신은 양위를 허락한 적이 없다는 말이었다. 대비는 이런 방식으로 영조에게 자신의 뜻을 전달했다. 오로지 영조의 뜻을 따르겠으니 어서 양위 시위를 멈춰달라고 간곡하게 부탁했다. 대비 김씨 역시 식음을 전폐하고 있다는 말은 영조에게 궁으로 돌아갈 명분을 주었다.

"보연(步輦)을 타고 궁으로 돌아가겠다. 자전의 분부를 받들어 마지못해 어가를 돌린다마는, 스스로 처음 생각했던 마음을 돌아보니, 뜻을 이루지 못한 것이 나도 모르게 부끄럽다."

13일 간의 양위 시위는 이렇게 끝났다. 영조의 의도는 분명했다. 나를 임금으로 생각한다면 대리하고 있는 세자에게 당쟁을 유발하는 상소를 올리지 말라는 것이었다. 임금은 영조이고 세자는 자신의 '아바타'일 뿐임을 만방에 보여줘야 했다. 그것이 온갖 상소들을 아버지를 대신해서 처리해야 하는, 또는 일차적으로 막아내야 하는 세자를 보호하고 위하는 길이라는 것이 영조의 확고한 생각이었다.

영조 본인을 위하는 동시에 아들을 위하고자 했던 것이 13일에 걸친 양위 시위의 의도였다. 그러나 삶이란 의도와는 다른 결과를 쌓아가는 과정이다. 영조 역시 그 과정을 그대로 밟아가고 있었다.

15화
피바다의 서막, 총알받이 세자

세자, 그대는 눈물겹다

양위 시위를 끝낸 지 이틀 뒤인 영조 28년(1752) 12월 19일, 영조는 대신들을 소견하고 있었다. 우의정 김상로가 세자에 대해 말했다.

"동궁이 창의궁으로 갈 때에 의장을 갖추지 않고 부어교(鮒魚橋)에서 여(輿)를 물리치고 도보로 갈 정도였으니 위기 상황에 얼마나 지극하게 대처했는지 알 수 있습니다."

함께 있던 제조 박문수도 세자의 행적을 이야기했다.

"돈화문 밖에서 거적자리를 깔고 엎드려 대죄하였으며, 경명문(景明門) 밖에서는 장막을 모두 철거하고 추운 데에 앉아 음식을 들지 않고 연일 눈물을 흘리면서 경재(卿宰, 재상)들을 만날 때마다 어떤 방책들을 가지고 있는지 물었습니다."

영조의 눈앞에 아들의 모습이 훤히 떠올랐다 곧 부옇게 흐려졌다.

눈물이 차올랐기 때문이다.

"그러하였는가, 동궁이 그랬단 말인가?"

목이 메어왔다. 나이 마흔둘에 후사가 없으니 종친 중에서 입양이라도 해서 대통을 이어야 한다는 모욕을 당하던 와중에 얻은 아들이었다. 눈물겨운 아들이었다. 그 아들을 자기 손으로 괴롭힐 수밖에 없는 현실이 원망스러웠다.

영조는 세자의 어린 시절을 떠올렸다. 누가 봐도 특별하게 영특한 아이였다. 3살 무렵 영조는 궁관을 시켜 문왕세자편(文王世子篇)을 병풍에 써서 올리게 한 적이 있었다. 이때 아장아장 걷던 세자가 왕(王) 자를 가리키더니 이내 고개를 돌려 영조를 바라봤다. 이어서 세자(世子) 글자를 가리키고 자신을 가리켰다. 모두들 이 광경을 보고 탄성을 질렀다. 겨우 3살인 아기 세자는 천(天), 지(地), 부(父), 모(母) 등 한 자를 63자나 해독하고 있었다. 영조는 뿌듯했다.

영조 13년(1737) 9월에 영조는 3살 세자의 사부로 소론 영수 이광좌를 사(師)에, 노론 탕평파 김재로를 부(傅)에 임명했다. 세자는 자라면서 늘 영조의 자랑이었다. 사부와 상견례를 한 후 어느 날 천자문을 읽다가 '사치할 치(侈)' 자를 배우자 "이것이 사치한 것이다."라고 말하며 그 자리에서 자신이 입고 있던 옷과 비단으로 장식된 모자를 벗어버렸다.

무명이 좋으냐 비단이 좋으냐 물으면 항상 무명이 더 좋으니 무명 옷을 입겠다고 대답해서 영조를 기쁘게 하던 세자였다.

8살에 태학(太學)에 입학한 세자는 시를 지었다.

해가 동방에 떠올라 온누리를 비추네(日出東方明四海)

세자는 어렸지만 자신이 누구이고 무엇을 배워야 하는지 잘 알고 있었다. 강관(講官)이 평소 배우고 싶은 것이 무엇이냐고 물었다. 세자는 "내가 배우고 싶은 것은 오로지 요(堯), 순(舜)일 뿐, 그 밖의 것은 알지 못한다."라고 딱 부러지게 대답했다.

영조는 임금이 해야 할 일 중에 가장 중요한 것은 당론조제라고 늘 가르쳤다. 당쟁을 막아야 왕권이 강화된다는 이치를 어릴 때부터 가르쳐야 한다고 생각했다. 영조는 세자가 이 사실을 명심하고 있는지 반복해서 물어보곤 했다.

"우리나라 조정 관리들은 예로부터 당파의 논의가 있는데 어떻게 하면 그만두게 할 수 있겠느냐?"

이제 겨우 9살 된 세자에게 영조가 물었다.

"똑같이 보고 함께 등용하면 될 것입니다."

어린 세자는 낭랑한 목소리로 또박또박 대답했다. 영조는 무릎을 치며 만족스러워했다. 세자는 나이에 맞지 않게 성숙했고 생각이 깊었다. 한 번은 궁궐 후원에 벼를 심는 것을 세자와 함께 구경한 적이 있었다. 영조가 세자에게 물었다,

"농사짓는 일이 어째서 힘들다고들 하는지 생각해봤느냐?"

"무더운 여름에 물이 펄펄 끓듯이 뜨거운데도 농사꾼들은 농기구를 가지고 일을 하니 그 고생스러움을 짐작할 수 있습니다."

12살 세자가 대답했다. 영조는 의젓하게 성장해가는 세자가 무척 미더웠다.

세자가 13살 되던 해 12월에 궁중에 마마가 번졌다. 세자와 세자빈 모두 경덕궁(慶德宮)으로 피접(避接)을 나간 지 여러 날이 지난 어느 날 세자가 궁관(宮官)을 보내 문안을 드렸다. 세자는 애틋하게 아버지

가 보고 싶다는 마음을 전해왔다. 영조는 어린 아들이 자신을 보고 싶어 한다는 말을 듣고 한달음에 경덕궁으로 가서 아들과 밤을 지새우고 돌아왔다. 그렇게 애틋함만으로 채워져 있던 시절이 차례로 떠오르면서 영조는 울지 않을 수 없었다. 그랬던 부자 사이가 이제는 늘 긴장에 휩싸여 있다는 것을 영조도 알고 있었기 때문이었다.

13일 간의 양위 시위는 아버지 영조의 의도가 어떠했건, 결과적으로는 세자의 독자적인 정치 행위가 불가능하다는 것을 보여주는 것이었다. 영조는 아들이 비록 대리하고 있지만 임금은 분명하게 자신이라는 것을 확인시킨 것이었다. 대리는 대리일 뿐이다. 대리하는 세자를 흔들어봤자 임금인 영조 본인은 왕권 강화책인 탕평을 포기하지 않을 것이라는 선언이었다. 그러나 다른 한편으로 보면 이렇게까지 하지 않으면 안 될 만큼 영조의 소론 중용 탕평책은 공격받고 있었던 것이다. 영조가 언제까지 소론 위주 탕평책을 유지할 수 있을까 하는 것이 모든 이들에게 초미의 관심사였다.

영조는 사실 영조 4년 무신란의 공포로부터 평생 벗어나지 못했던 사람이다. 영조는 평소 말할 때 죽을 '사(死)' 자와 돌아갈 '귀(歸)' 자를 쓰지 않으려고 노력했다. 불길한 말을 주고받거나 들은 날에는 꼭 양치를 하고 귀를 씻는 버릇도 있었다. 좋은 일과 좋지 않은 일을 행할 때 들고 나는 문도 달랐다. 자신이 좋아하는 사람 집에 자신이 싫어하는 사람이 드나들지 못하게 했고, 심지어 좋아하는 사람이 다니는 길로 싫어하는 사람이 다니지도 못하게 했다. 강박적으로 좋고 싫음이 뚜렷했다. 반란에 대한 공포가 영조의 성격을 강박적으로 만들어놓은 것이다. 오늘날로 말하자면 영조는 일종의 외상 후 스트레스 장애를 지속적으로 앓고 있었던 것이다.

따지고 보면 영조의 정치 철학인 탕평책에는 무신란을 겪으면서 느꼈던 공포감과 그로 인한 강박적 성격이 깔려 있었다. 다시는 그런 반란이 일어나지 않도록 해야 하는 것이 영조가 해야 할 정치의 궁극적 목표였는지도 모른다.

그러므로 세자가 태어나자마자 친소론 분위기에서 성장하도록 만든 사람은 영조 자신이었다. 자신이 경종을 독살하지 않았고 또 경종을 지지했던 소론을 정권에서 소외시키지 않을 것이라는 것을 만천하에 보여주기 위한 정치적 목적으로 영조는 갓 태어난 세자를 이용했다. 그러니까 세자를 영조가 추진하는 소론 중용 탕평책의 상징으로 만들고 싶었던 것이다. 영조는 세자가 태어난 지 백일이 지났을 무렵 세자의 처소를 경종이 거처하던 '저승전(儲承殿)'으로 옮기게 한다. 그리고 경종의 시중을 들다가 궁에서 나갔던 궁인들을 다시 불러들여 세자의 시중을 들게 한다. 그렇게 하면 화합과 화해의 기운이 일어나고 그 기운이 세자에게 이어져 자신이 느꼈던 반란에 대한 공포가 대물림되지 않을 것이라고 여겼다.

세자는 이렇게 영조가 만들어준 친소론 환경에서 성장했다. 그러므로 세자는 자연스럽게 친소론 정서를 가지고 있었다. 이것이 영조와 다른 점이었다. 영조가 소론 위주 탕평을 펼친 것은 분명한 정치적 목적 때문이지, 정서적으로 노론보다 소론에 가까웠기 때문이 아니었다. 노론 강경 반탕평파도 이 사실을 알고 있었기 때문에 꾸준히 영조에게 영조의 본심은 노론 강경파에게 있는 것이니 가식적인 친소론 탕평을 그만두고 이제 그만 본심을 드러내는 정치를 하라고 자신감을 가지고 계속 요구할 수 있었던 것이다.

때문에 세자가 성장함에 따라 그의 친소론 정서는 각 정치세력에게 중요한 문제로 부각되기 시작했다. 당시 사람들은 누구나 영조가 만들어준 세자의 친소론 성향이 결국 세자를 위험하게 만들지도 모른다는 우려를 하고 있었다. 영조가 소론 위주 탕평을 포기하거나 노론 강경파들의 집요한 요구에 밀리는 순간 세자는 바로 위태로워질 것이라고 누구나 예상할 수 있는 분위기였다는 말이다.

영조 24년(1748) 여름 영조의 둘째 딸 화평옹주가 방년 22살 나이로 사망한다. 영조가 유난히 아끼고 사랑하던 딸이었다. 옹주는 생전에 세자와 우애가 깊었다. 늘 세자를 염려하며 영조와 세자 사이가 어긋나지 않도록 중재하던 사람이었다. 그런 옹주가 죽기 전에 영조에게 울면서 절절하게 하소연을 했다.

"일이 경묘(景廟. 경종)와 관계된 것은 그 혐의가 매우 적고, 세 종통의 혈맥은 관계된 바가 매우 큰 것인데, 어떻게 일시적으로 혐의를 없애기 위해 사직의 중함을 생각하지 않을 수 있겠습니까? 이 문제 때문에 두 궁(宮) 사이에는 화(和)기가 점차 삭막해지고 있으니, 당장 통곡을 하며 세상을 버리고 싶은 심정입니다."

옹주가 말한 '이 문제'는 영조가 경종의 궁인들을 다시 불러들여 세자의 시중을 맡긴 것을 가리킨다. 그러니까 영조가 경종을 독살했다는 소문을 수습하려고 세자를 경종의 궁인들에게 맡긴 것인데, 결과적으로 그 때문에 영조와 세자 사이가 멀어지게 되었으니 원통하다는 말이었다.

이들이 궁에 다시 들어와 세자를 시중들면서 맨 먼저 한 일은 세자와 생모 영빈 이씨, 그리고 영조가 자주 만나지 못하게 절차를 만드는 것이었다. 이들은 영빈 이씨가 세자를 만나려고 하는 것에 군신의 예법 절차를 적용해서 제약을 받게 만들었다. 결과적으로 영빈은 세자를 한 달에 한두 번 만나기도 힘들어졌다. 또 영조가 세자를 자주 만나는 것도 꺼려하여 임금의 동정을 엿보면서 날마다 허튼 소문을 퍼트려 영조가 세자를 만나러 오지 못하게 했다는 것이다.

화평옹주는 이런 하소연을 하면서 영조의 처소를 세자의 처소인 저승전과 더 가까운 곳으로 옮길 것을 부탁한다. 영조는 옹주의 청을 받아들여 집복헌(集福軒)이었던 처소를 경춘전(景春殿)으로 옮겼다.

화평옹주가 죽기 전에 했던 말은 세자를 둘러싸고 벌어졌던 정치 세력들의 암투가 얼마나 치열했는지, 또 얼마나 공공연한 비밀이었는지 짐작할 수 있게 한다. 실세로 옹주가 죽었을 때 세자는 14살이었는데 몹시 슬퍼하면서 변고에 대치할 방도를 찾기 위해 동분서주했다. 영조와 세자 사이가 멀어져갈 때 평소 영조에게 세자를 가장 잘 대변해주던 든든한 이가 갑자기 세상을 떴으니 세자로서는 당연한 행동이었다. 이때 이미 소론 탕평파의 핵심이었던 조현명, 박문수, 이종성 등이 모여 위기에 처한 세자를 어떻게 적절하게 호위할 것인지 논의한다.

세자를 둘러싼 이런 상황은 숙종이 희빈 장씨를 죽인 뒤 희빈 장씨의 아들 경종으로 보위를 승계시킬 것인지 아닌지 조선의 모든 정치세력들이 촉각을 곤두세우고 정국의 추이를 지켜보던 시절과 비슷했다. 아니, 어떻게 보면 숙종이 희빈 장씨를 죽이면서 단행했던 환국의 결과물들이 여전히 망령처럼 사라지지 않고 떠돌고 있는 셈이었다.

세자의 친소론 성향은 대리청정을 시작하자 여과 없이 드러났다. 영조 25년(1749) 4월 5일 세자가 대리청정을 수행한 지 얼마 되지 않앉을 때였다. 영조는 승지를 불러 세자가 혼자 행한 차대(次對, 매달 여섯 차례씩 의정議政, 대간臺諫, 옥당들이 임금 앞에 나아가 정무를 보고하는 일)가 어땠는지 꼬치꼬치 캐묻는다.

"오늘 세자가 차대를 어찌 일찍 파하였는가?"

"대신들이 물러가기를 요구했는데, 동궁이 우물쭈물 오랫동안 미루다가 겨우 허락하셨습니다."

"그런가? 세자가 대신들의 퇴조(退朝)를 허락하지 않은 것은 잘한 일이다. 또 물어본 일이 있었는가?"

"동궁이 민간의 질고를 대신들에게 물었습니다."

"그 질문이 매우 좋구나."

영조는 아버지 없이 혼자서 차대를 치러낸 세자가 기특했다.

영조는 세자와 대신들을 불렀다. 혼자서 차대를 치러낸 세자에게 소감도 묻고 싶었고 또 앞으로 해야 할 일들에 대해 해주고 싶은 말도 있었기 때문이다.

"오늘 차대에서 네가 민간의 질고를 물었다고 하는데, 이 말이 과연 성심에서 나온 것이냐? 대신들이 간략하게 진달한 것은 책임 모면용에 지나지 않은 것이니, 내가 실로 개탄한다. 그렇다고 해도 그중에서 혹시 좋았던 말이 있었다면 나를 위하여 외워보도록 하라."

"좌상이 임금은 산과 같고 백성은 흙과 같다고 했는데 그 말이 다소 좋았습니다."

세자는 좌의정 조현명의 말이 좋았다고 말했다. 조현명은 영조가 추진하는 소론 위주 탕평의 핵심인물이었다. 영조가 보기에 세자의 이 말은 경솔했다. 노론 영의정 김재로도 함께 있는 자리였다. 세자는 영조가 만든 탕평의 상징이 되어야 했다. 세자를 둘러싸고 노론과 소론이 날카로운 신경전을 벌이고 있다는 것을 모르는 조선 사람은 없었다. 세자 본인도 당연히 알고 있는 사실이었다. 그런데 공적인 자리에서 한 쪽 편을 드는 듯한 말을 하다니, 사소해 보이더라도 다시는 해서는 안 되는 태도라는 것을 가르쳐줘야 했다. 영조는 짐짓 별일 아니라는 듯 웃으면서 말을 시작했다.

"사부(師傅)가 모두 들어와 있는데, 좌상만 칭찬하니 영상의 무료함을 생각지 않느냐? 내가 일찍이 가의(賈誼, 전한시대 최고의 학자이자 사상가)를 너무 날카롭다고 여겼는데, 만약 가의가 지금 세상에 태어났다면 가슴을 두드리고 통곡하였을 것이다. 이 세상에 어찌 가의가 없을까마는, 아직 보지 못하였으니 이것은 실로 나로 말미암은 것이다. 너는 모름지기 나의 이 수치스러움을 씻도록 하라."

영조는 영의정 김재로를 의식하고 세자의 말실수를 분명히 지적했다. 그리고 지금 가의와 같은 인재가 있다고 해도 자신이 부족하여 알아보지 못하고 있다고 말한다. 그러면서 인재를 알아보지 못하는 영조 자신을 닮으면 안 된다고 세자에게 말한다. 그러니까 세자가 아직 안목이 없고 어려서 말을 잘못한 것이니 영의정은 너무 신경 쓰지 않아도 된다는 말을 한 것이다. 정국은 늘 이렇게 말 한마디 한마디가 주목받을 수밖에 없는 살얼음판 위를 걷는 것 같은 상황이었다.

영조 28년 12월에 있었던 양위 시위 후 얼마 지나지 않은 영조 29년(1753) 봄, 후궁 문씨가 해산을 앞두고 있었다. 영의정 제수를 받은 소론 영수 이종성은 사의를 표명하고 궁에 나오지 않고 있었지만 고향으로 돌아가지는 않고 있었다. 후궁 문씨 때문이었다. 중외가 뒤숭숭했다. 이종성은 세자를 호위해야 한다고 극력 주장했다.

다행히 문씨가 딸을 낳았다. 그때서야 이종성은 고향으로 돌아가면서 이런 말을 남겼다.

"우리 집안은 대대로 나라의 은혜를 받은 만큼, 시속 사람들이 내쫓으려 한다는 이유로 나의 평소 뜻을 움직일 수는 없다. 설사 주먹질과 발길질을 번갈아 퍼붓더라도 오직 나아갈 뿐, 물러설 수는 없다. 한 번 죽으면 그만일 따름이다. 다행히 옹주가 태어났다는 말을 들었으니 이제 고향으로 돌아가겠다."

이런 분위기 한가운데에 세자가 있었다. 이종성을 비롯해 세자의 안위를 걱정하는 사람들에게 세자는 준엄하게 말했다.

"세상 사람들이 제아무리 이러쿵저러쿵 말한다고 해도 나는 문녀의 일에 관해 결코 그런 일이 없다고 장담한다. 설사 그런 일이 있더라도 일월처럼 밝으신 대조께서 어찌 준엄한 꾸지람을 내리지 않을 것이라고 걱정하겠는가. 단지 뭇 신하들이 어쩔 줄 몰라 하는 염려를 상신(相臣, 이종성) 덕분에 진정시킬 수 있었다."

이때가 세자가 대리청정한 지 4년째 되는 해였다.

19살 세자는 학문적으로도 정치 사상적으로도 성장하고 있었다. 어느 날 세자는 서연관(書筵官)들과 「사물잠(四勿箴, 송나라 학자인 정이가 사물에 대해 지은 잠언)」을 강론하고 있었다. 세자가 말했다.

"대저 사욕이 일어나는 데에는 크고 작은 것과 얕고 깊은 것이 있지만, 하찮은 잘못을 대수롭지 않게 여기다가 점차 큰 과오를 빚어낸다면, 그 해로움은 마찬가지이다. 소열제(昭烈帝)가 말하기를 '자그마한 악이라고 해도 그 악을 저지르지 말라'고 하였는데, 이야말로 더없이 지당한 말이다."

영조는 세자가 이런 말을 했다는 것을 듣고 세자의 학문이 범상치 않은 경지에 올랐다는 것을 알고 이렇게 말했다.

"학문을 강론하는 공력이 참으로 얕지 않구나."

그랬다. 이제 더 이상 어린 아이가 아니라 어엿한 청년으로 자란 세자는 강론 등을 통해 자신만의 소신을 다져가고 있었다. 세자는 무왕(武王)이 군사를 거느리고 맹진(孟津)을 건너갔던 일에 대해 이렇게 말한다.

"무왕이 군사를 거느리고 맹진을 건넌 것은 바로 씩씩한 기상이었다. 그런데도 오히려 '밤낮으로 두려운 심정이다'고 하였으니, 성인의 심소담대한 점을 여기에서 역시 알 수 있다."

심소담대(心小膽大), 생각을 주의 깊게 하며 평소 언행을 조심하고 사려 깊게 하되 행동은 기상을 가지고 대범하게 해야 한다는 뜻이다. 심소담대한 사람, 세자가 추구하는 이상적인 인간상이었다. 그런데 세자는 어릴 때부터 기상이 범상치 않았다. 사실 영조는 세자의 그런 기상이 당론조제에 몰입해야 하는 임금에게는 부담되는 성품이 될 것이라고 일찍부터 우려하고 있었다. 세자가 14살 때 이런 기상을 나타내는 글귀가 들어간 시를 지은 적이 있었기 때문이다.

호랑이가 깊은 산에서 울부짖으니 큰 바람이 분다(虎嘯深山大風吹)

영조는 이때 이 글귀를 보고 춘방의 신하들이 원량을 잘 가르쳐 임금 노릇하는 방도를 알게 하여야 한다고 말했다. 세자는 단지 심소담대한 사람이 되고 싶었을 뿐이었는데 영조는 세자가 그런 사람이 되는 것은 위험한 일이라고 봤다. 이 차이가 어쩌면 앞으로 일어날 불행의 예고편이었는지도 모른다.

나주 벽서 사건, "간신이 조정에 가득하다"

그 예고편의 서막은 나주에서 올랐다. 영조 31년(1755. 을해) 2월 4일 전라감사 조운규(趙雲逵)가 급하게 장계를 올렸다. 나주 객사에 흉서(凶書)가 내걸렸다는 장계였다. 흉서에는 "간신이 조정에 가득해 백성이 도탄에 빠졌다."고 쓰여 있었다. 영조 24년에 청주와 문의에 괘서가 나붙어 그 일대의 백성들이 피난 가느라고 북새통을 이루고 결국 몰락한 남인 이지서 등을 잡아들이면서 괘서 사건이 일단락된 적이 있었다. 그 후로 괘서 사건이 없다가 7년 만에 다시 등장한 것이었다. 영조는 좌의정 김상로, 우참찬 홍봉한, 형조참판 이성중(李成中) 등을 불러 장계를 보여주며 말했다.

"이들은 황건적과 같은 무리들인데, 틀림없이 무신년의 잔당들이다."

7년 전 청주와 문의에 괘서를 내걸었던 이지서도 무신년의 잔당들이었다. 영조의 입에서 쏙쏙한 웃음이 흘러나왔다. 도대체 무신년의 잔당들은 어디에 꼭꼭 숨어들 있다가 잊을 만하면 다시 나타난단 말인가.

"흉서의 자획(字畫)이 마치 도장으로 찍어낸 것 같은데, 왜 그런 것인가?"

"본래 필적을 감추려고 그런 것 같습니다."

승지 김치인(金致仁)이 대답했다.

"기한을 정해 반드시 범인을 잡아오라."

영조는 좌포도대장 구선행(具善行)과 우포도대장 이장오(李章吾)에게 명했다. 이때 영조의 태도는 처음부터 의미심장했다. 익명의 괘서가 출현했을 때 대응하던 종전의 방식과 달랐다. 영조 재위 연간에 여러 차례 괘서 사건이 있었지만 영조는 사건의 확대를 바란 적이 없었다.

사실상 영조 4년 무신란의 전조였던 영조 3년(1727) 12월 전주 시장의 괘서 사건에 대해 당시 영조는 익명서를 물이나 불속에 던지는 것은 법문(法文. 경국대전)에 실려 있으며, 부자간(父子間)이라도 서로 볼 수 없는 것이라면서 전라감사 정사효를 중징계했었다. 또 영조 10년(1734) 1월 2일 경상도 대구에서 괘서 사건이 발생했을 때도 영조는 괘서를 불태우라고 승정원에 명했다. 당시 승지 홍상빈(洪尙賓)이 지금 범인을 잡기 위해 수사 중이니 불태우면 안 된다고 청하는 것을 나중에 영조가 승낙했다. 대구 괘서 사건의 주범으로 서무필(洪尙賓)이 복주된 뒤 영조는 동년 1월 10일 지금부터 발견되는 익명의 괘서는 모두 물에 던지거나 불에 태우라는 명을 내렸다. 영조의 하교에 당시 호조판서였던 송인명이 말했다.

"이는 틀림없이 나라를 원망하고 틈을 엿보는 무리들이 유언비어를 날조하여 선동하기 위한 것인데, 매양 철저하게 규명하지 않고 거칠게 하기 때문에 와주(窩主)를 잡지 못하고 있으니, 신은 걱정스럽습니다."

송인명이 우려하면서 괘서 사건들을 면밀히 조사해야 한다는 의견을 표명하자 영조가 말했다.

"지금은 흉도(凶徒)들 가운데 스스로 그 잘못을 깨달은 자도 있고 반신반의하는 자도 있으며 폐기된 데 대해 분노와 원망을 품고 있는 자들도 있으니, 진실로 조정의 거조(擧措)가 사의(事宜)에 알맞아 용사(用捨)가 고르게 된다면 모두 마음을 고쳐 교화를 따라 원망이 봄눈처럼 녹아 없어지게 될 것이다. 이런 것을 하지 않고서 이에 군부(君父)로 하여금 날마다 차마 듣고 볼 수 없는 흉서를 보도록 해서야 되겠는가?"

이렇듯 영조는 무신란을 겪은 후 도처에서 발생하는 괘서 사건들을 불필요하게 역모 옥사 사건으로 확대시키지 않기 위해 노력했었다. 이것은 영조가 무신란 이후 중앙에 있는 소론을 친국왕 탕평파로 키우면서 지방에 있거나 유배되어 있는 강경 소론들을 제압하거나 잠재우는 데 활용하는 방법이기도 했다.

그런데 이제 나주 객사에 걸렸다는 괘서에 대해서는 영조가 먼저 기한을 정해서 범인을 반드시 잡아오라 명한 것이다. 영조 31년(1755) 60살이 넘은 영조는 분명히 재위 초중반과는 달라져 있었다. 30년 전 31살에 즉위한 이후 영조는 재위 30년 동안 당쟁을 막아 왕권을 강화해왔다. 탕평으로 강화된 왕권은 상대 당을 멸종에 이르게 하는 살육전을 종식시켰다. 균역법도 통과시켰고 각종 제도와 문물도 정비하는 데 힘을 쏟으면서 '조선의 요순'이라 불릴 만하다는 자부심을 가지고 있었다. 그 자부심에 찬물을 끼얹은 흉서의 주인공을 영조는 빨리 보고 싶었는지도 모른다.

영조의 명이 떨어진 지 1주일 뒤인 2월 11일, 나주에 살고 있는 윤지(尹志)가 체포됐다. 윤지는 윤취상(尹就商)의 아들이었다. 윤취상은 경종 때 한성판윤, 훈련대장을 역임하면서 김일경과 함께 노론 축출에 앞장섰던 소론 강경파였다. 그 윤취상의 아들 윤지는 무신란에 연루되어 제주에서 10년, 나주에서 20년 귀양살이를 하고 있었다. 영조와 조정은 나주 벽서 사건의 범인을 30년 유배 생활을 하고 있는 윤지라고 지목했다.

2월 20일 영조는 동룡문(銅龍門)에 나가 친국을 시작했다. 윤지는 자복하지 않았지만 함께 잡혀온 주변 인물들의 진술로 정황증거들이 확보되어갔다. 윤지의 두 아들 윤광철(尹光哲)과 윤희철(尹希哲), 윤지의 종 개봉(介奉), 윤지의 첩남(妾娚) 독동(禿同)이 괘서를 내걸었다고 자백했다.

수사는 윤지와 내왕하며 친하게 지내던 인물들에게로 범위가 넓혀졌다. 그에 따라 전직 나주목사인 이하징(李夏徵)이 잡혀왔다.

2월 21일 영조는 내사복(內司僕)에 나가 이하징을 친국한다.

"윤취상 부자의 죄상은 온 나라 사람들이 아는 바인데, 네가 무슨 마음으로 함께 감싸며 친밀하게 지냈는가?"

"윤취상이 역모를 한 것은 신이 정말 상세하게 알지 못합니다. 그렇지만 그 아비가 역모를 했다고 어찌 그 자식 또한 역모를 했다고 하겠습니까?"

그랬다. 이하징은 윤지와 절친한 사이였다. 전직 나주목사 이하징은 윤지와 그 아들들이 항상 관아에 있을 수 있도록 물심양면으로 도와주었다. 이하징은 남인이었고 그의 사위 윤득구(尹得九)는 윤성시(尹聖時)의 손자였다. 윤성시는 김일경과의 관계 때문에 처형당한 강경 소론이었다. 이하징은 국문 중에 이런 말을 한다.

"신이 갑진년(영조 즉위년) 3년 전에 윤성시의 손자를 사위로 삼았는데, 혼인을 맺은 3년 뒤에 윤성시가 화를 당하였습니다만, 신은 김일경의 상소가 있은 뒤에야 비로소 신하로서의 절개가 있다고 말할 만하다고 여깁니다."

경종에게 충신이었던 김일경이야말로 절개 있는 신하라는 말이었다. 이것은 영조가 경종을 죽이고 왕좌를 찬탈했다는 뜻이었다. 영조의 면전에서 죽음을 두려워하지 않고 이하징은 묻어두었던 말들을 쏟아냈다. 윤취상은 역적이 아니며 심지어 꿈에서 윤취상을 배알했다는 말도 했다. 영조는 분노했다. 영조 4년 무신란의 악몽이 떠올랐다.

이하징은 2월 23일 복주되었다. 그리고 이틀 뒤에는 윤지가 끝내 자백하지 않은 채 물고되었다. 중죄인이 자백하지 않고 죽으면 파가저택(破家瀦宅. 집을 헐고 연못을 만드는 형벌)과 노적(孥籍)을 하는 대역률(大逆律)의 형벌을 적용할 수 없었다. 영조는 분하기 이를 데 없었다. 이를 알아챘는지 신하들이 비록 자복하지 않고 죽었지만 정황증거가 충분하고 윤지가 흉측하고 미련하며 악독하고 간특한 마음으로 곤장을 참다가 죽었으니 대역률을 시행해야 한다고 청했다. 영조는 기꺼이 받아들였다.

괘서의 주범 윤지가 죽고 윤지를 옹호한 이하징이 참수되었지만 사건은 괘서 사건에서 역모 사건으로 확대 비화되기 시작했다.

이제부터 시작이었다. 윤지는 오랜 유배 생활 내내 훈장을 하면서 생계를 꾸렸다. 따라서 윤지에게 글을 배워 나주 관아에서 일하는 제자들이 많았다. 이종무(李宗茂), 이효식(李孝植), 임천대(林天大), 임국헌(林國薰), 나귀영(羅貴永) 등이 그들이었다. 이들은 계(楔)를 만들어 자주 어울렸고 윤지는 이들에게 귀양생활의 어려움과 억울함 등을 토로했다. 이들 말고도 윤지와 자주 어울렸던 사람들은 나주 인근에서 유배생활을 하던 사람들이었다. 당색이 같고 같은 처지에 있던 사람들이었기 때문에 역모 혐의가 짙어 보였다. 이들이 서로 어울리면서 나라를 원망하고 당시 세간에 널리 퍼져 있던 『정감록』 같은 비기들을 읽고 인용하며 서로 말한 사실들이 증언을 통해 나왔다.

또 윤지는 술사들을 가까이했다. 그 술사들 중에 정수헌(丁守憲)에게 자주 자신의 운세와 아들들의 미래를 물어보곤 했다. 잡혀온 정수헌이 영조의 친국 중에 이렇게 말했다.

"신이 파자(破字)하는 술수를 조금 알고 있었는데, 계해년(영조 19)에 역적 윤지를 나주에 가서 보니, 윤지가 말하기를, '내가 어느 시기에 석방이 되겠는가?' 하며 '전(田)' 자를 써서 보이므로, 신이 시(詩)로 그것을 해석하기를, '입에 십(十) 자를 머금고 있으니 10년을 헛되이 보냈으며, 좌우(左右)의 요새를 막고 있으니 왕인들 또한 어떻게 하리요. 어디로 말미암아 머리를 내놓을 길이 없으니, 마음에 돌아갈 생각을 끊으시오.' 하였으며, 또 해석하기를, '고기의 머리와 꼬리가 잘렸으니 기필코 그물에서 죽으리라'고 하였습니다. 신이 먹고 살기에 핍박되어 잡술(雜術)을 가지고 흉적(凶賊)과 문답하였으니, 이것이 실로 죽을 죄입니다."

이렇게 윤지는 사실 당시 세간에 널리 떠돌던 비기를 상당히 신봉하던 사람이었다. 비기의 내용 중에 '내년에 안성과 죽산 사이에 시체가 산처럼 쌓이고 성세(聖歲)에 인천과 부평 사이에 천척의 배가 정박한다'라는 내용이 있었는데 윤지는 그해가 바로 을해년이라고 굳게 믿고 있었다. 윤지는 정수헌에게 자신이 나주에 머물고 있으니 그 화를 피할 수 있겠는지 물었다. 그러니까 윤지의 최대 관심사는 세상이 흉흉해 변란이라도 일어난다면 유배 중인 자신과 자신의 아들들에게 어떤 일들이 일어날 것인지에 대한 것들이었다. 윤지뿐만 아니라 윤지와 어울렸던 사람들도 흉흉한 세상과 기약 없이 앞날이 암담한 자신들의 처지를 한탄하고 토로한 것은 마찬가지였다. 이런 일들은 당시 조선에서 유배당해 살던 사람들이 있는 곳이라면 일상적으로 볼 수 있는 흔한 풍경이었다.

역모 사건에 휘말려 중앙의 권력 투쟁에서 패배해 지방으로 유배된 양반들은 그 지역에 뿌리를 내렸다. 서당을 차려 훈장도 했고 학문에 몰두하기도 하면서 지역 사회의 중인, 일반 백성들 사이에서 은연중에 중심인물로 자리 잡아갔다.

따라서 이때 윤지가 괘서를 내걸었다고 해도 그 사안과는 별도로 윤지를 중심으로 친밀하게 지냈던 인물들이 친목 도모와 신세 한탄 또는 비기의 내용들을 서로 공유하고 나라를 원망하는 말을 했다고 해서 그것이 곧 조직적으로 변란을 도모했다는 증거가 될 수는 없었다. 실제로 추국을 계속해도 변란 역모를 도모했다는 직접적인 증거는 하나도 나오지 않았다.

그러나 이미 사건을 역모로 몰고 가기로 작정한 영조와 영조의 눈치를 볼 수밖에 없는 조정의 집권세력이었던 탕평파들에게 그런 사실들은 전혀 중요하지 않았다. 영조는 탕평을 추구하며 자신이 경종을 살해했다는 세간의 혐의를 지우기 위해 애써왔던 지난 세월이 순식간에 물거품이 되는 것 같은 좌절감에 몸부림쳤다. 끝없이 추락하는 좌절감만큼 치솟는 분노도 걷잡을 수 없었다.

윤지의 아들 윤광철을 능지처참하는 날 영조는 세자와 문무백관들을 거느리고 현장인 숭례문(崇禮門)으로 친히 거둥했다. 왕법을 바로잡는 것을 세자와 백관들뿐만 아니라 도성의 모든 백성들이 똑똑히 보아야 한다는 것이 영조의 생각이었다. 윤광철은 산 채로 온몸이 찢겨나갔다. 그의 비명과 함께 찢겨진 사지에서 피가 솟구쳤다. 모두들 그 처참한 광경을 똑똑히 쳐다봐야 했다. 자칫 눈길을 돌렸다간 죄인을 동정한다는 오해를 받을 수 있기 때문이었다. 그만큼 영조는 살기등등했다. 매일 국청이 있었고 살이 뜯기고 피가 튀는 형신이 가해졌고 사형이 집행됐고 성문 밖에 죄인들의 목이 걸렸다. 2월 11일부터 3월 30일까지 약 40일 동안 33명이 효수당했고 20명이 형신을 받다가 사망했다.

영조는 미쳐가고 있었다. 영조의 광기어린 잔혹 복수극을 보다 못한 노론 탕평파 영중추부사 김재로가 "지금은 군사를 일으키는 때가 아닌데 날마다 효시하는 것은 불가할 듯합니다."라고 말릴 정도였다.

한편 노론 강경파들은 영조가 여전히 소론들에게 온정적이라고 여겼다. 이참에 소론들이 다시는 고개 들지 못하게 뿌리를 뽑아야 세상의 의리가 바로서는 것이라고 믿었다.

3월 25일 노론 사간 박치문(朴致文)이 대리하는 세자에게 상소를 올린다.

조태구·유봉휘 두 역적에게 노적(孥籍)을 추시(追施)하도록 하자, 인심이 모두 쾌하게 여겼습니다. 이번에 허다하게 연좌된 죄인으로 종이 되어 극변(極邊)이나 절도(絶島)에 안치된 자가 그 수가 매우 많아, 더러는 같은 고을에 종이 된 경우가 심지어 수삼 인이 되니, 그것 또한 근심을 막는 도리가 아닙니다. …… 신은 생각하기를 여인으로 종이 된 자를 제외하고 남자로 종이 된 자는 대조께 우러러 품(稟)하고 대신과 여러 신하들에게 하순(下詢)하여 일체 남김없이 진멸해서 화근을 끊어버리도록 하는 것이 적합하다고 여깁니다.

종이 되어 유배 간 사람들을 모두 죽여야 한다는 말이었다. 여태까지 죽인 정도로는 화근을 뿌리 뽑을 수 없다는 말이었다.

세자는 대답했다.

"따르지 않겠다."

4월 2일 지평 홍양한(洪良漢)은 유배형을 받은 권두령(權斗齡), 임천대(林天大) 등을 모두 끝까지 조사하여 형을 추가해야 한다고 상소한다.

세자는 다시 대답했다.

"따르지 않겠다."

다음 날인 4월 3일에는 헌납 윤동성(尹東星)이 상소했다.

> 죄인 민후기(閔厚基)가 역모에 동참했음이 이미 역적 윤상백(尹尙白)의 초사에서 드러났습니다. …… 정절이 이미 탄로 났는데, 갑자기 경폐(徑斃, 사형선고를 받은 자가 집행 전에 자살하는 일)하여 상형(常刑)을 가하지 못해 여론이 더욱 분개하고 있습니다. 청컨대 죄인 민후기를 대조께 앙품하여 빨리 왕부(王府)로 하여금 동참한 율을 거행하게 하소서.

자살로 생을 마감한 자가 역률을 받지 않고 자살한 것이 괘씸하니 왕법을 바로세우기 위해 역률을 다시 적용해야 한다는 요청이었다. 세자는 또 이렇게 대답했다.

"모두 따르지 않겠다."

그 다음 날인 4월 4일에는 지평 심각(沈轂)이 또 상소한다.

> 청컨대 조동하·김윤·허계 등을 대조께 앙품하여 다른 죄인

들과 함께 일체로 신문하여 왕법을 흔쾌히 바루소서. 죄인 기 언표(奇彦杓)는 역적 윤지와 친밀하게 지낸 정상이 남김없이 탄 로되었고, 이양조(李陽祚)는 역적 윤광철(尹光哲)의 가까운 인척으 로 주무(綢繆)한 정상을 감추기가 어려운데, 모두 좋은 땅으로 정배되었습니다. 청컨대 죄인 기언표와 이양조를 대조께 앙품 하여 다시 엄중히 국문을 더하여 실정을 알아내게 하소서.

세자는 또 대답했다.

"모두 따르지 않겠다. 번거롭게 품하기 어렵다."

노론들은 죄인들의 형률을 더 추가하거나 더 조사해야 한다거나 아니면 유배된 자들을 사형시켜야 한다고 줄기차게 끈질기게 요구했 다. 세자는 거의 매일 같은 대답을 하며 그들을 돌려보냈다. 그래도 노론들은 포기하지 않았다. 노론 강경파들에게 소론을 멸종시키는 것은 세상의 윤리를 바로세우는 지상 최대의 과업이었다. 이때 세자 나이 만 스물이었다. 세자는 이번 기회에 영조의 소론 위주 탕평책 을 완전히 철폐시키겠다며 나선 강경 노론들이 총공격하는 최전방 에 있었다. 영조는 그 뒤에 있었다. 말하자면 세자는 영조의 총알받 이였다.

16화
대토벌, 살아남은 자들의 선택

"나는 게장을 먹지 않았소"

죽음의 행진이 한 달 넘게 계속되었다. 영조는 이제 멈출 때가 되었다고 생각했다. 영원히 진정되지 않을 것 같았던 분노가 서서히 진정된 것이다. 애초에 영조는 『속대전』을 편찬하면서 죄인들의 자백을 받기 위해 압슬(壓膝, 무릎 위에 무거운 것을 올려놓는 고문)과 낙형(烙刑, 불에 달군 쇠로 지지는 고문) 같은 고문을 금한다고 명시했었다. 그런데 이때 단지 죄인들과 친하게 지냈다는 이유만으로 많은 사람들이 고문을 받다 죽었다.

영조는 옥사를 마감하려고 마음먹었는지 고문을 해서 자백을 받는 방법으로 처벌해야 할 사람들을 더 늘리지 말라고 하교했다. 조직을 구성했다는 증거도 없었고 우두머리가 누구인지 밝힐 방법도 없었다. 때문에 영조는 의금부 추국을 중지한다. 노론들이 옥사를 확대해서 연루자들을 더 잡아들이고 형률을 추가해야 한다고 세자에게 줄기차게 요구할 때였다. 영조는 세자에게 노론들의 상소를 막아내게 하고 그 뒤에서 옥사를 정리하고 있었다.

5월 2일 영조는 역적 토벌을 기념하고 축하하는 의미에서 춘당대(春塘臺)에서 토역정시(討逆庭試)를 개최한다.

그런데 감독관이 시권(試券, 답안지) 하나를 급히 영조에게 진달했다. 시권을 열어본 영조는 경악을 금치 못했다. 시권의 처음은 답안으로 작성되어 있었지만 뒷부분은 파리머리만큼 작은 글씨로 조정을 비난하는 내용으로 빼곡히 채워져 있었다. 그런데 이뿐만이 아니었다. 아예 답안이 작성되지 않고 상변서(上變書)라고만 쓰인 종이 한 장이 시권들 사이에서 발견된 것이다. 영조는 상변서를 다 읽기도 전에 상을 치면서 분노했다. 저절로 눈물이 흘렀다. 대신들이 무슨 내용인지 물었다.

"종이에 가득 장황하게 쓴 것이 모두 패악한 글이라 차마 똑바로 바라볼 수가 없다. 마음이 무너지는 것 같다. 방자하게 휘(諱)를 쓰기까지 했으니 어찌 말로 다할 수 있겠는가."

휘란 선왕들의 이름이다. '꺼리다'라는 뜻인데 왕조 국가에서는 임금들의 이름을 절대 쓸 수 없었다. 그런데 휘를 잔뜩 써놨으니 누군가 죽기를 작정하고 써낸 것이었다. 시권과 상변서 작성자를 색출하기 위한 수색이 즉시 시작되었다.

바로 심정연(沈鼎衍)이 지목돼 잡혀왔다. 다음 날인 5월 3일, 추국이 시작되었다.

심정연은 무신란에 연루되어 아버지 심수관(沈受觀)과 두 형을 잃었다. 무신년 당시 그는 두살배기 아이였기 때문에 살아날 수 있었다.

그 후로 27년이 흘렀다. 심정연은 29살 청년이 되었지만 역모에 휘말려 몰락한 양반 집안의 후손이 조선에서 할 수 있는 일은 아무것도 없었다. 영조가 아무리 탕평책을 추진하며 정국을 안정과 화해로 이끌려고 했다고 해도 심정연 같은 이들에게는 빛 좋은 개살구였다. 그러니까 30여 년에 걸친 영조의 탕평책은 영조의 측근이 된 일부 소론들에게만 한정되어 있는 '무늬만 탕평'인 정책이었던 것이다.

심정연은 국문 중에 이렇게 말했다.

"이는 제가 일생동안 간직한 마음이기 때문에 과장에 들어올 때 이미 써두었던 것입니다."

영조를 향한 증오가 뿌리 깊었다. 심정연에게 영조는 조선의 지존이 아니라 집안을 몰살시킨 철천지원수일 뿐이었다.

심정연 개인의 원한에서 비롯된 행위인지 배후가 더 있는지 여부를 조사해야 했다. 추국하는 과정에서 심정연은 김일경의 종손 김도성(金道成)과 윤지의 숙부이자 윤취상의 동생인 윤혜(尹惠)가 연루돼 있음을 진술한다.

영조의 분노는 말로 표현하기 어려울 정도였다. 5월 4일 심정연이 복주됐다. 영조는 세자를 데리고 선인문 밖으로 나가 심정연이 참형되는 것을 보고 난 뒤 궁으로 돌아왔다. 이어서 윤혜의 공초가 시작됐다. 영조는 선왕들의 휘를 왜 적어놓았는지 물었다.

"제 아들의 이름을 지을 때 상고하려고 적었습니다."

윤혜의 대답에 영조는 기가 막혔다. '죽일 테면 죽이라'는 대답이었다. 너 같은 사람도 임금을 하는데 내 아들이라고 임금이 되지 말란 법이 있겠느냐는 이죽거림이었다.

영조의 눈에서 피눈물이 흘렀다. 가장 무거운 주장(朱杖)으로 윤혜를 내리치게 했다. 윤혜는 혀를 깨물고 신음소리조차 내지 않았다. 모멸감을 참을 수 없었던 영조는 종묘에 나가 통곡했다.

5월 6일 윤혜를 복주하는 날 영조는 형장에 직접 나가 형을 집행했다. 죽여달라니 죽여주겠다. 모두 다 죽여주겠다. 영조는 다짐하며 갑주(甲胄, 갑옷)를 입었다. 군사를 일으켜 역적을 토벌하겠다는 의미였다.

이날, 평소 술을 입에 대지 않던 영조는 만취했다. 윤혜의 목을 치고 그 목을 깃대 끝에 매달도록 했다. 백관들을 모두 나오게 한 뒤 머리가 달린 깃대를 조리 돌리게 했다. 만취한 영조가 혀가 말려 어눌해진 말투로 고래고래 울부짖었다.

"김일경과 목호룡 같은 생각을 품은 자는 당장 나와 엎드리라!"

술에 취해 비틀거리는 영조의 눈에 핏발이 섰고 입에서는 술 냄새가 진동했다. 이제 사건은 걷잡을 수 없이 확대되기 시작했다. 혐의자들이 끌려와 진술하는 중에 이름이 나오거나 친밀한 관계라고 여겨지면 여지없이 끌려와 증거도 없이 대질 심문도 없이 형신을 받고 물고되기 시작했다. 자백 없이, 결안(結案, 사형죄라고 결정하는 문서) 없이 바로 사형이 집행됐다. 모든 절차가 무시되었다.

5월 18일 김일경의 종손 김요덕(金耀德)이 물고되었다. 김일경의 조카 김유제(金有濟)·김인제(金寅濟) 등과 종손 김천주(金天柱)·김요백(金耀白) 등이 효시되거나 장을 맞다 죽었다.

5월 20일에는 관련자들 중에 승지(承旨)로 있었던 신치운(申致雲)이 잡혀 와 폭탄발언을 한다.

"나는 갑진년(영조 즉위년)부터 게장을 먹지 않았소."

이미 삶과 죽음의 경계를 버린 신치운은 당당하게 말했다. 영조가 경종을 독살했다는 말이었다. 노론이 경종을 제거하기 위해 획책했던 삼급수 중 독약을 써서 살해했다는 소급수를 언급한 것이다. 영조는 가슴을 쳤다. 형을 죽인 살인자라는 혐의를 벗기 위해 지난 세월을 달려왔지만 모든 것이 부질없다는 생각이 들었다.

영조는 함께 모의한 잔당들이 더 있는지 신치운을 통해 알아내야 했다. 고문이 가해졌다. 계장 운운 하는 말이 나왔으니 옥사는 확대될 수밖에 없었다. 신치운은 영조가 정통성 없는 임금이라고 생각하는 사람들이 얼마나 많은지 알려야겠다고 작정했다.

신치운의 진술로 유수원(柳壽垣), 박사집(朴師緝), 조재민(趙載敏), 심악(沈鏍)이 잡혀왔다. 이들은 모두 몇 년 전까지만 해도 조정에서 벼슬을 했던 인물들이었다. 이들뿐만 아니라 다른 죄인들의 공초에서 이종성, 박문수, 이철보(李喆輔) 등 현재 조정에서 영조의 탕평에 참여하고 있는 일부 소론들의 이름도 거론되기 시작했다. 불똥이 조정의 현직 소론들에게로 옮겨 붙는 것은 시간문제로 보였다. 김일경과 같은 강경 소론들과 선긋기를 부지런히 했던 소론들은 긴장했다.

영조 역시 아차 싶었다. 영조는 전·현직 고관대작들에게까지 옥사가 번지는 것은 바라지 않았다. 고관대작들의 가문은 대개 당대의 명문가였고 한두 다리만 건너면 이래저래 모두 혼인 관계로 엮여 있었기 때문에 옥사 이후 정국을 수습하는 일의 부작용이 커질 게 뻔했기 때문이었다. 신치운과 다른 죄인들이 말하는 사람들을 모두 추국했다가는 조정에 남아나는 신하들이 없을지도 몰랐다. 영조는 박문수 등이 아무 연관이 없이 단지 무고를 당하고 있다는 것을 분명히 하고 넘어간다.

수많은 사람들이 죽어나가는 중에 5월 25일 유수원이 능지처참되었다. 유수원은『관제서승도(官制序陞圖)』를 지어 영조가 이조전랑과 한림 개혁을 할 수 있도록 명분을 찾아준 소론의 강직한 학자였다. 그는『우서(迂書)』를 지었는데 여기서 그는 양반문벌 타파와 상공업 중심의 개혁을 주장했다. 양반과 양인의 신분을 동질화시키고 상공업을 육성해야 한다고 주장한 그는 당대 실학사상의 선구자였다. 유수원은 죽기 전 최후진술을 남겼다.

"저 같이 낙향하여 버려진 자가 어찌 당론에 간여할 수 있겠습니까? 심악이 진술하면서 저를 가리켜 강경파라고 했다 해서 어찌 그 때문에 죽어야 한단 말입니까? …… 조정 재상들이 탕평을 한다면서 고루 등용했다는 자들이 모두 소인들이었습니다. …… 제가 말하기를 '오늘날 등용된 사람들이 어찌 우리들보다 나은가' 했습니다. 우리들은 배를 곯으며 장차 죽게 생겼는데 그들은 등용되었으니 이 때문에 임금을 원망했습니다……."

유수원이 말한 심악은 경종의 정비 단의왕후(端懿王后) 심씨의 조카였다. 심악의 숙부인 심유현(沈維賢)은 단의왕후 심씨의 남동생이다. 심유현은 경종의 시신을 염할 때 참가했었는데 시신이 검붉은 색으로 변해 있었으며 눈, 코, 귀에서 피가 흘러나온 것을 직접 보았다고 경종 독살설을 널리 유포시킨 장본인이었다.

심악은 죽기 전 공초에서 이렇게 말했다. "신은 유수원의 역절(逆節)이란 것이 실은 나라를 향한 정성이라고 보며 수원의 흉언이라는 것도 대역(大逆)이 아니라고 생각합니다. 유수원과 함께 죄를 입는다면 죽더라도 기쁘겠습니다."

심악은 유수원이 죽은 다음 날인 5월 26일 복주되었다. 오랜 세월을 함께했던 두 친구는 조정을 원망하는 말을 했다는 이유로 하루

차이로 나란히 세상을 떠났다.

이처럼 피로 물든 영조 31년(1755) 2월의 나주 벽서 사건과 5월의 토역 정시 사건을 을해옥사라고 한다. 이 옥사로 참수당한 자가 200여 명, 노적(孥籍)되거나 귀양 간 자가 300여 명으로 모두 500여 명의 인명이 화를 입었다. 탕평으로 왕권을 강화하여 살육의 당쟁을 막겠다던 영조는 조선을 피바다로 만들고 있었다.

나주 벽서 사건의 의혹, 그리고 전향

조재호(趙載浩)는 조문명의 아들이고 조현명의 조카이며 효장세자빈 현빈 조씨의 오빠다. 아버지와 숙부 모두 대대로 소론 명문가 집안이다. 아버지 조문명은 영조 8년(1732)에, 숙부 조현명은 영조 28년(1752)에 사망했다. 영조는 조문명, 조현명에 이어 조재호를 중용한다. 조재호는 영조의 탕평책을 적극적으로 지지하고 뒷받침하는 소론 탕평파의 핵심 인물이었다. 영조는 영조 30년(1754) 1월에 조재호를 우의정에 특배(特拜)한다.

영조 30년(1754) 8월 22일 영조는 우의정에 임명되고도 거의 8개월간 조정에 나오지 않고 있었던 조재호를 만난다. 발을 다쳐 잘 걷지 못하는 조재호는 내시의 부축을 받아 영조에게 다가갔다. 영조가 이종성이 일전에 올렸던 상소에 대해 묻자 조현명이 대답했다.

"이종성은 젊어서 성망(聲望)이 있었는데, 급제한 뒤에 신들과 같이 하지 않은 것은 이광좌의 행동들이 남을 감동시킬 만하기 때문이었습니다. 그러므로 젊을 때부터 좋아하여 따랐는데 차마 죽은 뒤에 저버릴 수 없으므로 그러한 상소를 올린 것입니다. 이종성이 도헌(都憲)으로서 죄를 받았을 때 신이 서로(西路)에 왕래하다가 들려서 보고 말하기를, '신세가 어찌하여 이 지경이 되었는가? 가정에서 전부터 내려오는 연원을 버리고 구촌숙(九寸叔)을 따라가는 것은 중요한 일이 아니다' 하였더니, 이종성이 말하기를, '사세에 몰려 자연히 그렇게 되었다'라고 했습니다. 신의 아비는 일찍이 이광좌에 대해 희망을 가졌는데, 이광좌가 소론의 영수이고 그 당류가 평소에 믿고 복종했으므로, 생각을 고쳐 착한 것을 좇으면 소론 안에서 준론(峻論)을 하는 당을 꼭 없애려 하지 않아도 저절로 없어질 것이라고 여겼기 때문입니다. 그러므로 신의 아비가 무신년 이후에 이광좌에게 전일의 죄를 상소하여 스스로 인책할 것을 권하였더니, 이광좌가 감사해하며 말하기를, '그대의 말이 참으로 옳다. 서로 사랑하는 뜻을 알 수 있으니, 그대의 말대로 하지 않을 수 있겠는가?' 하였습니다. 그렇지만 그 뒤에 이광좌가 그 말을 실천하지 않고, 옛 버릇을 고치지 않은 채 반드시 공론과 혈전(血戰)하면서 자기와 뜻을 달리하는 사람을 모함하고 해치려 했습니다. 그 준론 하는 당이 이 때문에 더욱 횡포하여 크게 독이 되었으므로, 신의 아비가 그의 무상(無狀)함을 늘 말했습니다."

이종성이 전날 올렸던 상소는 이광좌를 옹호하는 상소였다. 그는 "이광좌를 신구(伸救, 죄가 없음을 밝혀 사람을 구원함)하면서 심지어 친척으로 가까운 관계이지만 의리로는 사표(師表)와 같다."라고 했었다.

이때 영조는 조재호에게 이종성이 이광좌를 옹호하는 상소를 쓴 이유를 물어본 것이고 조재호는 이종성이 '사세에 몰리다 보니 어쩔 수 없었다'라고 말했다고 영조에게 말을 전하며 이종성의 처지를 두

둔한 것이다. 이어서 조재호는 소론 영수였던 이광좌가 강경 소론으로 해악을 끼친 바가 많다고 말한다. 조재호는 자신도 소론이지만 이광좌의 강경 소론과는 다르다는 입장을 분명히 밝히고 있다.

그랬다. 소론은 조문명, 조현명, 조재호로 이어지는 온건 소론과 이광좌 이종성으로 이어지는 강경 소론으로 갈라져 있었다. 주로 영조의 탕평에 적극적인 쪽은 온건 소론이었고 신축년 건저대리 사건(연잉군 세제 대리청정 사건)과 신임옥사(임인년 목호룡의 고변 사건)에서 경종에 대한 충절을 강조하며 노론들을 적극적으로 치죄한 소론 5대신 조태구, 유봉휘, 이광좌, 조태억, 최석항에게 의리를 지켜야 한다는 쪽이 강경 소론이었다. 영조는 영조 16년 경신처분, 영조 17년 신유대훈으로 신임옥사 때 사형당했던 노론 4대신을 모두 복권시키고 당시 수사 기록인 「임인옥안」을 불태워버렸다. 영조는 이것으로 사실상 자신을 즉위시키고 지지해온 노론의 손을 들어주었다. 아울러 영조가 노론에 끌려 다닌 것이 아니라 영조 주도 하에 소론의 협력을 끌어낸 것이었기 때문에 일련의 과정들을 통해 영조의 정국 주도권은 더욱 강화되었다.

그런데 문제는 영조가 노소론 탕평을 쓰면서 정국 주도권을 강화시켜가는 것을 바라보는 노론들의 마음이 편치 않았다는 데 있었다. 노론은 영조가 노론 4대신들을 복권시킨 것에 만족하지 않고 소론 5대신들에게 죄를 물어 역률을 추시해야 한다고 신유대훈 이후 10년이 넘는 세월 동안 줄기차게 요구하고 있었다.

이들 노론들이 10년 이상 주장하며 앞세운 논리를 '변군무(성)론[辨君(聖)誣論]' 또는 '군(국)무미설론[君(國)誣未雪論]'이라고 한다. 임금을 모함한 자들을 깨끗하고 완전하게 토벌하지 않았다는 말이다. 나라의 기강을 바로잡고 세상의 의리를 제대로 세우려면 영조를 모함했던 이미 죽은 소론 5대신들의 죄를 다시 묻고 아직도 그들을 따르는 무리들을 조정에서 완전히 축출해야 한다는 논리였다. 노론이 원하는 것은 그렇게 해서 조정에 노론 일당 독재체제를 만드는 것이었다.

소론들은 지칠 줄 모르는 노론의 주장에 자신들이 서서히 밀리고 있음을 알고 있었다. 처음 출발점부터 경종을 지지했었고 영조 지지에 소극적이었던 소론들은 경신처분과 신유대훈을 지나면서 노론의 정치적 명분이 정국을 주도적으로 장악해가는 것을 막을 수 없었다. 정치적 명분에서 밀릴 수밖에 없는 소론들은 영조의 탕평에 적극 참여했다. 그러면서 소론 내부는 소론의 정치적 명분, 즉 소론 5대신들의 주장들을 준엄하게 지켜야 한다는 강경 소론들과 그것보다는 영조의 탕평에 적극 참여해야 소론 전체를 보호할 수 있다는 온건 소론으로 분열해갔다.

중요한 것은 영조의 복심, 의중이었다. 영조는 노론들이 '변성무론', '군무미설론'을 강하게 외칠수록 노론들을 강하게 거부했다. 영조 27년에 대사간 민백상이 왕세자에게 군무미설을 주장하며 대리하는 아들 왕세자가 아버지의 복심을 읽어 아버지를 대신해서 소론 5대신들에게 복수를 해야 진정한 효자가 된다는 상소를 올렸을 때도^(205쪽 참조) 영조는 격노하면서 민백상을 의금부에 하옥시킬 정도였다. 과연 영조가 바라는 것은 무엇이었을까. 노론들은 영조가 겉으로는 노론들의 주장을 거부하지만 복심은 자신들과 같다고 확신하고 있었다.

그러나 영조의 생각은 달랐다. 영조는 왕이었기 때문이다. 무신란을 겪으면서 영조는 오로지 왕만이 왕의 편임을 확실히 알았다. 노론은 노론 편이지 왕의 편이 아니었다. 노론이 '변성무'·'군무미설'을 주장하는 것은 영조를 위하는 척하면서 사실은 영조를 쥐락펴락하고자 하는 노론만의 당리당략이라는 것이 영조의 생각이었다. 노론은 조선 전국에 퍼져 있는 영조의 정통성을 의심하는 반노론 세력들을 진압하고 통제할 실질적 능력들이 없었다. 중앙에 앉아서 소론 징토만을 목청껏 부르짖는 노론의 뜻을 받아준다면 지방에 산재해 있는 반노론들의 저항을 영조는 감당할 수 없었다. 그만큼 영조의 정통성은 의심받고 있었고 전국 각지에 정권 불만 세력들이 산재해 있었다.

때문에 영조의 목적은 분명했다. 무신란이 일어났을 때의 원칙, 말하자면 '소론의 난은 소론의 손으로 진압하라'는 원칙을 꾸준히 유지하는 것이었다. 영조는 노론의 주장을 소론이 받아들이도록 기다리고 있었다. 경종을 지지했던 소론이 스스로 영조에게 적극적으로 투항하도록 만드는 것만이 자신의 정통성을 온전하게 만들 수 있는 유일한 방법이라는 것을 영조는 알고 있었다. 영조의 탕평에 적극 참여하던 조재호는 영조의 이런 의중을 읽었다.

영조 28년(1752) 8월 28일 조재호는 영조에게 이광좌의 죄가 3가지라고 말한다.

이광좌에게 3가지 큰 죄가 있으니, 김일경을 발탁해 병조판서에 제수한 것과, 신축년 임인년에 옥사를 주도한 것과, 그의 심복으로서 전에 천거했던 자들이 무신년 이후 역적이 된 것입니다. 이 3가지 죄를 짓고도 생전에 요행스럽게도 전형(典刑)을 면했으니, 죽은 뒤 어찌 징토해야 한다는 논의가 없겠습니까? 또 신이 따로 통완(痛惋)해 하는 것이 있습니다. 무신년 이후 즉시 자신의 죄를 인책하여 글을 올려 죄를 청한 뒤 전야(田野)로 물러나 있으면서 처분을 기다려야 마땅했을 터인데, 조금도 잘못을 뉘우치지 않고 도리어 전날의 습성을 마구 부리면서 당류(黨類)를 규합하여 국가로 하여금 탈가(稅駕)할 곳이 없게 만들었으니, 이것이 그 죄가 더욱 대단하다 할 만한 것입니다.

조재호의 말을 들은 영조는 "경이 논한 바가 참으로 나의 뜻과 같다."라고 말하며 크게 만족해한다. 이렇게 영조와 조재호는 영조 28년에 이미 이광좌에게 역률을 추시할 것을 논의하고 있었던 것이다. 문제는 이광좌에게 역률을 추시하면 이광좌를 따르는 현직 강경 소론들을 어떻게 처분해야 하느냐 하는 것이었다. 이광좌를 징토하되 현직 소론들에게는 피해가 미치지 않도록 해야 하는 것이 영조와 조재호의 고민거리였던 것이다.

물론 노론들은 이광좌 이외에 다른 소론 대신들에게도 모두 역률을 추시하고 현직 소론들에게도 책임을 물어 옥사를 확대하는 것이 목적이었다. 이렇게 노론들의 여론이 갈수록 거세지고 있었기 때문에 조재호는 영조에게 소론이 소론 영수였던 이광좌를 토죄할 테니 다른 소론들은 살려달라는 거래를 사실상 청한 것이었다. 한마디로 소론 영수였던 이광좌를 버리고 전향할 테니 영조의 측근 권력에서 멀어지지 않도록 받아달라는 것이었다. 이것이야말로 영조가 바라마지 않던 바였다.

때문에 영조와 조재호의 이런 계획을 모르지 않았을 이종성이 이광좌가 자신의 사표 운운하는 상소를 올린 이유가 무엇이냐고 이때 영조가 조재호에게 물은 것이었다. 조재호는 이종성이 강경 소론 내부 여론을 살펴보느라고 어쩔 수 없이 그런 상소를 올린 것이지 다른 이유가 있는 것은 아니었다는 이종성의 말을 영조에게 전한 것이었다.

영조와 조재호와 이종성 사이에 이런 논의가 진행되는 중이던 6개월 뒤에 나주 벽서 사건이 일어난 것이다. 나주 벽서를 영조에게 바친 전라감사 조운규는 조영국(趙榮國)의 아들이었다. 조영국은 공조참판, 이조참판, 대사간, 호조판서 등 요직을 두루 역임한 소론의 핵심인사였다. 또한 영조 전반기 탕평에서 중요한 역할을 했던 송인명과 사돈인 동시에 이종성과도 사돈 관계였다. 그런 조영국의 아들 조운규가 전라감사로 임명된 건 영조 30년(1754) 5월이었다.

영조 28년에 조재호가 이광좌를 토죄해야 한다는 의견을 제시했고 그 논의가 꾸준히 이어지고 있었으며 영조 30년 5월에 조운규가 전라감사로 파견되고 영조 30년 8월에 이종성의 뜻이 정확하게 어디 있는 것인지 조재호를 통해 영조가 확인한 뒤인 6개월 뒤에 전라감사 조운규가 영조에게 벽서를 가져다 바친 것이다.

나주 벽서 사건이 일어나자 소론들은 기다렸다는 듯이 자송(自訟, 죄를 스스로 반성함) 상소를 앞 다투어 바친다. 영조 31년 3월 2일에는 조정의 모든 소론들이 합사(合辭)를 올린다. 상소 내용은 난역의 근본은 무신 잔당들을 온건하게 품어준 것에 있다면서 흉적의 효시인 유봉휘, 조태구에게 역률을 추시하고 아울러 이들을 감싸려고 했던 소론의 정신적 지주인 이광좌, 최석항에게까지 죄를 물어야 한다는 것이었다. 사실상 소론들이 집단 전향 의사를 밝힌 것이었다.

이종성, 박문수 등도 전향 대열에 합류했다. 3월 5일 소론 영수 이종성이, 3월 10일에는 소론 박문수와 이철보(李喆輔)가 영조 앞에서 당습(黨習)에 빠져 있던 지난날들을 반성하고 있다는 말을 한다. 박문수는 자신이 당론 속에서 태어나고 자라고 늙으면서 사리분별이 어두워지는 바람에 여러 신하들이 역적을 성토하는 소장에 미처 이름을 올리지 못한 것을 반성하고 있다고 상소를 올렸다.

영조는 소론의 합사가 올라온 당일인 3월 2일 소론들의 상소에 대해 이렇게 말했다.

"이것은 이른바 외모만 고치고 본심은 고치지 않은 것이다."

영조는 소론들의 요청에 대해 유봉휘와 조태구의 역률 추시만 받아들이고 이광좌, 최석항에 대해서는 관작만 추탈하도록 명했다. 무신년에 소론의 난은 소론의 손으로 진압하도록 만들었던 것과 같은 상황이 영조 31년 을해옥사 때도 벌어지고 있었던 것이다.

이때 이들의 상소가 물밀듯이 올라왔었는데 영조 31년 3월 3일자 첫 번째 기사는 당시 모습을 이렇게 묘사하고 있다.

…… 소론으로 평소 이광좌의 언론을 사표처럼 여겨 아비는 전해주고 자식은 받았었는데, 그러한 자들이 모두 겁을 내어 어쩔 줄을 모르고 변액(便液)을 함께 쌌으며, 진신(搢紳)의 상소라고 일컫는 것은 위로는 경재(卿宰)로부터 통적(通籍, 고관대작이나 종친에게 궁을 자유롭게 드나들게 하던 제도)한 사람에 이르기까지 나열하여 기록하지 않음이 없어. 또 그 이름이 혹시라도 소록(疏錄)에 누락될까 두려워하여 직접 서로 공갈하기를 반세(半世) 동안 미친 듯이 하였으며, 이광좌의 무리를 징토한다고 핑계 대며

아침부터 저녁까지 상소문이 무더기로 쌓였었는데, 임금이 모두 비답을 내리고 이어서 지금부터 뒤로는 이런 등의 상소를 올리지 말고 잡되게 떠드는 것을 그치도록 하라고 명하였다.

— 『영조실록』, 영조 31년(1755) 3월 3일

전라도 도서와 해안 지역은 김일경이나 윤취상 등 영조 초에 역적으로 단죄된 사람들과 무신란에 연루된 죄인들의 가족과 친지들이 많이 귀양 가 있는 곳이었다. 그들이 전라도의 중심 고을 중 하나인 나주에 자주 모이고 서로 어울린다는 사실은 새삼스러운 일이 아니었다. 즉, 그 사실을 조정에서도 잘 알고 있었다는 말이다. 영조와 조재호, 이종성, 그리고 나주 객사에 걸린 괘서를 즉시 영조에게 바친 소론 핵심 인물인 전라감사 조운규, 그리고 정확하게 1주일 만에 윤지가 잡혀오고 곧이어 소론들의 집단 전향이라는 이 일련의 과정이 과연 전적으로 우연일까?

나주 벽서 사건이 우발적인 사건인지 아니면 모종의 기획된 사건인지는 정확히 알 수 없다. 그러나 어떻든 결과적으로 나주 벽서 사건과 이어진 토역정시 사건은 조정에 남아 있던 강경 소론들이 영조의 탕평에 협조하는 온건 소론으로 대거 전향하게 만들었다. 또 소론 전체는 을해옥사를 디딤돌 삼아 자신들의 정치적 명분을 버리고 노론의 주장이 일종의 국시가 되는 것에 찬성으로 돌아섰다. 이들은 무려 500여 명의 목숨을 제물로 바치고 자신들은 영조의 측근 권력으로 살아남았던 것이다.

승자의 기록, 『천의소감』

영조 31년(1755) 9월, 영조는 노론을 향해 다시 단식 투쟁을 선포했다. 의로움을 널리 분명하게 밝힌다는 뜻을 가진 책 『천의소감(闡義昭鑑)』의 편찬 방향 때문이었다.

을해옥사가 마무리될 즈음인 동년 5월 29일 집의(執義) 서명응(徐命膺)과 지평(持平) 원인손(元仁孫)이 옥사의 유래와 전말을 기록한 책자를 만들어 반포하자는 연명 차자를 올렸다.

영조는 이를 받아들여 찬수청을 설치하고 영부사 김재로, 영돈녕 이천보(李天輔), 우의정 조재호를 도제조로 삼고 실무 낭청에 홍경해(洪景海), 원인손 등을 임명하여 편찬하도록 명한다. 편찬이 시작되면서 초고가 7월 하순에 윤곽을 드러내자 두 가지 쟁점이 떠오르면서 논란이 일어났다.

논란은 을해옥사로 자신들이 주장하던 대로 영조가 움직여줬다고 생각한 노론들이 편찬 방향을 거침없이 확대한 데서 비롯되었다.

첫 번째 쟁점은 을해옥사의 근본 원인을 경종 때의 신임옥사에서 더 끌어올려 숙종 15년 기사환국(인현왕후 민씨를 폐서인시키고 남인이 정권을 잡았던 사건)까지 거슬러 올라간 데 있었다. 난역의 근원을 기사환국 때까지 거슬러 올라가면 발행될 책자에 역도로 이름이 올라갈 사람들의 범위가 한도 끝도 없이 넓어질 것은 당연했다.

두 번째 쟁점은 신임옥사 때 노론 4대신들을 치죄했던 소론 5대신들에 대한 처분 문제였다. 이광좌, 조태억, 최석항, 유봉휘, 조태구 모두에게 대역죄를 추시해야 한다는 것이 노론의 주장이었다. 가장 핵심적인 사안은 이광좌에 대한 것이었다. 이광좌에게 대역죄를 추시한다면 한때 이광좌를 따르던 소론들이 자송서를 쓰며 전향을 시도했더라도 조정에서 퇴출되어야 했던 것이다. 그렇게 되면 강경이건 온건이건 소론은 조정에 발붙일 곳이 없어지는 것은 불 보듯 뻔했다. 노론은 이렇게 분명하게 자신들이 원하는 것이 '노론 일당 독재'임을 당당하게 초고에 밝혀놓고 있었다.

옥사가 마무리된 후 은거 중이던 조재호가 소식을 듣고 영조를 만난 것은 영조 31년(1755) 9월 14일이었다.

"금년 봄 역옥이 일어난 후에 처음으로 경을 만나는구나. 경은 이미 역적의 변이 이러한 줄을 헤아리고 있었는가? 경은 모름지기 통렬하게 진달하라."

영조의 말을 듣고 조재호가 입을 열었다.

"신이 이미 자세히 말씀드렸습니다. 올봄에 역적으로 죽인 자는 당습에 불과하다가 엎치락뒤치락하여 이에 이른 것입니다. 당(黨)과 역적은 두 갈래가 아니어서 그 습성을 쓰지 못하면 울분이 쌓이고, 울분이 쌓이면 나라를 원망하게 되며, 나라를 원망하면 역적질을 하기에 이르니, 피차를 물론하고 모두 경계할 줄을 알아야 합니다. 신이 일전에 혼자 생각하기를 종기를 터뜨린 것만도 이미 불행한데 어찌 온몸을 두루 찔러야 하겠는가? 하였는데, 온몸은 전하의 나라이니, 성상께서 깊이 염려하여 선처하소서. 이번에 찬수하는 책에 소론의 죄를 낱낱이 밝혀놓았다고 하는데 올해에 역적으로 죽은 자가 이미 500여 명입니다. 만약 이 책으로 인해서 또 폐족(廢族)이 생기면 참으로 불행한 일입니다. 모름지기 신축년 임인년의 일은 다시는 제기하지 말아서 연좌되어 벼슬길이 막히지 않도록 분명한 효유(曉諭, 알아듣도록 타이름)를 내려 반측(反側)하는 무리들이 스스로 안심하도록 해야 합니다."

그랬다. 조재호의 말대로 일단 편찬되는 책에 한 번 이름이 올라가면 그 후손들은 영원히 조정에 출사할 수 없었다. 그야말로 당대의 명문 가문이 한순간에 쪽박 가문으로 내동댕이쳐지는 일이 어려운 일이 아니었던 것이다. 노론의 주장대로 편찬된다면 소론 가문의 후손들은 다시는 조정에 나올 수 없을 것이었다. 조재호는 영조에게 그런 일이 일어나지 않도록 노론의 거센 공격을 막아달라고 요청한 것이다.

영조는 조재호의 생각에 동의했다. 대대적인 피의 숙청이 지나갔으니 이제는 핏물을 씻어내야 할 시간이었다. 그런데 노론은 핏물을 씻어내기는커녕 그 핏물을 고스란히 모아 더 넓게 흩뿌릴 생각에 골몰하고 있었다. 분명히 노론만의 정권 장악을 위한 것이었다. 영조는 자신 위에 군림하려 드는 노론의 행태가 괘씸했다.

나흘 뒤인 9월 18일 영조는 노론 김재로를 불러 책의 편찬 방향에 논란이 있는 것에 대해 물었다.

"신의 생각은 마땅히 흉역들이 조짐을 쌓아온 근본으로 거슬러 올라가 말미암은 바를 밝혀야 한다고 여겼기 때문에 신이 서문(序文)을 지어 남구만(南九萬)·유상운(柳尙運)의 죄를 두루 서술하였는데, 이들이 없었다면 조태구·유봉휘가 어찌 공공연하게 전하를 미워하였겠습니까? 본래 지내온 내력이 있었으니, 후세에 전할 책은 자세히 기록하지 않을 수 없습니다."

을해옥사의 연원을 숙종 때 인물이었던 남구만, 유상운까지 거슬러 올라가야 한다고 말했다. 영조는 김재로를 설득했지만 김재로는 노론 당론을 혼자 결정할 수도 없었으므로 영조의 뜻을 받아들이

지 않았다.

"경이 몇 년 동안 함께 조제(調劑)해왔는데 오늘 나와는 다르게 하려는가?"

김재로는 자신의 뜻을 굽히지 않았다.

"이 일에 만약 두뇌(頭腦)가 없게 한다면 성상께서 비록 신을 임명하고자 하더라도 신은 감히 하지 못하겠습니다. 또 찬술하는 자에게는 본디 의견이 있어야 마땅히 후세로 하여금 이 글을 보고서 상상하게 할 수가 있는데, 성상께서 잠깐 보시고 고치기를 명하시면 역시 폐단이 있게 됩니다. 신은 평상시에는 전하의 말씀을 잘 따랐지만 이 일에서는 신의 의견을 고칠 수 없습니다."

영조는 참았던 화를 폭발시켰다. 영조는 찬수청을 혁파하라고 명한 뒤 음식과 약을 들이지 말라고 말했다.

"김재로의 서문을 보건대 실로 약을 먹고 싶은 마음이 없어졌다. 여러 차례 하교하였는데도 끝내 뜻을 알지 못하니, 이후에는 또 어떤 광경이 나올지 모르겠다. 내가 4당(黨)으로 하여금 살육을 하지 않게 하고자 하였으나 이번 봄 역옥(逆獄)은 이미 큰 살육이 있었는데, 또 서문을 지어서 살육을 열려고 하니 무슨 마음이란 말인가? 이제 노론이 없어진 연후에야 나라가 편안하게 된다."

영조는 노론이 하늘 높은 줄 모르고 임금 앞에서 방자하게 구는 꼴을 두고 볼 수 없었다. 9월 21일 한밤중을 지나고 있을 때 영조가 명을 내렸다.

"오늘날의 광경을 보니 단지 영수(領袖)만 알고 있을 뿐 군부(君父)는 알지 못한다. 60살 늘그막에 태아검(太阿劍, 중국 고대의 명검)이 손에 있으니, 정원은 잘 알아들어 전하라. 새벽에 진전(眞殿)에 고하고 대처분이 있을 것이니, 백관 이하는 모두 홍화문 밖에 모이도록 하라."

노론들은 대경실색했다. 얼마 전에 끝난 옥사에서 방금까지 살아 있었던 사람의 목을 베어 깃대에 꽂은 다음 모두에게 조리를 돌리게 했던 임금이었다. 노론들은 비록 자신들이 멸종시키기를 원했던 상대당의 역도의 목이었지만 영조의 거침없는 잔인함 앞에서 자연스럽게 온 몸을 움츠릴 수밖에 없었다. 영조의 모습은 그만큼 공포 그 자체였다.

노론은 옥사가 끝나면 그 과실(果實)은 당연히 자기들 차지라고 생각하고 있었던 것이 착각이었음을 비로소 깨달았다. 영조가 단식 투쟁을 하며 태아검 운운한 것은 을해옥사의 과실을 노론과 나눠먹지 않겠다는 뜻이었다. 왕의 권위에 도전하면 노론일지라도 어떤 꼴이 되는지 보여주겠다는 의사 표시였다.

김재로와 홍계희, 영의정 이천보가 소식을 듣자마자 의금부에 가서 대명(待命)했다. 대명한다는 소식을 들은 영조가 말했다.

"대명하지 말라고 전하라."

김재로와 이천보가 부랴부랴 잘못을 뉘우친다고 반성하는 상소를 올렸다. 조정에서 노론이라 일컬어지는 모든 신하들이 자책 상소를 올리기 시작했다. 70여 명의 상소가 앞 다투어 새벽 시간까지 계속 올라와 산처럼 쌓였다. 도성 안에 살고 있는 모든 노론 신료들이 두려움에 떨며 잠을 이루지 못해 수레나 가마 같은 탈 것들을 타고 하나둘씩 도성 문 밖에 모여들더니 어느새 길을 꽉 메울 정도가 되었다.

모두들 두려움에 떨었다. 얼마 전에 하루가 멀다 하고 벌어졌던 능지처참 장면들이 노론들의 머릿속을 꽉 채웠다. 이번엔 자신들 차례가 될 수도 있다는 생각들을 하고 있었다. 모두들 한 번만 용서해달라고 영조에게 빌었다. 봄에 옥사가 시작될 때는 소론들이 너도 나도 지난날의 잘못들을 반성한다는 상소를 올리더니 옥사가 끝난 가을에는 노론들이 너도 나도 잘못했으니 용서해달라는 상소를 올리고 있었다.

60살이 넘은 영조는 재위 30여 년 만에 왕좌의 참맛을 온 몸으로 만끽하고 있었다. 노론들의 항복을 받아낸 다음 날인 9월 22일 영조는 찬수청을 다시 설치한다. 처음에 임시로 『천의리편감(闡義理編鑑)』이라고 했던 책 제목을 『천의소감』으로 확정하고 책의 모든 내용을 수시로 영조에게 보고하고 영조의 뜻대로 수정하면서 진행해나간다. 자신이 모든 것을 주관하게 된 영조는 신치운이 게장 운운했던 부분을 무엇보다도 먼저 분명히 밝히고 싶어 했다. 노론의 주장이 우선이 아니라 영조 입장에서 자신이 혐의가 없음을 분명히 하는 것이 최우선이었다.

영조는 게장은 인원왕후 김씨가 진어한 것이 아니라 수라간에서 올린 것이고 또 경종은 게장을 먹고 닷새 뒤에야 죽었으므로 경종이 게장과 관련해서 독살당했다는 말은 역적의 무리가 거짓을 퍼트린 것이라고 분명히 기록하라고 명한다.

『천의소감』 편찬 작업은 일사천리로 진행돼 11월 말에 완성된다. 영조의 주장대로 신축년 이후의 일들만 기록했고 소론 대신들에 대해서는 유봉휘, 조태구에게만 역률을 추시했다. 이광좌에 대해서는 '역괴'라는 말 대신 '무신란을 초래한 우두머리[禍首]'라고 적시하게 했다. 또 경종이 많이 아팠기 때문에 노론이 영조를 왕세제로 만든 것은 경종에 대한 역이 아니라 삼종의 혈맥을 이어가기 위한 충성이었다고 기술하도록 했다.

그랬다. 경종이 건강했다면 영조와 영조를 임금으로 만든 노론들은 역도라는 굴레에서 벗어날 수가 없었다. 때문에 영조의 정통성을 위해 경종은 반드시 아주 많이 아팠어야 하는 임금이 되었다. 그렇게 『천의소감』에 기술되었고 그것이 오늘날까지 전해졌다. 경종은 아주 많이 아팠다고. 경종은 조금 아팠던 것이 아니라 아주 많이 아팠기 때문에 이복동생 영조가 왕위를 계승한 것은 아주 당연한 것이었다고 역사에 기록되었다. 경종이 많이 아팠어야 영조의 정통성에 흠집이 없어지는 것이었다. 역사는 승자의 기록이므로 승리한 영조의 기록인 『천의소감』은 영조가 절대 권력에 더욱 가까워졌다는 상징이었다.

노련한 아버지, 집요한 신하들, 무력한 아들

영조 33년(1757) 6월 27일.

영조는 춘방(春坊, 세자의 교육을 맡아보던 관아)의 관원을 불러 세자가 요즘 무슨 책을 강독하는지 물었다. 딱히 관원의 대답을 원했던 것이 아니었는지 답을 듣지도 않고 영조는 세자에 대해 알고 싶은 것을 이어서 에둘러 물어본다.

"어제 내가 우연히 휘령전(徽寧殿)에 갔더니, 원량이 보는 서책이 책상 위에 쌓여 있었는데, 내가 보지 못했던 것이 많았다."

"박학하여 국한됨이 없습니다."

보덕(輔德) 윤동승(尹東昇)이 말했다.

"강학할 때 무슨 옷을 입고 하는가?"

"최복(衰服. 상중에 입는 상복)을 입습니다. 그런데 덕성합(德成閤)이 매우 좁아 한낮에는 매우 뜨거운데도 어려운 것을 질문하면서 고달파하는 기색이 없습니다."

"원량이 매우 총명하여 읽기만 하면 문득 욀 수 있을 것이다."

"강학을 부지런히 잘할 뿐 아니라, 다섯 차례 우제(虞祭)를 행하면서 슬픔과 공경하는 마음이 모두 극진하였으며, 제사를 지내며 주선함에 조금의 실수도 없었고, 대수롭지 않은 작은 절차도 강구(講究)하지 않음이 없었습니다. 예(禮)가 적합한 데 돌아가게 하려고 힘썼으므로, 신들이 서로 마주 보며 감탄하였습니다."

"그렇다면 얼마나 다행스러운가?"

이즈음 영조는 세자를 예의주시하고 있었다. 영조 33년 2월에 영조의 왕비 정성왕후 서씨가 사망했고 3월에는 대비 인원왕후 김씨가 운명했다. 이때 세자가 강학할 때 최복을 입은 이유였다. 정성왕후 서씨와 인원왕후 김씨 모두 세자를 응원하고 지지해준 세자의 든든한 지원군들이었다. 그러므로 이들 두 사람의 사망은 앞으로 세자에게 일어날 정치적 시련의 예고편이었다.

영조 31년 을해옥사가 끝난 후 영조의 권력은 이전과 다른 차원으로 강화되었다. 소론이 일으킨 무신란을 앞장서서 진압해 살아남았던 소론은 을해옥사 때도 같은 방식으로 살아남았다. 노론은 자신들의 주장을 결국 국시(國是)로 만드는 데 성공했다. 그러나 이 모든 과정을 만들고 판을 짠 사람은 영조였다. 따라서 영조의 '나 홀로' 정국 주도권은 을해옥사 이전과는 차원이 다르게 강화되었다. 영조는 이제 30년 이상 산전수전 다 겪으며 진흙탕 정치판에서 살아

남은 조선 최고의 정객이 되었다. 또 영조보다 나이가 많은 신하도 거의 없었다. 어느 모로 보나 영조는 노론이고 소론이고 간에 모두를 압도할 만했다. 영조는 자신의 뜻을 거스르거나 이견을 제시하는 것을 용납하지 않았다. 모두들 왕 앞에서 납작 엎드렸고 숨을 죽였다. 소론은 말할 것도 없었고 노론 역시 마찬가지였다.

반면에 세자의 처지는 더 힘들어졌다. 을해옥사로 소론들이 이광좌 징토를 주장하며 사실상 전향했기 때문에 친소론 성향을 가지고 성장했던 세자의 정치적 입지는 자연스럽게 곤란해졌다. 이런 상황인데 영조 앞에서 자신들의 뜻을 전달하지 못하게 된 신하들은 세자에게 하소연하기 시작했다. 세자는 한편으로는 현존하는 절대권력 아버지의 의중에 맞게 행동해야 했고, 다른 한편으로는 아버지에게 자신들의 뜻을 전달해서 설득해달라는 신하들의 요구도 처리해야 했다. 절대권력 아버지와 그 절대권력에게 자신들의 뜻을 전달하려 하는 집요한 신하들 사이에서 세자는 샌드위치 신세였다. 영조가 세자를 총알받이로 이용하려고 하는 만큼이나 신하들도 세자를 자신들 편으로 끌어들여 전달 창구로 이용하고 싶어 했다. 20살 초반의 세자는 영조와 신하들 양쪽에게서 끊임없이 정치력을 시험당하고 있었다.

영조 32년(1756) 2월 12일 사간원 정언(正言) 김상도(金相度)가 폐단을 논하는 3개 조목을 세자에게 상서한다.

> …… 근래, 권요(權要, 권력이 있는 중요한 자리)에 아첨해 붙고, 위에
> 서는 궐실(闕失, 허물)을 광정(匡正, 바로잡음)하는 것을 볼 수 없고
> 아래서는 관사(官師)가 상규(相規)함을 듣지 못하였으니, 조정의

기상이 날로 무너지고 나라의 형세는 의지할 곳이 없습니다. …… 어찌 국가에서 도솔(導率)하고 부식(扶植)하는 방법에 미진한 바가 있어서 그런 것이 아니겠습니까? 현임 재상 한 사람에게 드는 것이 거의 중인(中人) 열 가구의 재산을 넘으니, 이런 허다한 재물이 어디에서 생긴 것인지 알지 못하겠습니다. 조정 권귀(權貴, 지위가 높고 권세가 있는 사람)의 경우 뇌물을 받음에 있어 값을 받고 청촉(請囑)하여 외임(外任)에 차견(差遣)하면 위로는 섬기기를 잘하고 아래로는 사복(私腹)을 채우니, 안팎이 서로 의지하는 형세가 있어 피차간에 나누어 누리는 이익이 있습니다. 한정이 있는 재물로 만족할 줄 모르는 욕심을 채우자니, 어찌 백성이 곤궁하고 피폐하지 않겠습니까? 상평(常平) 진휼(賑恤) 양청(兩廳)의 곡식은 마땅히 헤아려 획급(劃給)하여 먼저 거의 다 죽게 된 기민을 살리고 다음으로 농량(農粮)이 없는 빈호(貧戶)에 지급하여 눈앞의 위급함을 구제하고 내년의 근심을 방지해야 할 것입니다.

사간원은 간쟁하고 탄핵하는 기관이다. 그 기관의 관원으로 김상도는 당시 세태에 문제가 있음을 지적했다. 첫째는 절개를 지키는 풍조가 사라지고 권력자들에게 아첨하는 세태가 번지고 있으며 둘째는 권력을 쥐고 있는 재상들이 재물을 탐하여 백성들 살기가 힘들어지고 있다고 했다. 마지막으로 흉년 때문에 진휼 대책을 신속하게 마련해야 한다는 내용으로 끝맺는다.

한마디로 정권에 대한 포괄적인 비판이었다. 김상도는 영조가 중용하고 있는 재상들에게 문제가 있고 그런 문제들을 고치려고 하지 않는 영조에게도 문제가 있다는 말을 한 것이었다. 단지 그 재상들의 이름을 꼭 집어 말하지 않았을 뿐이었다. 대대적인 옥사가 끝난 뒤에 누구도 영조 정권과 인사 정책 등에 대해 감히 한마디도 제대로 하지 못하는 분위기였기 때문에 김상도의 상소는 뜻있고 혈기 있는 간관의 용기 있는 세태 비판쯤으로 여겨졌다.

세자는 김상도의 상소를 문제 삼아야 하는 것인지 괜히 그랬다가 긁어 부스럼이 되게 하는 건 아닌지 판단하기 어려웠다. 세자는 간쟁과 탄핵을 본업으로 하는 기관원으로서 당연히 할 수 있는 말을 한 것이라고 여겼는지 진달한 바가 지극히 간절하니 마땅히 유념하겠다고 답하고 돌려보냈다.

그러나 문제는 이제부터 시작이었다. 조선의 관행상, 간쟁 기관의 탄핵을 받은 재상들은 어떤 형식으로든 탄핵에 대한 도의적 책임을 져야 했다. 실제로 죄가 있건 없건 일단 간쟁 기관의 탄핵 도마에 오르면 피혐(避嫌, 혐의가 해명될 때까지 벼슬자리에 나가지 않는 것)부터 해야 하는 것이 상식이었다. 때문에 영의정 이천보가 세자에게 자책하는 차자를 올렸다.

간신(諫臣) 김상도의 서본(書本)을 얻어보니 근래 탐독(貪黷)의 폐단과 사치의 풍습을 성론(盛論)한 것으로, 그 말한 바가 지극히 추예(醜穢, 지저분하고 더러움)하여 엄히 신칙하고 명백하게 금할 것을 청하는 데 이르렀습니다. 돌아보건대, 지금 언로가 막혀 있으니 이번 간신의 말은 그 직분에 최선을 다했다고 할 만합니다. 애석한 것은, 분명히 말하고 드러나게 배척하여 그 죄를 바로잡아야 마땅한데 흐리멍덩하게 말을 하고 단지 조가(朝家)

에서 징려(懲勵)하기만 청했으니, 신은 그윽이 개연(慨然, 억울하고 분함)하게 생각합니다. 또 그 글에 이르기를 '대관(大官)·요로(要路)는 반드시 그 사람을 신중히 써야 한다' 했는데, 신은 외람되게도 백료(百僚)의 머리에 있으니, 대계(臺啓, 탄핵 상소)가 나타나는 것은 바로 신의 탓입니다.

세자는 이천보에게 괘념치 말라고 답한다. 사실 간쟁 기관이 이런 식으로 탄핵하는 것은 어제 오늘 일이 아니었다. 김상도가 누가 어떤 일의 부정한 짓을 저질렀다는 구체적인 사건이나 사실을 말한 것이 아니었으므로 최고위직인 영의정이 나서서 '잘못했다, 앞으로 잘하겠다'라는 형식적인 답을 해주면 끝날 사안이었다.

그런데 이 사안을 쟁점화시킨 사람은 영조였다. 영조는 이것이 당쟁을 재연하려는 의도에서 비롯된 것이라고 해석했다. 2월 16일 좌의정 김상로(金尙魯)를 인견하는 자리에서 영조는 일갈한다.

"이번 김상도의 글은 참으로 후천(後天)에 앉아 선천(先天)을 듣는 말과 꼭 같았으니, 김상도는 곧 건극 이전의 사람이다."

건극이란 나라를 새롭게 세웠다는 뜻인데 여기서 영조가 말하는 건극은 을해옥사를 말하는 것이었다. 그러니까 김상도를 건극 이전의 사람이라고 말한 것은 을해옥사가 일어나기 전에 당쟁을 일삼던 시절의 사람이란 말이었다. 영조는 김상도를 제주 대정현으로 유배 보내고 즉시 서인(庶人)으로 삼으라고 명한다.

영조는 당쟁의 조짐을 결코 용납하지 않겠다는 것을 '정권 비판 절대 불가'라는 방향으로 끌고 갔다. 그러니까 '정권이나 정책 비판＝당쟁'이라는 것이 영조의 결론이었다. 영조는 을해옥사를 치르면서 노론이든 소론이든 당쟁을 하는 것은 바로 임금을 무시하는 행위라는 것을 자신이 분명하게 보여줬다고 생각하고 있었다. 그런데 대리하는 세자에게 가서 세태 비판을 하는 척하면서 영조가 꾸린 조정을 비난했으니 그 속내가 음흉하다고 여겼다. 또 그런 행태에 휘둘리는 세자에게도 문제가 있다고 보았다. 순식간에 불똥이 세자에게로 튀었다.

"원량이 김상도에게 속임을 당하여 나에게 알리지 않은 채 온화한 비답으로 답하였으니, 차후로는 원량이 비록 하답하더라도 반포하지 말고 하룻밤 동안 기다렸다가 승지가 가지고 들어와 아뢰도록 하라. 그리고 부름을 명하지 않았을 경우 다음 날 아침 상서(上書)의 하답을 가지고 기다린다는 뜻으로 아뢰도록 하라."

대리하는 세자의 정치력이 영조의 성에 차지 않았던 것이다. 차기 권력인 세자의 정치적 입지는 세자가 커갈수록 이렇게 반대로 작아지고 있었고 아버지에 의해서 무력화되고 있었다. 노련한 군주 영조 앞에서는 두려워 말 한마디 제대로 못하는 이들이 아직 어리고 정치적 처세가 능란하지 못한 세자 앞에서는 큰소리쳐대는 것이 이제는 거의 버릇처럼 돼가고 있었다. 세자의 입장이 어렵다는 것을 뻔히 알고 있으면서도 그들은 세자가 자신들 편을 들어 영조에게 맞서야 한다고 세자를 압박했다.

김상도를 유배 보내라는 영조의 명이 떨어지자 지평 정창성(鄭昌聖)이 부리나케 세자에게 달려갔다. 정창성은 바로 세자의 태도를 힐난하는 상소를 올렸다.

…… 저하께서 만기(萬機)를 대리하신 지 지금 몇 년이 되었

는데 빈대(賓對)와 상참(常參)에 한갓 침묵을 숭상하고, …… 아래에서 아뢰는 바가 있으면 다만 예사 비답만을 내리십니다. …… 일언반구도 자신을 돌이켜 자책하여 널리 보조(輔助)의 가르침을 구했다는 것을 듣지 못하였고, 한갓 장주(章奏. 상소)에 대해 '경계하고 유념하겠다'는 등의 말로써 전례를 좇아 책임을 때웠습니다. 따라서 전혀 효험이 없었으니, 강직한 기풍을 어디에서부터 보겠으며 초야(草野. 재야)의 말이 어디에 이르겠습니까? 김상도를 대정현에 보내어 서인으로 삼으라는 명이 있었는데, …… 다만 그는 조모의 나이 여든에 가까워 병이 위급한 지경에 있으니, 한 번 큰 바다를 건넌다면 곧 영결하게 될 것입니다. …… 삼가 원하건대, 저하께서는 아울러 대조께 앙품(仰稟)하소서.

차기 권력인 세자가 과연 소신껏 일처리를 해본 적이 있느냐는 비난이었다. 대리한 지가 한두 해가 아닌데 어째서 늘 관례를 좇아 책임을 회피하는 식의 태도만 취하느냐고 정창성은 세자를 직접적으로 공격했다. 나이를 먹었고 대리청정 경험도 할 만큼 했으니 옳고 그름의 사안을 스스로 판단해서 움직여도 되고 그런 생각을 할 줄 안다면 당연히 자신들 편을 들어 영조에게 할 말은 해야 하는 것이 강직한 기풍이라고 주장하고 있었다. 젊은 세자는 젊은 사람답게 그런 강직한 기풍을 가져야 한다는 말이었다.

영조의 눈에 비친 세자는 대리한 지 여러 해가 지났는데도 신하들에게 휘둘리는 미숙한 세자였고 신하들 눈에 비친 세자는 대리한 지 여러 해가 지났는데도 아버지 눈치나 보는 나약한 '파파보이'였다.

세자가 있는 영조와 신하들 사이 중간지대는 그렇게 누구의 편도 들을 수 없으면서도 누구에게나 우습게 여겨질 수 있는 자리였다.

2월 18일 영의정 이천보와 좌의정 김상로까지 나서서 김상도가 직분에 맞는 말을 했을 뿐인데 유배는 과한 처분이니 명을 철회해달라고 하자 영조는 이들을 모두 파직한다.

영의정과 좌의정을 일시에 파직시킨 영조의 극단적인 행동은 여기서 끝나지 않았다. 영조는 밤 4경(새벽 1~3시)에 진전의 동쪽 뜰에 나가 단석을 펴고 북향하며 엎드린다. 승지와 사관이 뒤따라 허둥지둥 입시했다.

"내가 '여러 신하들이 다시 붕당을 하지 않을 것이다'라는 뜻으로 진전에 입으로 고했다. 그런데 이제 오르내리시는 선조의 혼령을 속였기에 사과하고자 하니, 통탄스럽고 통탄스럽다. 속담에 '비록 성(城) 위에서 떨어져도 손 안의 유자(柚子)를 차마 놓지 못한다' 했는데, 지금 사람은 비록 역률을 당하였는데도 당습을 놓지 못하다니, 심히 괴이하다."

날이 밝은 뒤 여러 신하들이 들어와 미음을 들기를 권했지만 영조는 한마디도 하지 않고 허락하지 않았다. 영조의 막무가내식 단식 무대가 다시 펼쳐졌다. 영조의 의지는 확고했다. 언론과 여론을 담당하는 기관들이 떠들어대는 것은 곧 임금을 무시하는 당쟁이다, 그러니까 모두들 입 다물고 임금의 심기를 불편하게 할 말들은 절대로 하지 마라, 비판은 금지다, 임금이 들어서 좋아할 말만 하라는 신호를 영조는 모두에게 분명하게 온몸으로 보내고 있었다. 물론 세자에게도 마찬가지였다. 영조의 심기를 곁에서 낱낱이 살피며 심기 보좌 정치에 능한 사람들이 영조의 최측근이 될 가능성이 점점 높아지고 있었다. 당쟁이 격할 때도 정상적인 정치 기능들이 돌아가지 않았지만 탕평을 앞세운 왕권이 강화되자 통상적인 언론 여론 기능들이 모두 식물 상태로 들어갔다. 언론 탄핵 기능은 죽고 왕의 심기와 눈치를 살피는 기능들이 정치의 핵심 기능으로 나타나기 시작했다. 이런 정치 분위기는 대리하는 세자의 앞날에 끝없는 가시밭길이 펼쳐지고 있다는 의미였다.

17화
세자 살해 사건의 몸통과 공모자들

정계개편, 세자를 매개로 한 노론 내 계파 투쟁

을해옥사 이후 정국은 완전히 다른 양상으로 개편됐다. 『천의소
감』을 편찬한 후 영조는 영조 32년(1756) 1월 1일 백관신료들이 올리
는 '체천건극성공신화(體天建極聖功神化)'라는 존호를 받는다. 건극이란 나
라를 새로 세웠다는 뜻이고 그 일을 한 사람이 바로 영조라는 말
이었다. 이제부터 정국은 완전히 국왕 뜻대로 움직일 것이니 아무도
거스르지 않을 것이라고 신료들이 스스로 인정하는 상징적 행위였
다. 또 노론은 오랜 숙원 사업이었던 노론의 정신적 지주 송시열, 송
준길(宋浚吉)에 대한 문묘종사(文廟從祀)를 성취해 정국 주도의 명분을 더
욱 확고하게 했다. 한편, 소론은 목숨을 잃든지 아니면 전향해서 목
숨을 부지하든지 둘 중 하나였으므로 사실상 정국을 주도할 명분
과 세력을 거의 상실했다.

노론은 정권을 독점할 승기를 잡았다. 그러나 영조는 노론이 승리의 깃발을 휘두르게 놔두지 않았다. 영조의 왕권이 종전과는 다른 차원으로 강화되었고 조정에서 소론은 명색만 유지되고 있었다. 이렇게 되자 소론과의 당쟁은 의미가 없어졌다. 노론은 내부의 권력 투쟁으로 들어갔다.

노론은 이천보가 이끄는 동당(東黨), 유척기(俞拓基)가 대표하는 중당(中黨), 세자의 장인 홍봉한을 중심으로 하는 북당(北黨), 김상로와 홍계희가 협력하고 조영순(趙榮順)이 이끄는 남당(南黨)으로 분열했다. 이들은 원래 모두 영조가 만든 노소론 탕평당이 임금의 친인척으로 구성된 척신들의 권력 독점일 뿐이라고 비난하며 탕평책을 꾸준히 반대해오던 노론 강경파들이었다.

그런데 사실 노론 내부의 계파 분열은 일찍부터 있어온 일이었다. 노론의 탕평 반대파들이었던 이들 강경파 중에서 가장 큰 세력은 남당이었다. 남당은 신임옥사로 처형당했던 노론 4대신 중 한 명인 조태채의 손자 조영순이 중심인 당이다. 그런 조영순이 같은 노론인 이천보와 어그러진 것은 「참하홍록(參下弘錄)」 때문이었다. 「참하홍록」이란 7품 이하 홍문관 소속 하급관리를 임명하기 위해 만드는 1차 심사 기록이다. 조영순이 이천보에게 인사 청탁을 했는데 이천보가 받아들이지 않았던 데에서 둘 사이가 벌어지기 시작했다는 말이다. 이들 동당과 남당의 갈등은 이후 계속 격화되는데 영조 30년(1754) 11월에는 급기야 영의정 이천보를 남당이 탄핵하는 사태로까지 이어진다.

영조 30년 11월 20일 지평 조종부(趙宗溥)가 이천보를 탄핵한다.

탄핵 내용은 이천보가 남의 아내를 빼앗았고 그 지아비를 가둬

굶겨 죽였다는 것이었다. 한 나라의 만인지상 일인지하에 있는 영의
정이 해서는 안 되는 일인 것이 분명했다. 영조는 사실 여부를 조사
하게 한다. 조사 결과 조중부의 말은 사실과 달랐고, 영조는 조중
부를 사판(仕版)에서 삭제하고 귀양 보낸다.

동당과 남당의 갈등은 을해옥사 후 『천의소감』 편찬 과정에서 더
대립적인 양상으로 번져갔다. 동당의 이천보는 신임옥사 이후의 일
만 거론하고 소론 5대신 중에 유봉휘, 조태구에게만 역률을 추시하
고 나머지 이광좌 등에게 대역죄를 적용하는 것에는 반대하는 입장
을 취한다. 이것은 영조가 바라던 것이었다. 영조는 이천보와 의견
이 같은 유척기 등의 지지를 받아 『천의소감』 편찬을 뜻한 방향으로
이끌 수 있었다. 이때 영조는 『천의소감』 편찬 후 세자의 보도를 유
척기에게 맡길 정도로 이천보와 유척기를 신임했다.

이렇게 되자 이천보의 동당과 대척점에서 갈등하던 남당들은 대
리하는 세자에게 가서 강압적으로 자신들의 뜻을 전달하기 시작했
다. 세자는 홀로 노론 남당들의 공격을 받아야 했다. 영조 31년(1755)
6월 11일 헌납(獻納) 남학종(南鶴宗)이 상서한다.

> 이번에 찬집(纂輯)하라는 명은 실로 성상께서 윤강(倫綱)을 바로
> 잡고, 난역을 막으려는 성대한 뜻에서 나온 것으로 참으로
> 훌륭하고 아름답습니다. 대저 역적을 다스리는 방도는 오직
> 그 소굴을 모조리 깨뜨리고 뿌리를 뽑는 데 있는데, 저 이광
> 좌, 최석항, 조태억 세 괴수가 소굴이 되고 뿌리가 되어 실로
> 조태구, 유봉휘와 한 꿰미로 관통되어 원래 말할 만한 차등이
> 없습니다. 그런데 유독 어찌 요행히 해당되는 법을 도피하여

차등을 두어 기록해 싣겠습니까? 신은 이광좌, 최석항, 조태억을 빨리 대조께 품하여 한결같이 조태구, 유봉휘의 예에 의해 마땅히 시행하여 고루 찬집해 실어야 한다고 여깁니다.

소론 5대신에게 모두 역률을 추시해야 한다는 말이었다. 모든 상소는 영조에게 보이기 전에 대리하는 세자에게 올라갔으므로 세자는 이런 종류의 노론 남당들의 상소를 수도 없이 받아야 했다. 그때마다 여러 말 않고 돌려보내는 것이 세자의 최선책이었다.

6월 13일에 세자가 시민당(時敏堂)에서 차대를 행할 때는 좌의정 김상로가 이광좌를 토역해야 한다고 강력하게 주장한다.

"무신년 흉역(凶逆) 이순관(李順觀)의 무리가 차마 듣지 못할 흉언을 한 것은 오로지 이광좌가 잘못을 감추어 숨긴 데서 말미암은 것입니다. 이광좌가 만일 스스로 죄를 이끌어 흙탕에 머리를 묻고 죄를 청했더라면 잘못을 저지른 자들이 거의 깨달을 수 있었기 때문에고 상신 조문명이 이를 권유하자, 이광좌가 처음에는 허락했다가 나중에는 배신하여 금년에 신치운이 또 나왔으니, 그 죄가 어찌 추탈에만 그치겠습니까?"

좌의정 김상로는 노론 남당의 의견을 강력하게 세자에게 표명하는 인물이었다. 김상로는 이천보를 중심으로 하는 노론 동당과 그를 지지하는 노론 중당의 유척기가 소론을 온건하게 대하는 것은 노론이 가야 할 길이 아니라고 생각하고 있었다. 때문에 김상로는 대리하는 세자가 자신들과 함께 영조를 설득하든지 아니면 최소한 자신들이 올린 상소를 영조에게 제대로 전달이라도 해야 한다고 여겼다. 그런데 세자는 김상로의 뜻대로 움직여주지 않았다.

영조 31년 9월 11일 김상로는 세자를 통렬하게 질책하는 차자를 올린다.

> 저하께서는 춘추가 정성하시어 만기(萬機)를 대리하신 7년 동
> 안에 천심(天心)이 응할 만한 무슨 정사가 있었으며, 성상의 맡
> 기신 바에 부응할 일이 무엇이 있으며, 사방에서 바라는 바에
> 답할 만한 조치를 베푼 것이 무엇이 있습니까? …… 일에 수
> 응함이 점차 처음만 못하니, 정사에 부지런하였다고 하겠습니
> 까? 연석(筵席)에서 아뢴 것과 상소문에 충성스러워 받아들일
> 말이 있는데도 단지 '유의하겠다', '깊이 유념하겠다'라고 예사
> 비답하였으니, 흔쾌히 받아들이고 힘껏 행하는 실효가 있다
> 고 말하겠습니까? ……

여러 해 동안 대리청정을 하면서 뭐 한 가지라도 제대로 한 게 있
느냐고 묻는 힐난이었다. 세자와 김상로를 중심으로 하는 노론 남
당과의 관계는 악화될 수밖에 없었다. 을해옥사로 소론들이 거의 전
멸하거나 맥을 못 추게 된 상황 자체가 이미 친소론 환경에서 성장
해온 세자의 앞날에 닥칠 비극을 예고하고 있었다. 영조가 『천의소
감』에 소론 영수 이광좌에게 역률을 추시하지 않고 또 이천보 등이
영조의 그런 편찬 방향을 찬성한 이유 중에는 궁색해진 세자의 정치
적 입지를 고려한 부분도 있었다.

이천보와 유척기 등은 소론을 너무 박절하게 대하는 것은 미래
권력인 세자에게 너무 큰 정치적 부담이라고 생각했다. 이들은 김상
로를 필두로 한 노론 남당들이 소론을 완전히 조정에서 몰아내는

데 세자가 합류해야 한다며 세자를 압박하는 것에 대항했다. 이천보, 유척기는 소론 이종성, 조재호와 연대했고 세자의 장인 홍봉한도 이때까지만 해도 이들과 한 편에 있었다.

그러니까 을해옥사 이후 정국은 가장 세력이 큰 노론 남당이 세자를 압박하고 그 반대편에 노론 남당과 갈등 관계에 있었던 이천보의 노론 동당을 중심으로 노론 중당의 유척기, 노론 북당의 홍봉한, 소론 이종성과 조재호가 세자를 보호하는 대결 구도로 재편된 것이다. 이것은 숙종 때 희빈 장씨 남매를 제거한 후 서인들 중에서 당시 세자였던 경종의 처지를 생각해서 남인들을 너무 야박하게 대해서는 안 된다는 온건론을 편 쪽이 소론이 되고 남인들을 전멸시켜야 세상의 의리가 완전해진다는 강경론을 편 쪽이 노론이 된 것과 같은 현상이었다.

노론 당내의 계파 간 당권 투쟁은 이렇게 세자를 매개로 벌어지고 있었다. 노론 남당은 현재 권력인 영조의 측근이 되어 권력을 독점하는 것도 쉽지 않은데 거기에 차기 권력인 세자까지 자신들 편이 아님을 분명히 알았다. 그들은 세자가 자신들 편으로 넘어오지 않는다면 차기 권력으로 등극하는 것에 찬성할 수 없었다. 이런 당론을 가지고 있는 노론 남당이 가야 할 길은 분명했다. 영조와 세자를 최대한 많이 반목하고 갈등하게 만들어 권력 승계 구조를 바꾸는 것이었다. 점점 더 노련해지고 점점 더 강력하게 왕권을 행사하고 있는 영조를 어떻게 확실하게 세자에게 등을 돌리고 노론 남당 쪽으로 기울게 할 것인지가 관건이었다.

권력 중독

영조 31년(1755. 을해) 9월 10일 밤, 영조는 생각에 잠겨 있었다. 옥사를 마무리하면서 정국을 어떻게 수습해야 할까. 갑자기 마른하늘에서 우레와 번개가 쳤다. 생각에 잠겨 있던 영조는 춘방 관원과 세자를 불러 하교한다.

"인심과 세도(世道)가 어찌 금년과 같은 적이 있었겠는가? 지금은 조금 잠잠해졌으나 이 마음은 조금도 게을리하지 않고 있다. 근일 날씨가 평소와 다르게 우레 소리와 번개가 갑자기 소리를 그쳐야 하는 달에 들리니, 이는 바로 상하가 경계하고 단속해야 할 날이다. 오로지 덕이 없는 내가 늙어 쇠약해진 소치인가 싶어 바야흐로 두려워하고 있는데, 원량은 대리하면서 혹 정사에 부지런하지 못한 것은 아닌지, 대소 신료들이 혹 정백(精白)하지 못한 것은 아닌지 피곤함을 꺼리지 말고 먼저 스스로 부지런한 뜻을 보여야 한다. 너희 원량과 대소 신료들은 각기 힘써서 내 만년의 정사를 돕도록 하라."

그리고 영조는 이어서 다음과 같이 특별히 세자에게 말한다.

"내가 동궁으로 있을 때에는 거의 휴식할 겨를이 없었고, 또 두 연강(筵講)을 폐한 적이 없었다. 옛날 황형(皇兄. 경종)께서 하루 안에 공사(公事)를 가지고 소대(召對)하는 것이 두세 차례에 이르렀고, 그렇지 않은 날이 없었음은 네가 어찌 들어서 알지 못하겠는가? 오늘날의 조정 신하들은 한 명도 믿을 만한 것이 없으니, 나와 네가 국사를 하지 않는다면 조선은 어떻게 되겠는가? 『정관정요(貞觀政要)』는 바로 당나라 태종(太宗)이 고종(高宗)을 가르친 것이니, 너는 모름지기 마음을 써 읽어야 한다. 오늘 이후에는 매월 초1일에 쓰기 시작하여 그

믐날에 이르기까지 어느 날에는 소대(召對)하였고, 어느 날에는 차대(次對)하였으며, 어느 날에는 서연(書筵)하고 어느 날에는 공사(公事)를 보았으며, 어느 날에는 무슨 책 무슨 편(篇)을 읽었으며, 어느 날은 하지 않았는지와 강관(講官) 및 강생(講桂)을 열서(列書)하여 내가 볼 수 있도록 대비하라."

영조는 조정 신하 누구도 믿을 수 없다고 전제한 뒤 세자에게 『정관정요』를 읽고 배울 것을 요구한다.

『정관정요』는 당 태종 이세민(李世民)[31]의 정치 행적을 태종이 사망한 지 50년쯤 지난 후인 당 현종 때 사관이었던 오긍(吳兢)이 편찬한 책으로, 제왕학의 교과서다. 바르게 본다는 뜻인 '정관'은 당 태종의 연호이고 '정요'는 '정치의 요체'라는 뜻이다.

『정관정요』는 이세민이 친형 이건성(李建成)의 측근이자 참모였던 위징(魏徵)과 나누었던 대화들로 주로 구성되어 있다. 위징은 이건성에게 틈만 나면 동생 이세민을 제거해야 한다고 건의했던 장본인이다. 이세민은 형을 죽인 뒤 위징에게 어째서 형제 사이를 이간질했는지를 물었는데 위징은 다음과 같이 대답했다.

"저는 태자의 참모였으니 당연히 그분을 위한 계책을 내놓아야 했습니다. 그런데 태자는 저의 말을 듣지 않았습니다. 제 의견을 들었다면 오늘과 같은 결과는 없었을 것입니다."

---

31 당 태종 이세민은 당나라를 세운 고조(高祖) 이연(李淵)의 둘째 아들이다. 그는 태자였던 친형 이건성을 죽이고 황제 자리에 오른 인물이다. 이세민은 재위 23년 간 당시 남아 있던 수나라 말기의 군웅할거시대를 평정하고 새로운 관제를 확립하여 당나라의 기틀을 만들었다. 이세민이 후대의 사가들로부터 이른바 '정관의 치(治)'라고 불리며 훌륭한 군주의 대명사로 칭송을 받는 이유는 그의 치적 때문만이 아니라 통치 과정에서 그가 몸소 보여준 행적들 때문이었다.

위징의 말을 들은 이세민은 그가 정직하고 식견과 담력을 갖춘 인재라는 것을 알아챘고 그를 간의대부(諫議大夫)로 임명한다. 이 이야기는 이세민이 얼마나 적극적으로 좋은 인재를 적재적소에 등용했는지에 대한 예로 자주 언급된다.

당 태종 이세민은 친형을 죽이고 권력을 잡았지만 권력을 잡은 후에는 신하들 앞에서 늘 낮은 자세로 임했다. 자신의 결점과 잘못된 정치를 지적하는 신하들을 곁에 두고 그들의 말을 받아들이는 정치를 하는 것으로 성공적인 황제의 길을 걸은 임금으로 평가 받고 있는데『정관정요』에는 이세민과 신하들의 대화가 기록되어 있다.『정관정요』는 간행 이후 쭉 유명한 책이었기 때문에 고려시대에도 제왕학으로 널리 읽혔고 조신을 개창한 이성계도 즐겨 읽었던 책이다. 영조도『정관정요』를 영조 10년(1734)에 자신이 직접 지은 감상문을 서문으로 덧붙여 교서관(校書館)으로 하여금 간행하게 한 적이 있었다.

당 태종 이세민이 어떻게 통치를 잘 했는지 그 방법들을 따라 배우기 위해 영조를 비롯해 여러 왕들이 이 책을 즐겨 읽었겠지만, 무엇보다도 이세민이 권력을 잡기 위해서는 패도(覇道)를 썼는데 권력을 잡은 후에는 덕치를 기반으로 하는 왕도(王道)를 썼다는 사실에서 왕들은 우선적으로 크게 공감했을 것이다. 그러니까 무력과 폭력, 권모술수를 사용해서 사람이 지켜야 하는 의리와 도리를 무시하고 권력을 뺏는 것을 패도라고 하는데 그렇게 하지 않았다면 즉위하지 못했을 것이란 것을 이세민과 같은 경험을 한 왕들은 잘 알고 있었을 것이란 말이다. 또한 그렇게 즉위한 후에 자신이 했던 패도 때문에 등을 돌린 수많은 민심들을 달래서 자기편으로 만들지 않으면 정권을 지킬 수 없다는 것도 당 태종 이세민 못지않게 잘 알고 있었을 것이다. 권력을 쟁취해야 할 때 왕도를 쓴다면 왕이 될 수 없고 왕이 된 다음에 패도를 쓴다면 권력을 유지할 수 없는 것이 현실 정치라는 것을 잘 이해하는 사람만이 왕권을 유지할 수 있다는 것을 말해주는 책이 『정관정요』였다. 『정관정요』에 의하면 당 태종 이세민이 정권을 23년 간 수성하며 나라의 기틀을 잡는 데 가장 핵심적으로 사용했던 통치 기술은 '경청(傾聽)'이었다. 책에는 당 태종이 주변 신하들이 서슴없이 간언하도록 독려하기 위해 많은 노력을 했던 사례들이 나와 있다.

영조는 『정관정요』를 읽으면서 자신을 당 태종과 동일시했을 것이다. 사실이든 아니든 형을 죽이고 보위에 오른 것이나 즉위 후 자신을 반대했던 진영의 사람들을 중용해서 탕평이란 이름으로 정치를 한 것이나 자신에게 부지런하고 엄격한 점 등이 비슷하다고 여겼을 것이다. 옥사를 마무리하면서 영조는 재위 30년 만인 예순이 넘은 나이에 비로소 참된 권력을 잡았으니 이제부터는 보란 듯이 정권을 수성하는 일에 몰입할 작정이었다. 그렇다면 영조가 대리하는 세자에게 『정관정요』를 읽으며 자신이 펼칠 만년의 정사를 도우라고 한 것은 세자에게 당 태종의 행적을 따라하라는 말이었을까.

당 태종의 행적을 따라할 사람은 영조이지 세자가 아니다. 그러니까 당 태종이나 영조는 오로지 한 사람일 수밖에 없는 최고 권력자, 즉 최종의사결정권자라는 말이다. 만장일치제나 오늘날의 다수결의 원칙이라는 것을 적용하는 경우를 제외하고 어떤 조직에서나 최종결정은 결국 한 사람이 한다. 최종결정권이 최고 권력이다. 이것이 권력을 나눠서 소유할 수 없는 이유다. 그러니까 세자가 『정관정요』를 읽는다고 해도 또 예정된 차기 권력자로서 제왕학을 예습한다는 의미로 공부한다고 해도, 당연하게도 세자가 당 태종처럼 통치 권력을 행사할 수는 없다는 말이다. 그러므로 성군 당 태종의 행적을 따라 배우는 것 외에 영조가 세자에게 『정관정요』를 읽으라고 했던 것은 정확하게 말하면 『정관정요』 제4권 「태자론(太子論)」을 읽으라는 것이었다.

세자를 향한 칼날

『태자론』은 당 태종이 죽기 1년 전인 정관 22년(648)에 후계자인 태자 이치(李治. 당 고종)를 위해 직접 쓴 교범이다. 제왕이 스스로 제왕학을 써서 후계자에게 물려준 최초의 교범이다. 당 태종은 생전에 아들 이치를 가르치는 데 많은 공을 들였다. 밥을 함께 먹을 때면 "네가 농사의 어려움을 안다면 밥을 먹을 수 있다."고 가르쳤다. 또 말을 타거나 배를 탈 때도 충고했다. "네가 말을 부릴 때를 알고 말의 체력을 소진시키지 않을 때를 알면 언제든지 말을 타도 된다. 물은 배를 띄울 수도 있고, 가라앉힐 수도 있다. 백성은 물과 같고 군주는 배와 같다. 군주가 정도를 좇아 일을 처리하면 백성이 그를 보호하고, 그렇지 않으면 백성이 군주를 뒤집는다."

당 태종이 이렇게 태자를 위해 교범을 쓸 정도로 신경을 썼던 이유는 태자가 나이도 어렸지만 너무 어질었기 때문이었다. 당 태종은 정관 23년(649) 51세로 사망하는데 죽기 전까지도 태자가 험한 정치판에서 보위를 보존할 수 있을지 염려했다.

영조가 세자에게 『정관정요』를 읽으라고 하고 일거수일투족을 감시하다시피 세자의 학습과 생활을 간섭하려고 했던 것은, 아마도 처음 시작은 당 태종이 태자를 걱정하는 것과 같은 마음 때문이었을 것이다. 당 태종이 태자 이치의 교육을 일일이 챙겼던 것을 영조도 따라해야겠다고 결심했을 것이다. 아니 그보다 어쩌면 영조는 당 태종이 장남 이승건(李承乾)을 폐위시키고 아홉 번째 아들인 이치에게 보위를 물려주었던 사실을 타산지적으로 삼아 자신은 하나밖에 없는 아들에게 안정적으로 꼭 보위를 물려줘야겠다고 다짐했기 때문이었는지도 모른다.

　자신은 생사를 건 가시밭길을 뚫고 보위에 올랐고 그 뒤로도 권좌를 유지하기 위해 노심초사하면서 살아왔다. 세상이 그리 험난하다는 것을 궁에서 왕의 아들로 태어나 귀하게만 자라온 아들이 어떻게 알 수 있으랴. 세상이 얼마나 험한지 그 위험한 세상에서 살아남기 위해서는 얼마나 강해져야 하는지 영조는 아들에게 몸소 보여줘야 한다고 생각했다. 영조가 보기에 아들은 아직도 갈 길이 멀었다. 아들을 강하게 단련시켜야 했기 때문에 영조는 아들에게 엄하고 강한 모습으로 대했다. 실수나 태만은 당연히 용납할 수 없었다. 단 한 명의 신하도 믿을 수 없는 것이 조선의 신하라는 것들이다. 그들을 제압할 수 있는 내공을 세자가 가져야 한다. 그러기 위해서는 내가 내주는 과업들 숙제들을 수행하고 나를 넘어설 정도의 수준에 이르러야 한다. 영조는 세자에게 가혹할 정도로 엄하게 대하기 시작했다. 강하게 대하면 아들이 강해질 것이라고 생각했을 것이다.

　그러나 영조가 정말 당 태종의 예를 타산지석으로 삼고 싶었다면 당 태종이 장남과 아홉 번째 아들에게 각각 얼마나 다른 아버지였을지 한 번이라도 생각해봤어야 했다. 영조가 의식적으로는 아들을 위하는 것이었다고 해도, 15살에 대리청정을 시작해서 이제 20살이 넘어 차기권력으로 주목받고 있는 아들에 대한 가혹 행위는 아들의 공적 지위를 뒤흔드는 행위였다. 영조가 세자를 대하는 태도는 거의 범죄 수준의 가학 행위였다.

을해옥사가 일어나던 해에 세자는 21살이었다. 청년 세자는 거의 매일 죄인들의 목을 베는 아버지를 보며 어떤 생각을 했을까. 영조는 세자를 참수 현장에 직접 데리고 나갔고 죄인의 목을 조리돌리게 했다. 선혈이 낭자했고 코끝에서 피비린내가 났을 것이다. 영조는 왕을 능멸한 자들에게 어떤 처벌을 내려야 하는지 몸소 보여줬다. 아주 어릴 때부터 제왕이 해야 할 모든 일은 당론조제 탕평이라고 귀에 못이 박히도록 배워온 세자는 아버지가 주장하고 펼쳐왔던 탕평정치가 결국 살육으로 끝나는 전말을 보고 있었다. 세자는 아버지의 분노와 괴로움을 가까이에서 보았을 뿐만 아니라 탕평정치의 실체와 허상을 낱낱이 보고 있었다. 세자는 옥사가 끝난 후에 더욱 강해진 아버지가 불시에 내는 과제와 시험을 겪어내야 했다. 영조는 세자가 1년 365일 하루도 긴장의 끈을 놓지 못하게 만들고 있었다. 세자는 아버지가 만들어놓은 살얼음판 위를 걸어야 한다는 것을 알고 있었다.

옥사가 끝난 그해 여름은 무더웠다. 궁관이 날씨가 무더우니 서연(書筵) 시각을 개정하자고 왕세자에게 청했다. 시국이 어떤 시국인지 잘 알고 있었던 세자는 받아들일 수 없었다. 세자가 대답했다.

"아침저녁에는 조금 선선해서 글 읽기에 알맞을 뿐 아니라, 대조께서 한낮에 주강(書講)을 하시는데, 내가 어찌 감히 더운 것을 꺼리어 시각을 고치겠는가."

이날 세자는 서연관(書筵官) 송명흠(宋明欽)을 만났다. 송명흠은 문정공(文正公) 송준길(宋浚吉)의 4대손인데, 서연관으로 여러 차례 불렸지만 사양하고 조정에 나오지 않고 있었다. 그러다가 이때 현감에 제수되어 하직인사를 하러 왔다. 세자가 송명흠을 불러 『대학』을 강(講)하게 하고 그중에 '뜻을 성실하게 하고 마음을 바르게 한다'는 내용에 대해 토론했다.

송명흠이 말했다. "뜻을 성실하게 하고 마음을 바르게 한다는 설을 송나라 황제는 듣기 싫어하였는데, 저하께서는 심오한 뜻을 밝히면서 꾸준히 힘쓰고 게을리하지 않으니, 여기서 저하가 학문에 진실한 마음으로 노력한다는 것을 알 수 있습니다."

세자는 자신의 위치에서 본분을 다할 수 있는 길이 무엇인지 늘 고민했다. 세자는 『맹자』를 강론하다가 궁관에게 이렇게 말하기도 했다.

"우(禹)임금이 용사(龍蛇)를 내몰아 진펄에다 살게 하였는데, 우는 어떻게 용사를 내몰았는가. 우가 이미 물길을 터서 길을 뚫음으로써 늪을 진펄로 만들고 나자 물이 흘러가는 곳으로 용사가 따라간 것으로서, 이는 저절로 내몰아 쫓는 상황이 된 것이다. 그러므로 '형세가 그러했을 따름이다'라고 하였다. 성인이 때를 살피고 기미를 살피어 어디를 들어가든지 터득하지 못하는 일이 없는 것도 역시 그 형세에 순응하기 때문이라고 할 수 있다. 진퇴와 존망의 기미를 아는 것은, 시중(時中)의 성인이다."

세자는 이미 만들어진 형세를 인정해야 그것에 맞는 해답을 찾을 수 있다는 것을 알고 있었다. 상황을 인정해야 객관적인 판단이 가능하고 그래야 나아갈 것인지 물러날 것인지 결정할 수 있는데 그렇게 하는 사람이 그때에 맞는 성인이라고 한 것이다. 세자는 자신이 처한 상황에서 최선을 다하고 있었다.

하지만 문제는 영조였다. 영조는 아들을 강하게 단련시켜야 한다는 명분 아래서 사실은 아들을 학대하고 있었다.

영조 33년(1757) 11월 8일, 영조는 좌의정 김상로와 우의정 신만(申晚)을 소견하는 자리에서 말했다.

"동궁이 7월 이후로는 진현(進見)한 일이 없다."

김상로가 손으로 땅을 치고 눈물을 흘리며 말했다.

"신 등이 밖에 있어서 진실로 이런 줄을 몰랐습니다. 신 등이 성상 앞에 있을 때에는 말을 가리지 않고 다하였으나 동궁에게는 감히 말을 다하지 못하였습니다. 지금 이미 성교(聖敎)를 받들었습니다만, 마땅히 입대(入對)하여 조심하도록 아뢰겠습니다."

얼토당토 않은 거짓말이었다. 김상로는 세자 앞에서 말을 가리지 않고 할 말 안 할 말 다했다. 그는 세자에게 이광좌를 토역해야 한다고 말했으며 대리청정하는 7년 동안 대체 무슨 일을 했냐며 대놓고 힐난하는 상소를 올린 적도 있었다. 그는 이즈음 세자와 영조 사이를 부지런히 오가며 부자 사이를 이간질하고 있었다. 궁 안팎에서 일어나는 모든 일에 대한 정보를 한 손에 쥐고 있었을 사람이 김상로였다. 자칭 노론 청류 출신이며 소론의 완전 토역을 줄곧 강경하게 주장해온 노론 남당의 대변인인 김상로가 세자가 아버지를 만나지 못하고 있었던 이유를 모를 리가 없었다.

김상로는 다음 날인 11월 9일 신만과 함께 왕세자를 만나 마치 그 이유를 전혀 모르는 척 영조의 말을 전한다.

"어제 대조의 하교를 받았는데, 이러이러하였습니다. 무슨 까닭으로 이러하시는지 알 수가 없습니다."

김상로의 말을 들은 세자의 눈에 눈물이 맺혔다. 만나고 싶었다, 아버지를. 늘 만나서 자신의 진심과 정성을 보여드리고 말씀드리고 싶었다. 그러나 그 단순한 일이 절대 쉽지 않았다. 영조와 노론 일당이 장악한 조정 신료들 사이에서 매일 외줄을 타듯이 대리정사를 보고 있던 세자는 심신이 탈진하고 있었다. 이때 세자가 자신들과 같은 편이 아니라고 생각하는 쪽에서는 이미 세자를 어떻게든 제거하려는 여러 모략들을 음으로 양으로 진행시킬 때였다. 그들은 세자가 아버지를 만나는 것 자체를 이런저런 이유로 방해하고 있었다.

세자의 눈에 고였던 눈물이 흘러내렸다.

"이것이 모두 불충불효한 죄이다. 성상께서 비록 7월 후로 하교하셨으나 사실은 6월 이후에는 나아가 뵙지 못하였다. 품은 바를 말하고자 하였으나 좌우가 번거로워 할 수가 없었다."

세자는 '좌우가 번거로웠다'고 완곡하게 말했지만 그만큼 세자를 감시하고 부자가 만나지 못하도록 통제하는 눈길을 느끼고 있었다는 뜻이다.

김상로 등은 이 말을 듣고 물러나와 영조에게로 간다. 영조가 물었다.

"경 등이 오늘 입대하여 이유를 알아보았는가?"

"신들이 앙달(仰達)하고 진계(陳戒)하니 동궁이 눈물을 흘리며 자책하는 말을 했습니다."

"다행스러운 일이다."

영조는 기다렸다는 듯이 승지 남태저(南泰著)에게 명했다.

"동궁이 과실을 뉘우쳤다면 반드시 하령(下令)이 있을 터이니, 승지는 가지고 들어와서 아뢰도록 하라."

11월 11일 세자는 잘못을 뉘우치는 하령을 발표했다.

> 나는 불초 불민한 사람으로 성효(誠孝)가 천박하여 침선(寢膳)을
> 돌보는 절차를 이미 때맞추어 하지 못하였고 양혼전(兩魂殿. 인
> 원왕후 김씨와 정성왕후 서씨)의 제향도 정성을 다하지 못하였으니,
> 자식된 도리에 진실로 어긋남이 많았다. 이것이 누구의 과실
> 이겠는가? 바로 나의 불초함이다. 대조께서 전후(前後)로 가르
> 침을 거듭 간곡하게 하심은 진실로 자애로운 성의(聖意)와 사
> 물에 부응하는 지극한 가르침에서 나온 것인데, 내가 불초 불
> 민함으로 인하여 만 분의 일도 우러러 본받지 못하였다. 강학
> 을 돈독하게 하지 못하고 정사를 부지런하게 하지 못한 데에
> 이르러서는 어느 것도 나의 허물이 아닌 게 없는데, 어제 양
> 대신이 반복해 진면(陳勉)함으로 인하여 더욱 나의 불초하고 불
> 민함을 깨달았다. 지금부터 통렬히 스스로 꾸짖고 깨우쳐 장
> 차 모든 일에 허물을 보충하여 한 번 종전의 기습(氣習)을 바
> 꾸려 하는데, 만약 혹시라도 실천하여 행하지 못하고 작년과
> 같이 된다면, 이는 나의 과실이 더욱 심한 것이다. 아! 조정의
> 신료들은 나의 이 뜻을 체득하여 일마다 바로잡아주어야 하
> 는데, 이것이 나의 바람이다.

자신이 평소에 불효했으니 반성한다는 내용의 반성문이었다. 전후
어떤 사정이 있었는지는 전혀 중요하지 않고 하나부터 열까지 자신
이 불초하고 불민해서 불효했고 그래서 반성하고 앞으로는 잘하도록

노력하겠다는 말이었다. 대리청정 햇수로 9년째, 나이 23살에 공식적으로 차기 권력인 한 나라의 세자가 공개 반성문을 쓴 것이다.

영조는 세자가 제왕의 길을 가기엔 인격적으로 아직 얼마나 부족한 존재인지 세상 모두가 알기를 원했다. 조선의 임금은 영조이고 어느 누구도 영조를 대체할 수는 없다는 것을 수시로 보여주고 싶어했다. 영조는 아들의 반성문을 보고 흐뭇했다. 영조는 승지에게 명하여 읽게 하고 무릎을 치며 경탄했다.

"기특하고 기특하다. 조선이 흥하겠구나! 비록 태갑(太甲. 은나라 탕왕의 손자로 동궁에서 3년 간 내쳐졌다 개과천선한 뒤 선정을 베풀었음)이 허물을 뉘우쳤다 하여도 여기에 지나칠 수는 없겠고, 내가 동짓날 반포한 윤음보다 낫다……."

이렇게 영조의 마음이 풀리는 듯했다. 그런데 그날 밤 영조는 갑자기 상중에 입는 최복을 꺼내 입고는 걸어서 숭화문(崇化門) 밖에 나와 땅바닥에 엎드려 곡을 하기 시작했다. 세자도 최복을 입고 나와 뒤에 엎드렸다. 판부사 유척기, 좌의정 김상로, 우의정 신만, 좌참찬 홍봉한 및 양사(兩司)의 장관(長官)과 유신(儒臣)이 모두 놀라서 나와 부복하고 울면서 말했다.

"전하께서 어이하여 이러한 거조를 하십니까?"

숭화문은 '효(孝)를 밝히는 전각'이란 뜻의 효소전(孝昭殿) 바깥문이었다. 세자가 효도를 제대로 못해 조선이 망했으니 상복을 입고 있다는 뜻으로 행하는 상복 시위였다.

"승지가 동궁의 하령을 가지고 와서 아뢴 데에 뉘우쳐 깨달았다는 말이 있으므로 얼른 지나쳐 보고는 놀라고 기쁨을 금치 못하여 장차 경 등을 불러 자랑하고 칭찬하려고 하였는데, 자세히 보니 정신을 쏟은 곳이 없었다. 그래서 동궁을 불러 묻기를, '옛날부터 허물을 뉘우치는 임금은 반드시 자기가 잘못한 곳을 나타나게 하기를 한(漢) 나라 무제(武帝)의 윤대(輪對)의 조서(詔書)와 같이 한 다음에야 백성이 모두 믿을 것인데, 지금 네가 뉘우친 것은 어떤 일이냐?'고 하였으나, 동궁이 대략만 말하고 끝내 시원하게 진달하지 못하였다."

억지춘향도 이 정도면 영조 앞에서 울고 갔을 것이다. 그러니까 영조는 세자의 반성문을 밤에 다시 꼼꼼하게 읽어보니 세자가 꼭 집어서 무엇을 잘못했다는 말을 하지 않았다는 것을 발견했다는 말이다. 그래서 한밤중에 세자를 불러 채근했는데 세자가 말을 제대로 못했다는 것이다. 한밤중에 불려나온 세사는 대체 아버지가 원하는 대답이 무엇인시 짐작할 수 없었을 것이다. 잘못한 것을 얘기하라고 해서 불초하고 못난 불효자가 무엇이든지 다 잘못했다고 하니까 그런 말은 필요 없고 뭘 잘못했는지 자백하라고 닦달을 한 것이다. 요즘으로 말하자면 어린 연인들이 치기 어린 사랑 싸움할 때나 하는 유치한 짓을 영조는 아들에게 하고 있었다. 도대체 세자가 구체적으로 무엇을 크게 잘못했는지 아무도 정확하게 알지 못했기 때문에 신하들도 어리둥절할 수밖에 없었다. 때문에 모두들 일제히 한 목소리로 말했다.

"동궁께서 평일에 너무 엄하고 두려운 까닭에 우러러 말씀 드리지 못한 것입니다. 삼가 바라건대, 빨리 위차(位次)로 들어가시어 신 등을 불러 조용히 하교하소서."

그런데 이 모든 일이 영조가 세자에게 너무 엄하게 대하여 일어난 일이라고 말하자 영조는 신하들이 한결같이 세자 편만 든다고 여겼다. 영조의 고집불통 막무가내 전위 투쟁이 다시 폭발했다. 영조는 승지를 불렀다.

"전위 교서를 쓰라."

승지 남태저가 붓을 집어던지며 말했다.

"전하, 신은 죽는 한이 있더라도 못 쓰겠습니다."

사실 한밤중에 모인 신하들이 영조 앞에서 영조의 행동이 잘못된 것이라는 논조로 세자 편을 드는 발언을 해서는 안 되었다. 신하들이 그런 태도를 보일 때마다 영조는 더욱 가혹하게 세자를 핍박했기 때문이다.

예전에 박문수가 "제왕가의 가법이 엄격한 것은 비록 좋은 일이기는 하지만, 줄곧 너무 엄하기만 해서는 안 될 것입니다."라고 영조에게 간한 적이 있었다. 이때 영조는 세자에게 엄하게 대하는 것에 대해 "우리의 가법은 본래부터 이러하다. 옛날에 조심하는 마음을 체득하였기 때문에 나 또한 오늘에 이른 것이다."라고 말했다. 영조는 이렇게 자신이 세자를 엄하게 대하는 것에 아무 문제가 없다는 확고한 인식을 가지고 있었다. 영조의 태도를 신하들이 지적할수록 영조는 더욱 기운이 뻗쳐 세자를 힐난했다.

그러니까 영조가 세자를 더욱 미워하게 만들려면 영조 앞에서 더욱 세자 편을 들면 되는 것이었다. 모두들 그 사실을 알고 있었다. 이를테면 세자 입장에서 영조는 때리는 시어머니였고 신하들은 말리는 시누이였던 것이다. 영조는 신하들이 세자에게 엄하게 대하지 말라고 말할수록 더 엄하게 대했다. 『정관정요』에 당 태종이 항상 신하들 말을 경청하고 바로바로 자신의 태도를 고쳤다는 그 많은 일화들을 영조가 열심히 읽기나 했는지 의심하지 않을 수 없을 지경이었다. 영조 본인은 책을 읽고도 일상에서 실행하지 않는 일들을 아들은 책을 읽고 잘 실행하는지 안 하는지 매일 감시하고 있었던 것이다. 그렇게 감시하고 엄하게 대하는 것이 마치 아들을 위하는 일인 것처럼 자기최면을 걸고 영조는 사실 조선의 제왕으로 현재 살아 있는 권력은 영조 자신 하나뿐이라는 것을 온 몸으로 보여주고 싶었던 것이다.

신하들이 겉으로 영조를 말리면서 세자를 두둔하는 것 같은 이런 태도가 사실은 상황을 더 악화시키고 있음을 목숨 걸고 통렬하게 지적한 사람이 있었다. 승지 이이장(李彝章)이었다.

영조 32년(1756) 5월에 세자가 정무를 보는 낙선당(樂善堂)에 불이 났다. 화재의 원인이 세자가 술을 마셨고, 그래서 아버지에게 야단을 맞았는데 세자가 그것 때문에 분풀이를 하다가 촛대가 넘어져 불이 났다는 식으로 말이 번졌다. 세자는 술을 입에 대지도 않았고 자신이 불을 낸 것도 아니었음에도 잘못을 반성하는 하령을 발표해야 했다. 세자는 영조의 말도 안 되는 억지에 하루하루 버티는 것이 얼마나 힘들었던지, 궁에 있는 우물에 투신을 시도할 정도였다. 모두들 영조가 세자를 어떻게 괴롭히는지 보았다. 영조가 어떤 명분을 내세우든, 사실은 성장하고 있는 청년 세자가 눈곱만큼의 권력도 가지기를 원하지 않는다는 것을 알았다. 영조의 본심은 권력의 전적인 독점이라는 것을 모두들 눈치 채고 있었다.

이때 아들이 우물에 투신까지 시도하자 명분이 궁색해졌는지 영조가 여러 신하들에게 책임을 물으며 꾸짖은 적이 있었다.

"근래의 일을 나에게 알려주는 사람이 없으니, 조정 신하들 중에 믿을 만한 자가 없다."

곁에 있던 김상로가 대답했다.

"세자도 역시 두렵기 때문에 감히 그렇게 하지 못한 것입니다."

이 말 속에는 당시 영조의 왕권이 강화되어 조정의 모든 신하들이 영조를 두려워하여 언론이 제 기능을 하지 못하고 있다는 뜻이 들어 있었다. 그러니까 모든 신하들이 왕을 두려워하고 세자 또한 아버지를 두려워해서 조정의 신하들이 영조에게 요즘 돌아가는 일들을 제대로 보고하지 못한다는 말이었다. 세자 편을 드는 척하면서 사실은 영조를 비난하는 말이었다. 이를 듣고 승지 이이장이 통렬하게 말했다.

"전하, 세상에 어찌 이런 도리가 있단 말입니까. 전하께서는 장차 이런 신하를 어디에다 쓰시려고 하신단 말입니까?"

이이장이 계속 말했다.

"아비에게 잘못이 있으면 아들이 간하지 않는 적이 없는 법입니다. 그래서 옛말에 이르기를 '아비에게 간쟁하는 아들이 있다'고 하였습니다. 아들에게 잘못이 있으면 아비로서 나무라지 않는 적이 없는 법이니, 그래서 옛글에 이르기를 '어진 아버지와 형이 있는 것을 즐거워한다'고 하였습니다. 부자 간에 잘못이 있으면 간하고 나무라는 것이 마땅합니다. 그런데 성인이 이른바 '아비는 아들을 위하여 허물을 숨겨주고 아들은 아비를 위하여 허물을 숨겨준다'고 했습니다. 이것은 간쟁하고 책망은 하되 다른 사람들이 그 간쟁하고 책망하는 것을 알지 못하게 한다는 것입니다. 이것이 바로 허물을 숨긴다는 것입니다. 오늘 아침에 하신 말씀은 실로 성인의 '허물을 숨겨준다'는 말과는 어긋나게 하신 것이니, 이게 무슨 일입니까?"

그랬다. 영조는 아들을 엄하게 가르친다는 핑계로 자식 흉을 동네방네 떠들고 다니며 다 큰 아들을 망신시키는, 시정잡배도 하지 않을 치졸한 짓을 하고 있었던 것이다. 아들이 잘못한 것이 있고 가르칠 것이 있으면 남들 모르게 얼마든지 조용히 처리할 수 있었다. 그 정도는 할 수 있을 정도로 왕권도 강력했다. 영조가 세자를 적극적으로 감싸고 영조와 세자가 한 몸이라는 것을 대외적으로 강하게 표방했다면 부자지간을 이간질하려는 세력들이 왕성하게 활동할 수 없었을 것이다.

그러나 영조는 정반대로 행동하고 있었다. 영조의 이런 처신이 얼마나 큰 비극을 가져올지 당시 사람들은 예감하고 있었다. 때문에 영부사 이종성은 죽기 전에 영조에게 간곡하게 간언했다. 이종성은 영조 35년(1759) 1월에 죽었는데 그 전해인 영조 34년(1758)에 영조가 또 양위 소동을 빌일 때의 일이었다.

전하께서 40년 동안 학문에 힘쓰고도 이제 군신 부자 간에 처신을 이렇게 하시니, 이것을 신이 안타까워하는 것입니다. 신하로서의 의(義)는, 대조 곁에 있으면 임금의 잘못에 대하여 충고하고, 소조(小朝) 곁에 있으면 세자의 잘못에 대하여 충고하는 것입니다. 오늘의 일에 대하여, 신들의 심정은 물론이고 비록 모든 군사와 만백성이라고 하더라도 목을 빼고 죽기를 원하지 않는 자가 없는 것은, 그가 우리 임금의 아들이기 때문입니다. 오직 그에게 종묘사직과 신인(神人)이 의탁해 있기 때문에, 밤이나 낮이나 바라는 것은 오직 과실에 대한 소리가 들려오지 않기를 바라는 것이고, 불행하게 과실이 있더라도 또한 드러내려고 하지 않는 것이니, 이는 천리나 인정상 당연한 것입니다. 만약 그렇게 되는 이유를 말할 것 같으면, 바로 그가 우리 임금의 아들이기 때문입니다. 전하와 동궁은 바로 한 몸이나 같은데 어떻게 둘로 나눌 수가 있겠습니까. 한 몸을 둘로 나누어보시니, 이것을 신이 안타깝게 여기는 것입니다.

영조는 도대체 40년 동안 뭘 공부했을까. 40년을 학문에 힘썼다는 영조가 왕권을 강화시킨 뒤에 한 일은 결국 권력 독점에 대한 탐욕을 아들을 망신 주며 만방에 보여주는 일이었다. 환갑이 넘어 늙어가고 있던 영조의 눈에 한창 왕성하게 피어나는 젊음을 가지고 있고 성군의 자질이 있는 세자가 어떻게 비쳤을까. 아들을 질투하며 혹시나 자기 등에 칼을 꽂지 않을까, 의심의 눈으로 아들을 보고 있음을 모두가 눈치 채고 있었다.

그렇게 모든 신하들이 알 수 있도록 티 나게 행동하면서 오직 영조 본인만 엄하게 대하는 것이 아들을 위하는 것이기 때문이라고 주장하고 있었다. 부끄러운 줄도 모르고.

영조는 계속 전위하겠다고 고집을 부리며 세자를 심하게 꾸짖었고 세자는 엎드려 흐느끼고 있었다. 민망한 상황을 언제까지 두고 볼 수 없었기에 판부사 유척기가 나섰다.

"자제(子弟)를 가르치는 데는 귀천에 차이가 없으므로 시험 삼아 여항(閭巷)의 일을 가지고 말씀 드리겠습니다. 부형이 만일 엄위(嚴威)가 지나치면 자제가 두려워하고 위축되어 말하고 시봉(侍奉)하는 사이에 저절로 잘 맞지 않고 어긋남을 면치 못하며, 심지어 그것이 질병으로 발전되기까지 하는데, 자애와 온화함을 위주로 하여 도리를 열어 깨우쳐준다면 은의(恩義)가 모두 온전하여지고 정지(情志)가 서로 믿음을 줄 것입니다. 지금 전하께서는 엄위가 너무 지나치시기 때문에 동궁이 늘 두려움과 위축된 마음을 품고 있으니 응대하는 즈음에 머뭇거림을 면치 못합니다. 삼가 바라건대, 지금부터는 심기가 화평하도록 힘쓰시고 만일 지나친 잘못이 있으면 조용히 훈계하여 점점 젖어들도록 이끌어주신다면, 하루 이틀 사이에 자연히 나아져가는 효험이 있을 것입니다."

세자가 딱히 잘못한 것이 없었기 때문에 유척기도 달리 할 말이 없었다. 단지 세자가 잘못한 것이 있다면 살살 타이르면 될 것이라고 말하는 것 외에 이 상황을 끝낼 방법이 없었던 것이다. 신만, 홍봉한, 김상로가 모두 똑같은 말을 했다.

그러자 상황은 더 악화됐다. 영조는 펄펄 뛰면서 온갖 말로 세자를 학대했다. 아버지의 말 한마디 한마디가 세자의 가슴에 비수가 되어 박혔다. 세자는 숨 쉬기가 힘들었다. 그렇게 한밤중에 한바탕 전쟁을 치르고 터덜터덜 힘없는 발걸음을 옮겨 물러나오던 세자는 식은땀을 흘리며 정신을 잃고 쓰러졌다. 유척기가 급히 의관을 불렀다. 부리나케 의관이 달려와 맥을 짚었다. 그런데 맥도(脈度)가 통하지 않았다. 약을 달여 오게 해서 약을 먹이려고 했지만 정신을 잃은 세자는 약을 넘기지 못했다. 다시 청심환을 복용시켰다. 얼마나 시간이 지났는지 세자는 한참 있다가 비로소 정신이 돌아와 말을 할 수 있었다.

세자를 겨냥한 영조의 범죄적 학대는 이런 식으로 반복되고 있었다. 영조와 세자의 관계에서 정치적 이익을 챙기려는 조정의 세력들에게 이것은 둘도 없는 호재였다.

온양 행궁 행차는 우연이었을까?

영조가 아들을 혹독하게 괴롭힌 것은 자신이 세제 시절부터 평생을 불안이라는 스트레스에서 벗어나지 못하고 살아왔기 때문이다. 권력을 잡기까지도 불확실한 나날이 이어졌고 즉위한 이후에도 반란으로 목숨이 위태로운 정치적 격변 속에 살았다. 탕평책은 사실상 영조가 왕으로 살아 남기 위한 왕의 전쟁이었다. 정국을 장악하고 주도권을 쥐고 정국을 안정시키기 위해서는 『정관정요』에서 당 태종이 그랬던 것처럼 자신에 대한 채찍질을 쉬지 않고 해야 한다. 타인의 시선을 항상 의식하고 모범이 되어야 주도권을 장악할 수 있기 때문이다.

그러나 불행하게도 영조는 평범한 사람이었다. 영조는 정서불안에서 오는 정신적 스트레스 화풀이 대상을 자신의 아들로 정했다. 명분이 그럴듯했기 때문이다. 엄하게 교육해야 훌륭한 제왕이 될 수 있다는 명분으로 아들에 대한 학대 행위를 정당화시켰다. 사실 이런 일은 언제 어디서나 흔하게 일어난다. 오늘날에도 학교에서 사랑의 매라는 이름으로 폭력을 휘둘러 학생들에게 스트레스를 해소하는 선생님들이 있다. 각 가정의 부모들도 마찬가지다. 가정교육이라는 이름으로 자녀에게 폭력을 행사하며 일상에서 받는 스트레스를 푸는 부모들도 많다. 평범한 사람들은 그렇게 주변의 약자에게 스트레스를 푼다. 학생들이나 자녀들이 가장 손쉬운 타깃이 되는 이유는 가장 약자인 동시에 명분이 좋기 때문이다.

영조가 세자에게 했던 행위는 교육이 아니라 권력 남용형 학대였다. 정서불안 스트레스를 해소할 곳이 없었던 영조는 아들에게 스트레스를 풀었다. 동시에 왕의 아들이라도 왕이 마음만 먹으면 얼마든 지 괴롭힐 수 있다는 것을 조정 신료 모두에게 보여주는 것으로, 심지어 왕의 아들도 아닌 주제에 감히 임금 앞에서 고개를 들고 자기 주장을 할 수 있을 것인지 신료들 각자가 자신을 돌아보게 하는 분위기를 만들었다.

세자가 정신을 잃고 쓰러지자 영조는 사후 수습에 나섰다. 이틀 후 11월 13일 영조는 동궁이 실신한 것을 계단에서 떨어져 다쳤다면서 그 책임을 물어 세자궁의 중관들을 흑산도로 귀양 보낸다.

영조는 세자가 그나마 흉금을 터놓고 얘기를 나누던 측근 보좌관들을 모두 제거해버린 것이었다. 세자 측근들은 그야말로 마른하늘에 날벼락을 맞았고 세자는 완전히 고립됐다. 그렇게 세자를 고립시키고 영조는 의관들을 보내 진찰을 하게 한다.

다음 날 11월 14일.

약원 제조 이후(李㻋)가 의관을 거느리고 세자가 있는 관의합(寬毅閣)에 입대(入對)했다. 이후가 어디가 아픈지를 물었다.

"아픈 곳을 모르겠다."

여러 의관들이 진찰을 끝내자 이후가 의약(議藥)을 청했다. 세자가 물었다.

"의약은 무엇 때문에 하는가?"

아픈 곳이 없다고 말했는데 굳이 약을 왜 먹어야 하는지 물은 것이다. 이후가 말했다.

"성상께서 특명으로 입진하고 의약을 하라고 하셨습니다."

"알겠다. 이미 성상의 하교가 있었다면 의약하는 것이 가하다."

이후는 탕약으로 당귀수산(當歸鬚散)을 올리겠다고 말하고 물러갔다. 당귀수산은 타박상 등 외상으로 인해 뭉친 어혈을 푸는 데 쓰는 약이다. 글자 그대로 병 주고 약 준 셈이다.

아버지가 괴롭히는 와중에도 세자는 차기 권력으로 착실하게 성장한다. 세자는 평소 다방면에 호기심이 많았는데 의학도 그중 하나였다. 자신의 호기심을 합리적 의심으로 연결시켜 문제를 해결하려는 시도 자체를 좋아했다. 무(武)에도 관심이 많았다. 영조 35년(1759)에 세자는 『무기신식(武技新式)』[32]을 반포한다. 세자는 어린 시절부터 병법 놀이를 즐겼고 병가(兵家)의 서적을 두루 탐독했다. 세자의 거처였던 저승전(儲承殿)에 효종이 쓰던 청룡도(靑龍刀)와 쇠로 주조한 큰 몽둥이가 남아 있었다. 10년 재위 기간 내내 북벌정책을 추진했던 효종이 일찍이 무예를 좋아해서 한가한 날이면 북원(北苑)에서 말을 달리며 무예를 시험하곤 했는데 그때 쓰던 것이었다. 힘깨나 쓰는 무사들도 그것을 쥐고 움직이지 못했는데 세자는 15, 16세부터 모두 사용했다. 또 활쏘기와 말 타기를 잘했다. 사람들은 이런 세자를 보고 효종을 빼닮았다고 말했다.

이처럼 아버지를 포함하여 청년 세자를 둘러싼 정치 환경은 세자에게 결코 관대하지 않았지만 세자는 잘 처신하고 있었다. 그럼에도 불구하고 날이 갈수록 세자의 정치적 입지를 점점 불리하게 만드는 가장 큰 원인은 다른 곳에 있었다.

---

32 『무기신식』은 명나라 후기의 무신이던 척계광(戚繼光)이 지은 책에 실려 전해오던 무예를 고증과 실제 실험으로 바로잡아 편찬한 무예 교본이다. 당시 전해오던 6가지 기예는 곤봉(棍棒)·등패(籐牌)·낭선(狼筅)·장창(長槍)·당파(鐺鈀)·쌍수도(雙手刀)였는데 연습하는 방법이 대부분 잘못되어 있었다. 세자는 이것을 옛 문헌을 토대로 모조리 고증해서 바로잡고 이 책을 전서(全書)로 편찬하여 훈련도감에 주고 연습하게 했다.

영조 36년(1760) 7월 8일. 이유는 알 수 없으나 영조는 돌연 거처를 경희궁으로 옮겼다. 66살의 나이에 15살 계비를 맞아들인 지 1년 남짓 되었을 때였다. 아들, 며느리, 세손까지 함께 생활하던 창덕궁에서의 신혼 생활이 불편했을까. 영조는 계비 정순왕후 김씨와 단 둘이 경희궁으로 나간다. 그러더니 이틀 후인 7월 10일에는 홍정당에 나아가 여러 대신을 만난다. 이때 영의정 김상로가 뜬금없이 세자의 기후(氣候)를 묻는다. 영조는 세자의 건강에 대해 자세히 알고 있다는 듯이 말한다.

"각부(脚部)의 습창(濕瘡)으로 여(輿)를 타기 어렵기 때문에 이번에 데리고 오지 못했다. 외간에서는 이런 줄 알지 못하니, 장차 어떻게 해야 하겠는가? 이번에 복욕 가는 요청을 금한 것은 뜻이 대개 깊으나, 만일 훈세(薰洗)가 유익하다면 어찌 하지 아니하겠는가?"

종기에 연기를 쏘이는 치료법이 별로 효과가 없으니 세자가 온천욕 치료를 받을 수 있게 하고 싶은데 자신이 얼마 전에 온천욕을 금지한다는 교시를 반포했으니 어쩌면 좋겠냐고 물은 것이다. 세자의 장인인 호조판서 홍봉한이 얼른 나서서 말했다.

"훈세가 습질(濕疾)에 좋습니다."

굳이 온천욕을 하러 세자를 보내지 않아도 된다는 말을 하고 싶었던 것이다. 그러나 영조는 홍봉한의 말은 무시하고 세자의 상태를 진찰해보고 온천욕을 결정하겠다고 말한다. 그리고는 당일 다음과 같이 하교한다.

세자가 아직 조섭(調攝)하는 중에 있으니 마음에 간절히 민망스러운데, 들은즉 여러 의원들이 모두 온천 목욕을 청한다고

한다. 이 뜻은 내가 이미 있었고, 혹시 효력이 있는데 허락하
지 아니하면 이는 어찌 아비가 된 도리이겠는가? …… 이를
돌아보지 않을 수 없으니, 처서(處暑)가 지나고 생량(生凉)한 뒤
에 날을 가려 거행하라.

영조 36년(1760) 7월 18일.

세자는 물이 불어 넘실대는 한강을 바라보고 있었다. 이날 세자
는 진시(辰時, 7~9시)에 창덕궁을 출발해 곧 한강변에 도착했지만 강물
이 너무 불어서 배를 선창에 댈 수 없었다. 세자를 호위하는 거대한
행렬들도 함께 한강 앞에 머물러 있었다. 행렬은 장엄하고 질서정연
하게 도열해 있었다.

행렬의 군사는 협련군(挾輦軍, 임금의 연을 호위하는 군)으로 훈국군(訓局軍)
120명, 금위영·어영청 두 영군(營軍)에서 200명씩 차출한 군사 총 520
명으로 구성되어 있었다. 또 영기(令旗) 세 쌍(雙)과 흑호의(黑號衣), 흑기
(黑旗), 홍자 주장수(紅字朱杖手) 등 수어청에서 동원한 검고 붉은 깃발들
이 바람에 펄럭이며 하늘을 뒤덮고 있었다. 행렬 앞에는 나팔과 북
으로 길을 인도하는 삼취(三吹) 대신에 군기시(軍器寺)에서 대령한 포(砲)
가 세자의 행차를 알리고 있었다. 대리청정하는 세자가 궁 밖으로
행차하는 것은 사실상 조정을 둘로 나누는 분조(分朝)였다. 따라서
분승지(分承旨), 분도총부(分都摠府), 분병조(分兵曹), 분오위장(分五衛將)의 직책
을 받은 신하들이 세자를 모시고 따르고 있었다. 그래서 행렬의 인
원은 도합 560명에 달했다.

행렬의 목적지는 온양 온천이었다. 세자와 그의 행렬은 경기감사
윤급(尹汲)이 대책을 마련하는 동안 기다릴 수밖에 없었다. 윤급은 큰

배 수십 척에 돛을 달아 앞세운 뒤 굵은 동아줄 수십 개로 용주(龍舟. 임금이 타는 배)를 여러 배에 단단히 매달아 묶고 있었다. 세자는 그 모습을 보며 생각에 잠겨 있었다. 왜 아버지가 경희궁으로 이어한 뒤 이틀 만에 갑자기 온양 온천행을 명했을까. 세자는 종기 때문에 고생을 하고 있었지만 어제 오늘 일이 아니고 꾸준히 치료를 받고 있었고 뚜렷이 악화되고 있지도 않았다. 또 영조가 얼마 전에 온천 목욕을 금지한다는 교시를 반포했었기 때문에 세자에게 온양 온천 에 가서 조섭(調攝)하고 오라고 명한 것은 뜻밖이었다. 갑자기 아버지 에게서 평소와는 다른 따뜻한 부정(父情)이 솟아 오른 것일까. 세자는 이번 온천욕에 아버지의 다른 뜻이 숨어 있을 것이라고 짐작하고 있 었다. 영조의 의도가 어찌되었든 영조의 결정은 세자에게 처음으로 답답한 궁을 떠나 백성들을 직접 만날 수 있는 좋은 기회가 되었다.

그날 세자는 한강을 무사히 건너 과천에서 하루 유숙한다.

다음 날인 7월 19일, 세자 행렬은 수원에 도착한다. 세자는 수원 부 북쪽에 있는 산에 올라 두루 둘러보고 좋은 곳이라고 감탄한다. 이곳이 바로 화산(花山)이다. 화산은 세자가 비운의 죽음을 당한 지 29년 만에 아들 정조에 의해 시신이 이장되어 현릉원(顯隆園), 또는 현 릉(顯陵)이라 불리게 되는 운명의 땅이다.

7월 20일 세자는 진위(振威)에 유숙하면서 군사들을 검열한다. 혹 시 민가에 들어가 문제를 일으킬까 염려했기 때문이다. 이때 피리를 불어 점군(點軍)한 일이 문제가 되었다. 이 문제로 배종(陪從)하는 여러 신하가 청대했다.

"숙위(宿衛)의 사체가 얼마나 엄중한 것인데 환위군(環衛軍)을 피리를 불어 부르니, 일이 지극히 놀랄 만합니다. 군율로써 처단할 것이니,

결단코 용서할 수 없습니다."

군율로 처단하라는 것은 사형에 처하자는 것이었다. 그러나 세자는 동의하지 않았다. 자신의 군사들이 온천행을 마치고 모두 무사히 서울로 돌아가는 것이 중요한 목표 중의 하나였기 때문이다. 세자는 곤장으로 다스리라 명했다.

세자는 아버지 영조뿐 아니라 조정의 대소신료들이 이번 행차를 지켜보고 있다는 것을 알고 있었다. 행차에서 일어난 모든 일들은 아버지와 조정 신료들에게 낱낱이 보고될 것이었다. 행차하는 군사들뿐 아니라 행차 중에 만나는 모든 백성들에게서도 어떤 불상사도 일어나지 않게 하는 것은 세자에게 아주 중요했다.

세자의 웅장한 행렬에 대한 소식은 바람보다 빠르게 백성들 사이에 퍼졌다. 세자가 가는 곳마다 그 지역 부로(父老)들은 물론이고 사대부들과 사대부가의 여인네들도 얼굴을 가리고 구경을 나왔다. 수십 리 밖에서도 세자를 보러 백성들이 구름처럼 몰려왔다. 세자는 백성들에 에워싸여 행차가 늦어지면 그 자리에서 행차를 멈추게 하고 백성들의 소리를 들었다. 백성들은 과중한 조세와 부역의 괴로움을 토로했다. 그러면 세자는 그 자리에서 지방관을 불러 명했다.

"조세와 부역을 감하라."

백성들은 세자에게 탄복했고, 세자는 백성들의 성원에 감동했다. 자신이 누구를 위한 임금이 되어야 하는지 궁 밖으로 나와 보니 분명히 알 수 있었다. '임금은 배고 백성은 물'이라는 말의 뜻을 온 몸으로 느끼고 있었다. 7월 21일 세자는 직산(稷山)에 이르러 유숙하는데 충청감사 구윤명(具允明)을 불러 하령(下令)한다.

"원근(遠近) 사람들이 와서 구경하는 자가 매우 많으니, 사람과 말이 복잡한 가운데 반드시 넘어지고 쓰러질 염려가 있을 것이다. 이런 사람들을 찾아서 각별하게 구휼하도록 하고 구경하는 사람을 구타해 쫓지 말며 전곡(田穀)을 손상함이 없도록 하라."

7월 22일, 도성을 떠난 지 나흘 만에 세자는 온양 행궁에 도착한다. 세자는 온천에 머무는 동안 날마다 강연을 했다. 군마가 우리를 뛰쳐나가 곡식을 상하게 하는 일이 발생하자 관리자를 처벌하고 지방관에게 쌀 한 섬을 밭주인에게 보상하라고 명령한다. 또 온양 읍내의 나이 많은 노인들을 불러 위로연을 베풀고 이름 없는 지역 선비들에게는 도타운 말로 학문에 힘써줄 것을 권했다. 스물여섯 청년 세자는 그렇게 성군의 재질을 만방에 보이고 있었다.

세자를 버리고 세손을 택하다

그러나 영조의 생각은 달랐다. 영조는 그 시각 서울 경희궁에서 세손을 보고 있었다.

세손 이산(李祘), 훗날의 정조는 이때 9살이었다. 세손은 영조의 첫 손자 의소(懿昭) 세손이 영조 28년(1752) 4월에 사망한 그해 9월 22일에 태어났다. 영조는 첫 손자를 잃었을 때 무척 애통해했다. 그래서인지 첫 손자가 사망한 지 얼마 지나지 않아 태어난 두 번째 손자에게는 선뜻 정을 주지 않았다. 그러나 세손이 차차 자라 글을 읽고 강학을 듣게 되는 수준에 이르자 영조는 눈에 띄게 세손을 찾았다.

세손이 8살이던 영조 35년(1759) 윤6월 22일 영조는 세손을 불러 『소학(小學)』 제3장을 외우게 한다. 세손은 막히는 곳 없이 낭랑한 목소리로 암송했다. 영조는 감탄해 마지않았다.

다음 날인 윤6월 23일에 영조는 한 걸음 더 나가 세손에게 거는 기대를 이렇게 표명한다.

"법강(法講)할 때나 차대(次對)할 때에 세손으로 하여금 시좌(侍坐)하여 보도록 하고자 한다."

세자가 온양으로 나가자 영조는 경희궁으로 세손을 부른다. 사실 세자의 온양행을 결정하는 그날 이미 김상로가 영조에게 이렇게 말했었다.

"온천에 행차한 뒤에는 궐내가 빌 것 같습니다."

"빈궁과 세손을 곧 데리고 오는 것이 좋겠다. 세자가 저쪽에 있기 때문에 데리고 오지 않았는데, 들건대, 세손이 중관(中官)을 보고 나의 안부를 묻는다고 한다."

세자가 온양 행궁에 도착한 날, 영조는 세손과 유신(儒臣)이 문답했던 내용을 자세히 보고하게 한다. 경서를 강의하는 직인 시독관(侍讀官) 정언(正言) 심이지(沈履之)가 보고했다.

"신이 입직관(入直官) 박성원(朴聖源)과 더불어 근독합(謹獨閤)에 같이 들어가 보니, 세손이 한가운데 서안(書案)을 설치하고 일어나서 어제(御製, 영조가 세손을 위해 지은 글)를 꿇어 앉아 받았습니다. 박성원이 말하기를, '어제의 내용 중에 나라의 흥망이 오로지 너에게 있다고 하였는데 어떻게 하면 흥하고 어떻게 하면 망합니까?' 하니, 세손이 답하기를, '착하면 흥합니다' 하였습니다. 박성원이 말하기를, '어떤 일이 착한 것입니까?' 하니, 답하기를, '오직 효도가 착한 것입니다' 하였습니다. 박성원이 말하기를, '효도는 뜻을 기르는 것과 구체(口體)를 기르는 것의 다름이 있는데, 각하(閤下)께서는 어떤 효도를 하려고 하십니까?' 하니, 세손이 답하기를 '뜻을 기르는 것이 큽니다'라고 하였습니다. 박성원이 말하기를, '대조께서 각하에게 무슨 도(道)를 바라십니까?' 하니, 답하기를 '뜻을 기르는 효도를 바라십니다' 하였습니다. 박성원이 말하기를 '대조께서 힘써 신칙하심이 이와 같으시니 받들어 행하는 것이 바로 뜻을 기르는 것입니다' 하니, 답하기를 '그렇습니다' 하였습니다. 박성원이 말하기를 '어제 관광(觀光)하는 백성이 구름처럼 모였는데 각하에게 바라는 것은 장차 어떤 것입니까?' 하니, 답하기를 '인도(仁道)를 바라는 것입니다' 하였습니다."

영조는 당 태종이 그의 아홉 번째 아들 이치를 위해 『태자교본』을 쓴 것처럼 정성을 다해 자주 세손을 위해 직접 글을 써서 내렸다. 그리고 그 글을 세손이 얼마나 잘 읽고 해석했는지 이렇게 틈틈이 확인했다.

세자가 온양 행궁에서 군마가 전답을 훼손한 사건을 처리하던 7월 25일에는 사관(史官) 윤사국(尹師國)의 청을 받아들여 '세손에게 보이는 글[示世孫文]'을 첩(帖)으로 만들어 사관(史館)에 봉안하게 한다. 같은 날 영조는 세손에 대해 이렇게 말한다.

"세손은 의젓함이 성인(成人)과 같으니, 보도하는 방법에 더욱 뜻을 더함이 마땅하다."

그랬다. 영조의 뜻은 세손에게 옮겨가고 있었다. 세상 돌아가는 것에 둔감한 사람들도 다 알만큼 보란 듯이 소년 세손을 총애했다. 세자도 그 사실을 알고 있었다.

세손은 영조 35년 윤6월 22일에 세손 책봉을 받았다. 딱 한 달 전인 6월 22일에 영조는 계비 정순왕후 김씨를 맞는 친영례를 행했었다. 영조는 정성왕후 서씨의 탈상이 끝나자마자 재혼을 직접 진두

지휘하면서 서둘렀는데 그 이유 중의 하나가 이것이었다. 즉, 중궁전을 비워둔 채로 세손 책봉을 할 수 없다는 것이었다. 영조가 재혼을 하고 뒤이어 세손을 책봉하면서 공공연하게 세손에게 애정을 퍼붓자 세자의 안위를 걱정하는 소리가 여기저기서 새어 나오고 있었다.

영조 35년 윤6월 30일 정언 이현태(李顯泰)가 세자에게 다음과 같은 상소를 올릴 정도로 영조의 세손 편애에 대한 우려는 공공연한 것이었다.

> 신이 책례를 거행하던 날에 우리 왕세손을 우러러 뵈었는데, 천자(天姿)가 영예(英睿)하고 의용(儀容)이 온화하였으며 주선(周旋)과 진퇴(進退)가 옹용(雍容)하여 절도에 맞았으니 이는 실로 우리 동방의 억만년에 무강(無彊)한 복입니다. 돌아보건대 지금 덕기(德器)가 성취할 희망이 전에 비하여 현격하게 다르니 더욱 더 날마다 정사(正士)를 가까이 하고 강학에 부지런히 힘쓰게 함이 마땅합니다. 만약 그 밀이(密邇)한 곳에서 눈으로 보고 귀로 들어 법칙을 삼게 하는 것은 저하께서 신교(身敎)로써 하시는 것보다 절실한 것은 없을 것입니다. 저하께서 학문을 부지런히 하시면 세손께서도 또 따라서 자자(孜孜)히 하실 것이요 저하께서 학문을 게을리 하시면 세손께서도 또 따라서 게을러질 것입니다. ……

밀이한 곳이란 임금과 가까운 곳이란 뜻으로, 영조의 재혼으로 영조의 최측근이 된 세력들을 이르는 말이다. 그러니까 이현태는 세손이 책봉례를 받은 마당이고 임금의 최측근 세력들이 늘 세자를 지켜보고 있으니 온 몸으로 세자의 능력을 보여주어야 그 세력들이 세손을 빌미로 세자의 안위를 위협하지 못할 것이라는 말을 하고 있는 것이었다.

영조가 언제부터 진심으로 세자의 대안으로 세손을 생각하고 있었는지 알 수 없지만 세손이 훗날 정조로 즉위한 후 자신의 아버지를 죽게 만든 원흉으로 김상로를 적신(賊臣)으로 지목하면서 한 말에서 추측할 만한 단서를 찾을 수는 있다.

정조는 정조 즉위년(1776) 3월 30일 김상로의 죄상에 대해 말하는 중에 이런 말을 한다.

"임오년 5년 전에 5년 뒤인 임오년의 조짐을 양성한 것이 곧 김상로일 뿐이다."

임오년은 세자가 죽음을 당한 영조 38년(1762)을 가리킨다. 그러니까 그 일이 있기 5년 전인 영조 33년(1757)부터 김상로는 영조와 세자를 멀어지게 하는 일을 시작했다는 말이다. 영조 33년은 세자가 정신을 잃고 기절했던 해다.

그해 11월 29일 사관은 실록에 김상로가 영조에게 가까이 다가가 나직하게 무엇인가 속삭였다고 쓰고 있다. 그런 뒤에 그날 밤 김상로는 다시 입시하여 '의문태자(懿文太子)'에 대해 영조에게 말한다.

"고황제(高皇帝)가 송염(宋濂)을 죽이려고 하니, 의문태자가 간(諫)하였습니다. 황제가 성이 나서 꾸짖으니, 태자가 황공하여 우물에 몸을 던지기까지 했지만 세상에서는 이것 때문에 고황제에게 누가 된다고 하지는 않았습니다."

고황제는 명나라의 태조이고 의문태자는 그의 장자였다. 김상로가 의문태자 얘기를 꺼낸 것은 세자가 낙선당 화재 사건 때 우물에 투신하려고 한 일이 있었기 때문이었다. 그러니까 김상로 말은 영조가 세자를 너무 심하게 꾸짖은 것에 자책감을 가지고 있다면 그러지 않아도 된다는 말을 하고 있는 것이었다.

영조는 크게 위로를 받은 듯 김상로 말을 듣고 물었다.

"무슨 책에 있는가?"

"신은 실상 보지는 못하였습니다만, 그 책을 본 자가 있습니다."

김상로가 말했다. 영조는 함께 있던 홍계희에게 또 물었다.

"신도 역시 보지 못하였는데, 정사(正史)가 아닌 듯합니다."

홍계희는 훗날 정조에 의해 김상로와 더불어 적신으로 지목된 자이다. 그는 김상로의 처가쪽 인척이기도 했다. 영조는 고황제의 행위는 의문태자를 위한 일이었다고 말한 뒤 『의문전(懿文傳)』을 가져오라고 명한다. 그리고 유신(儒臣)을 시켜 읽게 한다. 영조는 고황제가 태자를 교회(教誨)한 부분을 들을 때 크게 감동했고 감탄했다. 영조는 자신이 세자를 엄하게 꾸짖은 것은 세자를 위한 일이라는 확신을 더욱 굳혔다. 김상로 덕분이었다.

반세자 정치세력의 몸통과 공모자들

영조 36년(1760) 8월 4일, 세자가 온양에서 돌아와 창덕궁에 도착했다. 8월 1일에 온양을 출발해서 직산과 과천에서 유숙한 후 사흘 만이었다. 세자는 도착하자마자 영조에게 문안을 청했다. 영조는 허락하지 않고 도승지를 보내 뜻을 전한다.

"세자가 문안하기를 하령한 것은 진실로 도리에 합당하나, 온천에

목욕한 나머지에 여러 날을 달려 왔으니 여기 와서 날을 마치면 조식(調息)하는 도리가 아니다. 또 서로 만나 보는 것이 마땅히 멀지 않을 것이니 바로 돌아가서 휴식하고, 군사도 여러 날 수고하였으니 일찍이 파하여 보내게 하면 내 마음이 편하겠다."

그러나 영조는 세자의 문안을 받지 않은 것과는 다르게 배종한 분승지(分承旨) 이심원(李心源)을 불러 세자에 관한 여러 가지를 물었고 또 장교와 군병도 불러서 노고를 물었다. 세자는 문안을 하지 못할 만큼 건강 상태가 나쁘지 않았다. 사실 영조는 세자의 문안을 받아야 했다. 그런데 그것을 거부했다. 영조와 세자 사이에 흐르는 긴장감을 누구나 알고 우려할 때였다. 급기야 정언(正言) 원계영(元啓英)이 세자가 영조에게 문안해야 한다고 상서(上書)까지 하지만 받아들여지지 않았다.

이때부터 다음해 영조 37년(1761) 4월까지 무려 8개월여 동안 부자 간의 상봉은 이루어지지 않는다. 영조도 세자도 모두 그 이유를 서로 다른 지점에서 이해하고 있었다.

세자가 창덕궁으로 돌아오고 이틀 뒤인 8월 6일 영조는 온천에 배종했던 군교(軍校)에게 사방(射放, 활을 쏘고 포를 놓는 것)을 친히 시험한다. 전에 없던 일이었다. 영조는 다음 날도 그 다음 날도 사방을 친히 시험하고 합격한 사람에게 상을 준다.

그런데 따지고 보면 영조의 이런 주목할 만한 행동들은 세자에게 온양 온천 치료를 명했던 그날부터 이미 나타났던 일이다. 영조는 영조 36년(1760) 7월 11일 세자의 온양 행차의 행렬에 대해 하교하면서 "배종은 해당 도신(道臣)만 경상(境上)에서 대후(待候)하라."고 명한다. 모시고 따라가는 대소 신료는 각 해당도의 책임자에 한정하고 그것도 그 지역의 경계선까지만 시중들고 배웅하라는 뜻이었다. 이에 따라 세자의 사(師), 부(傅)와 빈객(賓客)은 아무도 따라가지 않았다. 또 세자가 7월 22일 온양에 도착하기 전날인 7월 21일 영조는 입직(入直)한 금군(禁軍)에게 말(馬)을 주고 온천 행차에 수행한 승지(承旨)를 따라 잡아 만나라고 명한다. 행차 당일이었던 7월 18일부터 그 이후의 일기(日記)를 가지고 오라는 명령이었다. 영조는 호위군을 이끌고 궁을 떠난 세자의 행동을 거의 실시간으로 낱낱이 보고받고 싶었던 것이다.

그리고는 급기야 세자가 궁을 떠난 지 열흘째 되는 날인 7월 29일 영조는 새로운 군사를 다시 보내며 세자가 처음에 이끌고 간 군사들과 전부 교체할 것을 명한다. 교체 군사가 온양에 도착하자 세자는 8월 1일 온천 치료를 중단하고 서울로 출발한다.

"오랫동안 서울의 궁궐을 떠나 있자니, 그리운 마음을 견디기 어렵다."

세자는 이렇게 말하고 26살 난생 처음 궁을 떠나 치료를 명목으로 휴식하며 더 오래 머물 수도 있었던 온양 행궁을 떠난다. 아버지와 조정 대소신료들이 자신을 어떤 눈으로 보고 있는지, 이 온천행이 자신을 어떤 시험에 들게 하기 위한 것인지 알았기 때문에 온양에서 더 지체할 수 없었던 것이다.

그랬다. 영조는 아들이 과연 '반란'을 획책할 의도가 있는지 없는지 떠보고 싶었던 것이다. 요샛말로 하자면 아들을 감시하면서 군사도 내주면서 '간보기'를 한 것이다. 영조가 재혼을 하고 1년 정도 지나 경희궁으로 나가는 일련의 과정에는 당시 영조와 세자 사이를 권력의 대립 관계로 인식하고 그렇게 몰고 가려는 여러 정치세력들의 암약이 있었다. 또 무엇보다 영조 본인이 아들을 교육이라는 명목으로 가혹하게 대하면서 영조와 세자 사이가 멀어져야 정치적 이득들을 챙길 수 있는 세력들이 마음껏 암약하고 발호하게 만들었다.

그들은 세자가 아버지를 상대로 반란을 일으킬지도 모른다는 흉흉한 말들을 만들어 유포했다. 영조와 세자의 관계가 정치적 대립의 형태로 악화된 바탕에는 영조 31년 을해옥사로 소론이 전멸하고 노론 위주로 정계가 개편된 상황이 깔려 있었다. 소론과 소론이 내세웠던 정치적 명분은 모두 퇴색됐다. 소론들은 대거 노론으로 전향했고 조정은 노론 위주로 재편되었으며 노론이 내세웠던 정치적 명분은 국시가 되었다. 그리고 그 정상에 영조가 있었다. 노론─소론 당쟁이라는 정치적 쟁점은 희미해졌지만 그 대신에 왕을 중심으로 왕의 최측근 자리를 두고 세력 다툼이 벌어졌다. 문고리 쟁탈전이 벌어진 것이다.

일찌감치 세자와 척을 져서 세자가 그 문고리를 잡는 것을 반대하는 세력들과 세자가 문고리를 잡아야 한다고 생각하는 세력들로 노론은 사실상 분당됐다.

세자를 반대하고 모략했던 정치세력은 김상로, 홍계희, 조영순이 중심인 노론 남당이었다. 이들은 자신들이 노론 중에서 신임 의리를 가장 확고하게 지키고 있다고 자처했고 그 의리를 현실에서 구현하는 것이 정의라고 생각했다. 즉, 신임옥사로 죽은 노론 4대신의 유지를 받들어 현실 정치는 노론 일당이 장악해야 한다는 것이 이들의 주장이었다. 영조가 이들의 주장을 전적으로 받아들이지 않고 중간에 세자를 세우자 이들은 세자를 자신들 편으로 끌어들이기 위해 총공세를 폈다. 그러나 세자는 영조의 탕평책이 왕권 강화책임을 잘 알고 있었기 때문에 노론 남당 쪽으로 넘어가지 않았다.

영조 30년(1754) 11월 27일 세자는 조영순과 이민곤(李敏坤)의 상소에 대해 이런 처분을 내린다.

"조영순, 이민곤 두 사람이 상서한 것을 보니 대신을 헐뜯어 욕한 것이 극도에 달하였다. 이처럼 공도(公道)를 저버리고 붕당을 위하여 죽을힘을 다하는 무리는 서울에 둘 수 없으니, 모두 귀양 보내는 법을 시행하도록 하라."

며칠 뒤 영조는 세자가 이런 처분을 내린 것을 알게 된다. 영조는 두 사람이 상서한 일을 당습(黨習)이라고 엄중하게 질책한다. 그리고 이민곤을 거제로, 조영순을 제주 대정현으로 귀양 보낸다. 이렇게 세자는 영조의 탕평이 왕권 강화책이라는 것을 잘 이해하고 있었다. 때문에 세자에게 을해옥사로 소론을 거의 전멸시킨 아버지의 행보는 그동안 유지해온 탕평을 유명무실하게 만드는 모순되고 이해하기 힘든 과격한 행보로 보였을 것이다.

소론을 전멸시키면 노론 일당은 더욱 기고만장해질 것이고 더 왕권에 도전할 것이 분명했다. 노론 중에서도 남당은 소론을 더욱 확실하게 몰살해야 한다고 주장했고 세자에게 계속 자신들의 주장을 영조에게 전달해줄 것을 강요했다. 세자는 노론 남당이 아버지와 자신을 함께 기만하면서 왕권을 흔드는 핵심세력이란 생각을 굳혔다.

이렇게 노론 남당과 세자가 대립하는 상황에서 노론 남당과 오래전부터 사이가 좋지 않았던 노론 동당의 이천보가 세자를 우호적으로 대하고 영조와 세자 사이를 가깝게 하려고 노력하면서 조정은 남당 대 동당으로 크게 편이 갈렸다.

여기에 영조가 재혼을 하면서 조정에 새 왕비 정순왕후 김씨의 친정 세력들이 등장했다. 정순왕후 김씨의 오빠 김귀주(金龜柱)는 당연히 세자 반대편에 섰다. 아니, 굳이 말하자면 이들은 적극적으로 무슨 일이든지 오로지 영조 편만 들었다. 영조는 늙었고 또 더 늙을 것이고 세자는 더 기운이 왕성해질 것이었다. 젊고 왕성한 청년 임금이 영조의 뒤를 이어 즉위한다면 생물학적 후손을 생산하지 못한 새 왕비와 친정 가문은 권력의 단맛을 보기도 전에 별 볼일 없이 시들어갈 게 뻔했다. 새 왕비 친정 세력들에게는 영조는 보다 오래 살아줘야 했고 세자는 좀 더 일찍 죽어줘야 했다. 세자가 제거되고 고령의 영조가 뒤이어 사망한다면 어린 세손만 남는다. 그렇게 되면 세손이 즉위하더라도 새 왕비가 대비로써 공식적으로 섭정할 수 있을 것이었다.

또 영조의 총애를 받던 후궁 문씨와 영조의 사랑을 유난히 받던 세자의 동생 화완옹주와 옹주의 양아들 정후겸(鄭厚謙)도 친(親)영조 반(反)세자의 길을 택했다. 문씨와 화완옹주가 반세자의 길로 나간 것은 평소 영조의 총애를 받던 사람들이었기 때문에 자연스러운 일이었다. 영조가 세자를 학대하다시피 대하는 것을 보고 이들은 세자를 두둔하거나 편드는 언사는 일절 하지 않았을 것이다. 총애를 잃지 않으려면 무슨 말들을 해야 하는지 영조의 안색과 기분을 살펴 행동했을 것이다.

그러니까 노론 남당들이 정치적 이유로 반세자 노선을 정한 것과는 다르게 이들은 영조의 총애를 잃지 않기 위해 더욱 세자를 험담하는 말들을 영조에게 했다. 이들이 영조에게 세자를 계속 모함한 것은 영조가 그것을 싫어하지 않았기 때문이다. 세자를 비난하면서 영조의 방식이 옳다고 말하는 것을 영조는 듣기 좋아했다. 이들은 왕이 듣기 좋아하는 소재거리를 계속 왕에게 제공했다. 세자에 대한 모함이 활개를 치는 데 영조도 한몫하고 있었던 셈이다. 그러므로 그 모함을 들을수록 영조는 세자가 변란을 획책하고 있을 수 있다고 의심했고 들으면 들을수록 그 의심은 확신으로 변해갔다.

영조는 당 태종 이세민의 첫째 아들 이승건이 정변을 꾀하다가 발각되어 결국 폐위되고 사형당한 역사적 사실을 알고 있었다. 영조는 세자가 태자 이승건의 전철을 따라갈지도 모른다고 의심했고 결국 확신했다.

이렇게 각자 다른 이유로 세자를 반대하게 된 세력들은 한 편이 되어 세자 제거 작전에 음으로 양으로 상부상조한다. 세자를 모함하는 일은 극에 달하고 있었는데 심지어 민간에서 세자를 사칭하며 범죄를 저지르는 일까지 일어났다.

영조 38년(1762) 윤5월 8일에 박지성(朴枝成)과 김인단(金麟端)이라는 사람 등이 복주된다. 이들은 동궁을 사칭하고 밤에 다니다가 부녀자를 겁탈하기도 했다. 피해를 당한 여자가 형조에 가서 고했고, 수사 끝에 붙잡아 처형한 것이다. 실록에 드러난 것이 이 정도였으니 드러나지 않고 기록되지 않은 모략들이 어느 정도였을지 추측하기는 어렵지 않다.

그렇게 반세자 세력은 뿌리를 내리더니 드디어 세자의 운명을 결정할 사건을 터뜨린다.

나경언의 고변

영조 38년(1762. 임오) 5월 22일 밤 9시 무렵.

참의 이해중(李海重)이 영의정 홍봉한에게 달려가 말했다. 나경언(羅景彦)이란 자가 형조에 고변서를 가지고 와서 환시(宦侍)가 불궤(不軌)한 모의를 한다고 고하였다는 내용이었다. 환시가 반란을 꾀하고 있다는 말이다. 나경언이란 자는 액정별감(掖庭別監)³³ 나상언(羅尚彦)의 형으로 전에 대궐의 하인으로 있었던 자였다.

"이는 청대하여 계품하지 않을 수 없다."

홍봉한이 말했다. 이해중은 홍봉한의 말을 듣고 곧장 영조에게 달려가 청대했다. 이해중은 급하게 세 차례나 청대했다.

밤중의 청대에 놀랐다는 듯 영조는 이해중에게 입시를 명했다. 이해중이 나경언의 고변서에 대해 말했다. 이해중의 보고를 듣고 영조는 상(床)을 내리치면서 크게 말했다.

"변란이 주액(肘腋. 팔꿈치와 겨드랑이를 아울러 이름. 어떤 것이 자신의 몸 가까이 있다는 말. 여기서는 세자를 의미함)에서 있게 되었으니, 마땅히 친국하겠다."

이때 마침 경기감사 홍계희가 입시하고 있었다. 홍계희는 영조에게 궁궐을 호위해야 한다고 청했다. 영조는 성문 및 아래 대궐의 여러 문을 닫으라고 명하였다. 그리고는 즉시 태복시(太僕寺)에 나아가 국청을 설치했다.

나경언이 옷솔기에서 흉서(凶書)를 내놓으면서 말했다.

"이 글을 구중(九重)의 천폐(天陛)에 올리고자 했으나 올릴 길이 없기 때문에 우선 형조에 원서(原書)를 올려 계제(階梯)를 삼았습니다."

영조는 다 읽지 못하고 말했다.

---

33 액정서(내시부에 속하여 왕명의 전달 및 안내, 궁궐 관리 따위를 맡아보던 관아) 소속의 하위관직으로 임금이나 세자가 행차할 때 어가 옆에서 시위하는 것이 주된 임무였다.

"이런 변이 있을 줄 염려하였었다."

영조는 나경언의 글을 옆에 있던 홍봉한과 윤동도에게 보여줬다. 글의 내용은 동궁(東宮)의 허물에 대한 것으로 10여 조(條)로 분류되어 낱낱이 쓰여 있었다.

"오늘날 조정에서 사모(紗帽)를 쓰고, 띠를 맨 자는 모두 죄인 중에 죄인이다. 나경언이 이런 글을 올려서 나로 하여금 원량의 과실을 알게 하였는데, 여러 신하 가운데는 이런 일을 나에게 고한 자가 한 사람도 없었으니, 나경언에 비해 부끄럼이 없겠는가?"

홍봉한이 급히 창덕궁으로 나아가 세자에게 보고했다. 세자는 크게 놀라 보련(步輦)을 타고 대궐로 들어왔다. 세자가 입(笠)과 포(袍) 차림으로 들어와 뜰에 엎드렸다. 영조는 문을 닫고 한참 동안 보지 않았다. 승지가 문 밖에서 여러 번 아뢰자 영조가 창문을 밀치고 큰소리로 세자를 책망했다.

"네가 왕손(王孫)의 어미를 때려죽이고, 여승(女僧)을 궁으로 들였으며, 서로(西路)에 행역(行役)하고, 북성(北城)으로 나가 유람했는데, 이것이 어찌 세자로서 행할 일이냐? 사모를 쓴 자들은 모두 나를 속였으니 나경언이 없었더라면 내가 어찌 알았겠는가? 왕손의 어미를 네가 처음에 매우 사랑하여 우물에 빠진 듯한 지경에 이르렀는데, 어찌하여 마침내는 죽였느냐? 그 사람이 아주 강직하였으니, 반드시 네 행실과 일을 간(諫)하다가 이로 말미암아 죽음을 당했을 것이다. 또 장래에 여승의 아들을 반드시 왕손이라고 일컬어 데리고 들어와 문안할 것이다. 이렇게 하고도 나라가 망하지 않겠는가?"

세자는 억울했다. 모함이 분명했다. 세자는 그런 말을 한 자를 만나게 해달라고 청했다. 영조는 무시했다.

"이 역시 나라를 망칠 말이다. 대리(代理)하는 저군(儲君)이 어찌 죄인과 면질해야 하겠는가? 차라리 발광(發狂)을 하는 것이 어찌 낫지 않겠는가? 어서 물러가라."

물러나는 수밖에 없었던 세자는 밖으로 나와 금천교(禁川橋) 위에서 대죄했다.

나경언의 고변은 처음부터 조작의 냄새가 짙었다. 궁궐의 말단 하위직인 사람의 형이라는 인물이 고변서를 써서 한 나라의 세자를 고변한다는 것 자체가 의심할 만한 일이었다. 당시 상민 신분인 사람이 한문으로 고변서를 작성할 만큼 한문 실력이 있을 리가 없었다. 그러니까 나경언은 누군가 한문 작문이 가능한 사람이 써준 고변서를 들고 왔을 것이란 말이다. 나경언이 고변서를 써서 형조에 들고 갔다는 것은 오늘날로 치면 최하위 말단 공무원이 대통령이 간첩이라고 영어로 작성한 서류를 국정원에 들고 가서 고발한 것이나 다름없는 사건이다. 오늘날 그런 사건이 일어난다면 대통령을 다짜고짜 소환할 것이 아니라 그 말단 공무원을 취조해서 배후가 누구인지 의도가 무엇인지 조사하는 것이 당연한 순서일 것이다.

나경언의 고변도 마찬가지다. 대리하는 세자는 나라의 임금과 같은 지위에 있는 사람이다. 그런 세자를 양인 신분의, 듣도 보도 못한 인물이 고변을 했다면 우선 구속조치하고 사후 보고를 해도 되는 사안이었다. 아니면 그 인물의 배후를 밝히기 위한 수사를 먼저 착수하는 것이 정상적인 절차였다. 또 상소든 고변서든 당시 대리청정을 하고 있는 세자에게 먼저 알리는 것이 순서였다.

그런데 이해중과 홍봉한은 그러지 않았다. 형조참의 이해중은 형조참판이나 형조판서에게는 보고도 하지 않고 계통과 절차를 무시한 채 자신의 매형인 홍봉한에게 먼저 알렸다. 홍봉한도 나경언에 대한 실무적인 조사를 지시하지 않았을 뿐만 아니라 세자가 아니라 영조에게 먼저 알렸다. 또한 고변은 병조에 하는 것이 원칙인데 나경언이 형조에 먼저 고변서를 제출한 것도 정상적이지 않았다. 여기에 덧붙여 왜 그 밤 그 시간에 경기감사 홍계희가 대궐에 때마침 입시해서 영조에게 궁궐을 호위해야 한다고 했는지도 의심스러운 부분이다.

따지고 보면 나경언이 임금을 만나는 자리에 옷 솔기에서 흉서를 꺼냈다는 것도 수상했다. 감히 상민 신분의 고변자가 임금을 만나는 자리까지 오는데 몸수색도 거치지 않고 흉서를 가지고 들어왔다는 것은 전혀 상식에 맞지 않는 일이었다. 나경언의 몸수색이 이뤄지지 않은 것을 이상하게 여긴 판의금 한익모가 이것을 지적하며 이렇게 말했다.

"친국할 때에 금오랑(金吾郞)이 철저히 조사하지 않아서 이런 흉서를 장전(帳殿)으로 들어오게 했으니, 도태하고 잡아다 처리하기를 청합니다."

한익모가 정확하게 집어서 말했지만 영조는 오히려 한익모에게 죄를 주라고 명한다.

여러 정황상 영조와 홍봉한과 홍계희, 이해중이 이 사건을 조작했을 가능성이 농후했다. 나경언 고변 사건에서 제일 이상한 행동을 한 사람은 영조였다. 영조가 나경언이 고변을 해서 비로소 알았다는 내용들은 진작부터 알고 있던 일들이었다. 세자가 '서로에 행역하고, 북성으로 나가 유람했는데……'라는 말은 영조 37년(1761) 4월에 세자가 관서(關西. 평양)로 미행을 나갔던 일을 말하는 것이다.

영조는 온양에서 돌아온 세자의 문안을 거부한 후에 세자가 계속 진현을 요청했지만 그 뒤에도 세자를 만나지 않았다. 세자는 진현이 거부되는 동안 병을 핑계로 거의 모든 정사에서 손을 놓고 두문불출했다. 세자는 신하들의 모든 청대를 거부했고 상소에 대해서는 천편일률로 '우악(優渥, 부드럽고 온화함)하게 비답했다'로 응했다. 이렇게 부자(父子)가 몇 달 동안 서로 만나지 않는 팽팽한 긴장이 감도는 속에서 세자는 관서로 미행을 나갔는데 그때가 영조 37년 4월 초2일이었다. 이때 세자는 내관 유인식(柳仁植)을 자신인 것처럼 눕혀놓고, 내관 박문흥(朴文興)을 데리고 평양으로 향했다. 세자가 평양으로 미행을 나간 것은 정치적 위협을 타개할 방안을 찾기 위해서였다.

세사를 제거하려는 측들은 세자의 온양행 전후로 세자가 반란을 일으킬지도 모르며 아마도 폐위될 것이라는 말들을 퍼뜨려 중외를 흉흉하게 만들면서 세자를 압박하고 있었다. 거기에다 영조 37년 초에 그동안 세자를 감싸던 정승들이었던 이천보, 민백상, 이후가 1월, 2월, 3월에 차례로 갑자기 사망한다. 민백상과 세자의 장인 홍봉한은 어려서부터 친하게 어울렸던 사이였다. 때문에 홍봉한이 세자를 감싸려고 할 때 서로 의지가 되었는데 민백상이 죽은 뒤 홍봉한은 세자 감싸기를 포기하고 영조 눈에 드는 행동을 하기 위해 최선을 다한다. 나경언의 고변서를 먼저 영조에게 보인 것은 그런 이유였다.

이렇게 장인 홍봉한도 돌아설 만큼 세자는 고립되어 있었다. 정사를 내려놓고 두문불출하며 고민하던 세자가 다른 곳이 아닌 평양을 택한 것은 그곳에 훈련받은 정예군이 있기 때문이었을 것이다. 평양의 관군은 영조 4년 무신란 때 평양병사 이사성이 반란군에 합류하기로 했다가 무산된 적이 있었는데 조선 최고의 정예군으로 알려져 있었다. 또 세자는 당시 평안감사 정휘량(鄭翬良)을 믿을 만한 의논 상대로 여겼다. 정휘량은 당적으로는 소론 조재호와 가까운 쪽이었기 때문에 조정을 장악하고 있는 노론들과 거리를 두고 있을 것이라고 생각했기 때문이었다.

세자는 아버지를 상대로 반란을 일으키려고 했던 것이 아니다. 오히려 그 반대였다. 세자 입장에서는 아버지 영조가 노론 일당들에 의해 자신을 제거하도록 종용받으면서 그들에게 포위되다시피 갇혀 있는 것으로 보였을 것이다. 그러니까 아버지는 그들의 술책에 농락 당하고 기만당하고 있는 것이었고 그 결과 아버지가 점점 세자를 의심스럽게 보게 되었다고 판단했을 것이다. 세자는 아버지를 만날 수도 없었고 아버지의 신뢰를 얻을 수도 없었다. 이런 상황이 계속되면서 세자는 그들이 결국 자신을 제거하려고 군사를 일으킨다면 자신은 어떻게 방어할 것인지 또는 어디로 일단 피난을 갈 수 있을 것인지 생각하지 않을 수 없었던 것이다.

그런데 세자의 관서행은 믿었던 정휘량을 통해 홍봉한에게 알려졌다. 그리고 홍봉한은 홍계희에게 알렸다. 홍계희는 세자가 궁을 떠나 관서에 있다는 것을 알리고 궁지에 몰아넣기 위해 작전을 짰다. 관악 유생들에게 세자를 만나게 해달라고 하는 상소를 쓰게 한 것이다. 평양에 있던 세자는 정보원을 통해 이 소식을 듣고 밤새도록 말을 달려 하루 만에 서울에 당도해 관악 유생들을 만난다. 세자가 거의 신마에 가까운 실력을 발휘한 덕분에 홍계희의 음모는 헛수고로 돌아갔다. 훗날 정조는 이 이야기를 "적신 홍계희가 이때 내부에서 변란을 저지르려고 했다."라고 썼다.

세자가 관악 유생들을 만나고 탈 없이 일 처리를 했지만 세자의 관서 미행에 관한 일은 영조도 알게 되고 정치적 쟁점으로 떠올랐다. 영조 37년 9월 24일부터 세자는 대죄했다. 영조는 고심하다 보름이 지난 뒤인 10월 9일 세자의 진현을 허락한다. 세자는 죄인임을 나타내는 흑립(黑笠)과 도포 차림으로 현모문(顯謨門) 밖에서 부복했다. 세자는 자신이 변란을 대비해야 했던 사정들을 솔직하고 간절하게 고했다. 영조는 이때 세자를 이해하고 용서하는 것처럼 보이는 말을 한다.

"세자 또한 임금이다. 명색은 신하로서 섬긴다고 하면서 간악한 음모를 품어서야 되겠는가. 홍계희는 무엄하도다. 세자는 종사와 신민을 위하여 거(莒) 땅에 있던 때를 잊지 말라."

'거(莒) 땅'이란 춘추시대 제(齊)나라 환공(桓公)이 형인 양공(襄公)의 탄압을 피해 달아났던 곳이다. 그러니까 이때 영조는 세자가 정치적으로 고립되어 나름 이것을 처리하거나 피해보려고 애쓰고 있었다는 것을 이해하고 용서하는 것 같은 태도를 보였다는 말이다. 세자의 관서 미행 사건은 이렇게 영조가 수습해서 이미 끝난 사건이었다.

그런데 이제 와서 영조는 마치 나경언의 고변 때문에 세자의 관서 미행을 처음 알았다는 듯이 말하고 있었다. 조사를 해보니 고변자 나경언은 가산을 탕진한 자였다. 나경언은 형장을 가하자 동궁을 무함했다고 자백했다. 임금의 지위와 같은 자리에 있는 세자를 무고했으니 살아날 수 없는 것이 자명했다. 그런데 영조는 나경언 처벌을 주저하며 신하들의 요청을 받아들이지 않고 있었다.

"나경언은 하찮은 사람으로서 이미 '동궁을 무함하였다'라는 공초가 나왔으니, 전하께서 온전히 살려주어서는 안 됩니다. 청컨대 대역부도(大逆不道)의 율을 시행하소서."

남태제가 말했다. 문랑(問郎) 홍낙순(洪樂純) 역시 같은 말로 청했다.

"참으로 두 사람의 말과 같습니다."

윤동도가 또 말했다. 영조는 할 수 없다는 듯 부득이 허락했다. 대사간 이심원(李心源)·장령 이지회(李之晦)가 죄인에게 노륙(孥戮)의 율로 시행하기를 청했다. 영조는 이 말을 듣고 갑자기 버럭 화를 내고 꾸 짖었다.

"이심원은 일찍이 춘방을 역임했는데 어찌 얼굴이 부끄럽지 않은 가? 파직하고, 이지회는 체차하라."

영조가 왜 이렇게 나경언을 감싸는지 함께 국청에 있던 관원들은 어리둥절했다. 판의금 한익모가 또 이렇게 청했다.

"죄인을 이미 결안(結案)하였으니 사주한 사람을 물어야 합니다."

당연한 청이었다. 나경언이 자백했고 죄를 확정했으니 이제부터는 배후를 캐물어야 했다. 그런데 영조는 크게 화를 내더니 그 자리에 서 한익모를 파직한다. 결국 배후가 누구인지는 알아내지 못한 채 나경언은 복주되었다.

나경언이 세자를 무함했다는 것을 자백한 뒤 복주되었지만 세자 의 위기가 끝난 것은 아니었다. 끝나기는커녕 이제부터 시작이었다. 나경언이 복주된 다음 날인 5월 23일 세자는 밤을 새우며 아침까지 금천교(禁川橋)에서 대명했다. 다음 날 5월 24일부터는 매일 시민당(時 敏堂) 뜰에서 석고대죄하며 대명했다. 그러나 세자가 대명하고 있다는 말을 아무도 영조에게 전해주지 않았다.

대명한 지 엿새째 되는 날인 5월 29일 세자의 장인 홍봉한이 영 조에게 세자의 대명을 고했다. 세간의 따가운 눈총을 느꼈었기 때문 이리라. 홍봉한의 말을 들은 영조는 한마디 한다.

"이목(耳目)의 관원이 참으로 개탄스럽구나. 나는 그가 대명하고 있는지 몰랐다."

영조는 개탄한다고 말은 했지만 그저 하는 말일 뿐이었다. 세자에게 대명을 거두라고 말하지 않았을 뿐만 아니라 어떤 다른 전교도 내리지 않았다. 그렇게 시간이 지나갔고 영조는 차갑고 잔혹한 결심을 굳히고 있었다.

세자, 뒤주 안으로

세자가 대명한지 18일째 되는 날인 영조 38년(1762) 윤5월 13일.

영조는 창덕궁에 나아가 선원전(璿源殿)에 전배했다. 그리고 세자에게 휘령전에 동행하여 예를 행할 터이니 올 것을 명했다. 휘령전은 세상을 떠날 때 절을 하는 곳이다. 죽음이 다가왔음을 예감한 세자는 세자빈을 불렀다.

"아무래도 괴이하니 자네는 잘 살게. 그 뜻들이 무서우이. 내가 학질을 앓는다는 핑계를 대려 할 것이니 세손의 휘항(揮項)을 가져오시게."

자기 것인 아닌 세손의 작은 휘항을 쓰고 나가 학질의 고열 때문에 정신이 오락가락하는 것처럼 보이게 하려는 의도였다. 목숨이 경각에 달린 상황에서 세자는 차분하게 생각하고 있었다. 세자빈 홍씨는 세자의 말뜻을 아는지 모르는지 아니면 모르는 척한 것인지 나인에게 "소조(小朝, 대리하는 세자)의 휘항을 가져오라."고 말했다. 세자는 씁쓸했다. 장인 홍봉한이 등을 돌려 갔으니 그 딸 역시 등을 돌렸을 텐데 괜히 불렀구나, 하는 생각이 들었다.

"자네 참 무섭고 흉한 사람이네. 내가 오늘 나가 죽을 터이니 세손의 휘항을 쓰지 못하게 하겠다는 심술이라는 것을 내가 알겠네. 자네는 세손을 데리고 오래 살려고 하는구려."

세자가 나타나지 않자 영조는 도승지를 보내 다시 세자에게 행례(行禮)하기를 재촉했다. 세자는 집영문(集英門) 밖에서 영조를 맞이하고 어가를 따라 휘령전으로 나아갔다. 임금이 행례를 마치고, 세자가 뜰 가운데서 사배례(四拜禮)를 행했다. 사실상 삶을 마감하겠다고 고하는 죽음의 예식이었다.

영조가 갑자기 손뼉을 치면서 말했다.

"여러 신하들 역시 신(神)의 말을 들었는가? 정성왕후께서 나에게 이르기를, '변란이 호흡 사이에 달려 있다'고 하였다."

영조의 첫 번째 비였던 정성왕후 서씨는 5년 전인 영조 33년(1757)에 사망했는데 이때 그녀의 위패가 휘령전에 있었다. 영조보다 먼저 종묘에 들어갈 수 없었기 때문이었다. 정성왕후 서씨의 신령스러움이 종묘사직을 보호하라는 말을 영조에게 했다는 것이었다. 영조는 이 말을 끝내고 이어서 협련군(挾輦軍)에게 명하여 전문(殿門)을 4, 5겹으로 굳게 막도록 명했다. 그리고 군사들에게 시위(侍衛)하게 하면서 궁의 담 쪽을 향하여 칼을 뽑아들게 하였다. 혹시 밖에서 세자를 구한다고 반란군이 쳐들어올지도 모른다는 뜻에서 칼을 담 쪽으로 뽑아들라고 명한 것이다. 군사들이 주저하며 칼을 뽑지 않자 영조가 먼저 칼을 뽑으며 호령했다.

"어찌하여 칼을 뽑지 않느냐?"

아들을 죽여야겠다고 결심한 69살 영조는 살기등등했다.

"관(冠)을 벗고 맨발로 머리를 땅에 조아리라."

영조가 세자에게 명했다.

"자결하라."

이어서 영조가 또 명했다. 조아린 세자의 이마에서 피가 흘러 나왔다.

영의정 신만과 좌의정 홍봉한, 판부사 정휘량, 승지 한광조(韓光肇) 등이 들어왔지만 아무도 영조를 말리지 못하고 다시 나갔다. 영조는 미쳐 있었다. 그 표정을 모두 본 적이 있었다. 을해옥사 때였다. 모두들 그때를 기억하고 공포에 떨었다.

이때 검열 윤숙(尹塾)이 들어왔다. 윤숙은 대궐 뜰에 내려가 이마를 두드렸다. 피가 흘러 얼굴을 덮었다. 그러다가 호위 구역 밖으로 뚫고 나가 의관을 불러 약을 구해 가지고 다시 들어왔다. 윤숙은 약을 세자에게 올렸다. 이때 여러 대신들이 합문(閤門) 밖에 있었다. 윤숙은 호위 군사들을 꾸짖고 몸을 빼어 뛰쳐나가서는 대신의 손을 잡고 함께 들어왔다.

윤숙이 신만 등에게 절절한 마음을 담아 부르짖었다.

"이처럼 위급한 시기에 대신들이 대궐 섬돌에 머리를 찧고 죽기로 작정하면서 힘껏 간하지 않는다면, 장차 대신을 어디에다 쓰겠는가."

세손이 들어왔다. 이제 11살난 세손이 통곡하며 말했다.

"아비를 살려주소서."

"누가 세손을 들어오게 했느냐? 어서 데리고 나가 다시는 들어오지 못하게 하라!"

영조는 벽력같이 호통을 쳤다. 세손이 끌려 나갔다. 끌려 나가는 세손이 계속 부르짖었다. 제발 아비를 살려달라고. 세손의 통곡을 뒤로 하고 영조는 세자에게 자결하라고 계속 소리쳤다. 세자가 용포를 찢어 목을 매었다. 그러자 세자 시강원들이 몰려가 세자의 자결을 막았다.

이때 분사(分司)의 한림 임덕제(林德躋)가 뒤이어 뜰 아래 엎드린 채 세자 곁에서 떠나지 않고 있자 영조가 그를 끌어내라고 명했다. 임덕제는 군사가 그를 끌어내려고 하자 땅에 붙어 결사적으로 버티면서 군사를 꾸짖었다.

"나의 손은 사필(史筆)을 잡는 손이다. 이 손을 잘릴지언정 끌릴 수는 없다."

이 말을 들은 영조는 윤숙과 임덕제를 유배하라고 명했다. 또 궁관 임성(任城), 권정침(權正忱) 등이 한사코 나가지 않고 버티고 있었다. 분주서(分注書) 이광현(李光鉉)도 몸을 빼어 뛰쳐나가 의관을 데리고 들어왔다. 도승지 이이장은 머리를 조아리고 눈물을 흘리며 영조를 말리면서 간쟁했다.

"전하께서 깊은 궁궐에 있는 한 여자의 말로 인해서 국본(國本)을 흔들려 하십니까?"

한 여자란 세자의 생모 영빈 이씨를 가리키는 말이다. 영빈 이씨가 자신의 아들 세자가 변란을 꾀한다고 고변했다는 말이다. 영조나 노론들의 사주나 협박에 영빈 이씨가 넘어갔을 것이었다. 영조는 분노해서 군문(軍門)에 넘겨 효수하라고 명하였다. 군사들은 차마 명을 받들지 못했다.

이이장은 땅에 엎드려 통곡했다. 세자를 폐위하라는 전교를 쓰라고 명하자 울면서 말했다.

"신은 차라리 죽어야 하겠습니다. 감히 명을 받들 수 없습니다."

그리고 금오문(金吾門) 밖에서 대명하며 처분을 기다렸다.

승지 한광조가 대궐문을 밀어젖히고 들어와서 관을 벗고 울부짖었다.

"전하, 신은 죽음을 아까워하지 않습니다. 신이 한마디 하고픈 말이 있습니다. 청컨대 들어주소서."

그러나 영조는 듣지 않았다. 한광조를 파직하라고 명했다. 그러자 한광조는 통곡하며 기어서 나갔다. 승지 조중회(趙重晦)도 눈물을 흘리면서 영조를 말리며 극력 진술했다. 제학 한익모도 영조의 명령을 거부하면서 교문(敎文)을 짓지 않았다. 승지 이익원(李翼元)도 극력 항거하면서 영조가 명하는 전교를 쓰지 않았다. 승지 정순검(鄭純儉)은 전각(殿閣) 위에 올라가 큰 소리로 부르짖었다.

"전하, 신을 죽여주소서. 신이 비록 죽을지언정 감히 이 하교를 반포하지 못하겠습니다."

모두 파직을 당했다. 아비규환이 따로 없었다. 영조는 세자에게 계속 자결할 것을 강요하면서 펄펄 날뛰고 있었다.

"내가 죽으면 300년 종사가 망하고, 네가 죽으면 종사는 보존될 것이니 네가 죽는 것이 옳다. 내가 너 하나를 베지 않아 종사를 망하게 하겠느냐?"

세자는 미칠 것 같았지만 식은땀을 흘리면서 버티고 있었다.

그런데 갑자기 어디선가 뒤주가 나타났다. 세자의 장인 홍봉한이 가져다놓은 것이었다. 홍봉한은 그동안 세자의 장인으로 확실하게 영조의 편을 들지 못했던 것이 불안했다. 어떻게든 영조와 세자 사이를 멀어지지 않게 하려고 노력했었다. 그렇지만 영조 앞에서 세자 역성을 들다가 파직을 당하거나 곤장 형을 받은 적도 있었기에 완전히 세자를 포기하고 말았다. 홍봉한은 자신이 세자를 포기했고 영조의 뜻을 완전히 지지하고 있음을 확실하게 보여주고 싶었다. 세자가 죽는 마당에 이제라도 영조 눈에 들어야 했던 것이다. 그것이 홍봉한으로 하여금 세자를 가둘 뒤주를 가져다놓게 했다.

"너는 속히 그 안에 들어가라."

세자가 뒤주에 들어가려 하자 다시 세자시강원들이 달려들어 세자를 잡아 끌어내고 뒤주 밑에 엎드렸다. 그러자 군사들이 모두를 끌어냈다.

체구가 큰 세자는 비좁은 뒤주로 들어갈 수밖에 없었다. 더운 여름날이었다.

"아버지, 살려주옵소서."

뒤주로 들어가면서 세자가 마지막으로 영조를 쳐다보며 말했다. '전하'가 아니라 '아버지'라고 부르면서 하나뿐인 아들이 살려달라고 말했다. 그러나 영조는 들은 척도 하지 않았다.

영조는 뒤주의 뚜껑을 직접 닫고 자물쇠를 잠근 후 장판(長板)을 가져오라고 명했다. 그리고는 큰 못을 박고 동아줄로 뒤주를 묶어 봉인했다.

사서(司書) 임성과 주서(注書) 이광현이 영조가 나간 뒤 몰래 들어왔다. 뒤주 가장자리에 작은 구멍이 있음을 발견한 그들은 구멍으로 물과 미음을 올렸다.

그때 뒤주에 구멍이 있다는 누군가의 밀고를 받고 영조가 다시 나타났다. 영조가 오는 것을 본 임성과 이광현은 화들짝 놀라 자리를 떴다. 영조는 직접 그 구멍을 막았다. 그리고 하교했다.

"세자를 폐하여 서인으로 삼는다."

영조는 아들을 삼복더위가 한창인 여름날, 물 한 모금 주지 않고 그렇게 뒤주 안에서 고통스럽게 굶겨 죽였다. 어드레 뒤인 영조 38년(1762) 윤5월 21일, 세자가 죽은 것이 확인되었다. 영조는 30년에 가까운 부자 간의 은의(恩義)를 생각하고 세손의 마음을 생각해서 시호(諡號)를 사도세자로 하라고 명했다.

사도(思悼).

죽은 것을 슬프게 생각한다는 뜻이다.

69살의 아버지에게 살해당한 세자 이선. 향년 28살이었다.

탕평의 역설, 예고된 살인

모든 역사는 결국 정치사이고 정치는 생물과 같다. 생물이 태어나서 늙고 병들면서 겪는 모든 과정을 정치도 겪는다. 정치가 생물학적 생물과 다른 점이 있다면 의도한 것을 성취하려고 애를 쓰는 과정이 있다는 것이다. 생물의 생명 현상에는 의도가 없지만 인간이 시도하는 모든 정치활동에는 의도가 있다. 자연의 생물 현상은 출발할 때 의도가 없기 때문에 결론이 어디에 가서 어떤 모습으로 나타나건 아무 관계가 없다. 그러므로 거기엔 모순도 없고 역설도 없다. 그러나 정치적 의도를 가진 인간들의 행위는 언제나 애초에 바라던 결론과는 다른 결론을 얻는다. 바라던 결론을 얻기 위해 의도를 가지고 노력했지만 결론에 도착해보면 원래 목적이 무엇이었는지 기억조차 나지 않는 경우가 많다. 역설적인 상황은 이 과정에서 발생한다. 의도했던 출발점과 의도하지 않았던 종착점, 그 모순된 역설적인 상황을 영조 역시 피해 가지 못했다.

영조는 자신을 왕으로 만들어준 정치세력인 노론과 자신을 왕으로 인정하지 않는 정치세력인 소론, 이 두 세력을 아울러 통치할 수 있는 강한 전제적 왕권을 세우고 싶어 했다. 탕평은 왕권을 강화할 훌륭한 정치적 이데올로기였다. 영조는 그 이데올로기 탕평의 상징으로 하나뿐인 아들을 이용했다. 무신란을 겪으며 한층 정교해진 탕평책은 소론을 정계 중심에서 내치지 않겠다는 영조의 확고한 의지로 더욱 강화되었다. 세자가 태어나자 영조는 세자를 소론 포용 탕평책의 상징으로 만들었다. 그리고 이 정책에 강하게 저항하는 노론들의 폭주하는 불만을 세자의 대리청정으로 막아냈다. 세자는 이 과정에서 자연스럽게 반노론 정서를 갖게 된다.

영조는 아마도 탕평을 추진하던 초기에는 반석 위에 올려진 강력한 왕권을 아들에게 물려주고 싶었을 것이다. 늦은 나이에 본 하나뿐인 아들에게 영조는 당연히 애정을 쏟았을 것이다. 그런데 언제부턴가 영조의 의도는 탐욕적인 권력 독점과 전횡으로 탈바꿈한다.

아마도 그 계기는 영조 31년의 을해옥사로 봐야 할 것이다. 을해옥사로 소론은 멸종됐다. 소론을 포용하던 탕평책은 사실상 무력화되었다. 소론이 멸종해버린 정치 지형은 영조에게는 권력을 강화시켜준 '선물'이었지만, 아버지에 의해 친소론 반노론 환경에서 성장해왔던 세자에게는 정치적 입지가 사라져버린 '재앙'이었다. 여기서 탕평의 역설이 발생한다. 그러니까 소론의 멸종으로 영조의 왕권은 강해졌지만 그 강해진 왕권을 물려줄 수는 없는 환경이 조성된 것이다. 소론 포용 탕평이 실종된 정치 지형은 세자의 죽음을 예고하고 있었다.

노론만 남은 정치 지형은 노론 내의 권력 다툼으로 재편되는데, 표면적으로는 영조와 세자를 둘러싼 갈등으로 나타났다. 노론 안에서 권력이 세자에게 승계되지 않아야 정치적 이득을 취할 수 있는 세력들이 영조와 세자의 틈이 벌어지도록 암약했다. 세자가 대리청정을 하는 과정에서 계속 자신들의 요청을 거부했던 것을 꾸준히 불만으로 여겼던 김상로, 홍계희 중심의 자칭 원조 노론 반탕평파 청류들과 영조의 재혼으로 권력의 중심으로 부상한 계비 정순왕후 김씨를 중심으로 하는 노론들이 맹활약했다. 여기에 왕실 가족으로는 영조의 총애를 받았던 사도세자의 동생 화완옹주와 그녀의 양아들 정후겸이 합세했고 영조의 후궁 문씨 측도 합류했다.

그런데 이런 정치 구도를 재편성하고 주도한 사람은 다름 아닌 영조였다. 소론이 멸종된 후에 영조의 정통성 시비는 사라졌다. 영조는 재위 30여 년 만에 본격적으로 왕권이 강화된 권력의 참맛을 누리고자 했는지도 모른다. 영조가 소론 포용 탕평을 추진하는 동안 노론의 거센 공격을 일선에서 막아주는 역할을 했던 세자의 대리청정은 필요없어졌다. 세자는 이제 총알받이가 아니라 왕권 강화의 걸림돌이 되고 있었다. 장성한 세자를 등에 업고 충동질해서 아버지에게 맞서게 만들고 싶어 하는 세력들이 영조의 눈에 보였던 것이다. 이제 영조는 대리청정하는 세자 뒤에 숨을 필요가 없었다. 본인이 직접 나서서 왕의 말을 듣지 않는 자들을 얼마든지 처리할 수 있었다. 왕만 있으면 충분한 환경에서 왕을 대리하는 차기 권력이 있다는 것은 영조에게 불편하고 성가신 일이 된 것이다. 여기에 영조 개인은 늙어가고 있었고 젊을 때와는 다르게 심리적으로 정서적으로 매우 변덕스럽고 탐욕적으로, 속된 말로 노망이라고 말할 정도로 변해가고 있었다. 세자를 비롯해서 신하들 모두 변덕이 죽 끓듯 하는 영조의 비위를 맞추느라 전전긍긍했다.

노련하고 노회한 절대권력은 절대부패한 정치를 만들어낸다. 노회한 정치 9단 영조의 눈 밖에 나지 않기 위해 모든 정치세력들이 영조의 심기를 살피는 '심기 돌봄 정치'에 주력했다.

영조가 세자의 정치적 성장을 바라지 않고 정치적 독점을 원한다는 것을 알아차린 정치세력들은 과감하게, 거리낌 없이 세자를 모함했다. 세자가 제거되어야 정치적 이득을 누릴 수 있는데 마침 영조도 아들을 마뜩찮아하니 이보다 좋을 수는 없었다. 그들은 세자가 반란을 준비한다는 소문, 탈선과 비행을 일삼는다는 소문을 항간에 퍼뜨렸고 영조는 자신이 듣고 싶어 하던 소문들이 들리자 서슴없이 세자를 제거하기로 결심한 것으로 보인다.

이처럼 영조가 아들을 죽인 원인과 과정은 매우 복합적이다. 당시 정치세력들의 이해관계와 영조 개인의 성격, 심리적 특성들이 서로 상승작용을 일으킨 것이다. 세자 입장에서 이 죽음은 억울하기 짝이 없다. 세자가 반란을 준비했다는 것은 터무니없는 말이다. 세자가 죽은 뒤에 세자가 만들었다는 토굴을 파보니 무기가 나왔다거나, 대궐 주변 상인들에게 돈을 꾸어서 영조가 갚아주었다거나, 환관이나 궁녀들을 마구 죽인 살인마였다거나, 정신분열과 정신착란에 가까운 정신병을 앓았다는 말과 기록들은 전부 세자를 모함하고 죽음에 이르게 한 세력들에게서 나온 것이다.

이런 모든 이야기의 공통점은 '세자가 죽을 만해서 죽었다'는 것이다. 그러니까 죽을 짓을 했으니까 아버지가 죽였지 괜히 죽였겠느냐는 논리다. 이것은 가장 몰상식하고 비합리적이고 반지성적인 논리이자 전형적인 '피해자 비난하기'(the blaiming victims)' 논리다. 가해자를 정당화시키기 위한 논리를 위한 논리일 뿐 어떤 의미도 없다.

　토굴에서 나온 무기와 환관과 궁녀들을 죽였다는 기록은 당시 세자를 모함하는 세력들이 얼마나 악랄하게 세자를 압박하고 있었는지 보여주는 반증이 될 수도 있다. 그러니까 세자는 혹시라도 있을 테러에 대비해 자구책을 준비해야 했던 것이고, 환관과 궁녀들은 세자를 모함하고 염탐하는 세력들이 침투시킨 간첩들이었을 가능성이 크다. 또 세자가 민간에서 돈을 빌려서 영조가 갚아줬다는 것이 세자의 인격이 몰상식했다는 것을 보여주는 증거처럼 인용되는데, 그 또한 사실과 다르다. 영조는 화협옹주가 죽었을 때도 옹주가 민간에게 졌던 외상을 갚아준 적이 있었다.

　또 세자의 정신이 환청과 환시를 겪을 정도의 정신분열 정신착란을 앓았다는 기록 역시 가해자의 기록인 『한중록』에서 나온 주장이다. 『한중록』은 세자를 죽이는 데 가담했던 세자의 장인 홍봉한의 딸 혜경궁 홍씨가 일흔이 다 된 나이에 손자인 순조에게 자신의 친정인 홍씨 집안을 복권해달라고 호소하기 위해 쓴 책이다. 혜경궁 홍씨의 주관적 견해와 목적이 과대포장된 기록임을 감안해야 한다. 세자가 처했던 정치적 환경이 극도의 긴장을 매일 유발하는 상황이었으므로 세자가 과도한 정신적 스트레스를 겪었을 가능성은 크다. 그러나 그 정도를 넘어서 정신착란과 분열을 일으킬 정도였다는 것은 당시 세자의 건강 상태를 침소봉대한 가해자들의 일방적인 주장일 수 있다는 점을 고려해야 한다. 왜냐하면 피해 당사자인 세자는 살해를 당했음에도 불구하고 지금까지도 한마디 항변도 할 수 없기 때문이다. 혜경궁 홍씨는 『한중록』에서 '제발 외간에서 이러쿵저러쿵

떠들어대는 것은 하나도 믿지 말고 오직 내가 하는 말만 믿어달라'고 손자인 순조에게 썼는데, 이 말은 당대 사람들이 사도세자가 정치적으로 억울하게 제거당했다고 생각하고 있었음을 역설적으로 반증한다.

영조가 왕권을 강화하기 위해 추진했던 탕평은 정치 지형이 바뀌면서 역설적으로 하나밖에 없는 아들을 죽음의 궁지로 몰아넣는 역할을 했다. 사도세자 살해 사건은 그 죽음의 책임 대부분이 아버지 영조에게 있다는 점에서 가장 비극적이다. 영조는 왕권을 강화시켰지만 강화된 왕권을 장성한 아들에게 물려줄 생각이 없었다. 최고권력, 최종결정권자 자리에서 물러나 허수아비로 여생을 보내고 싶지 않던 내면의 욕망은 아들이 결국 반란을 도모하고 있다는 의심으로 영조를 이끌었다. 세자가 일찍 죽어야 자신들의 권력 생명이 길어질 것이라고 여긴 영조 주변의 친국왕파 특권세력들이 그 의심을 확신으로 만들어주었다.

당쟁을 제압하고 아들을 죽이면서 영조는 일시적으로 더욱 왕권이 강화되는 현상을 겪었지만, 즉위 이후로 계속 추진했던 탕평 본래의 의도를 실현하는 데는 결국 실패했다. 아들을 죽인 영조의 행위에 대한 업보가 손자인 정조에게 그대로 전해졌기 때문이다. 영조가 아들을 죽이면서 손자에게 물려준 것은 반석 위에 올려진 튼튼한 왕권이 아니라 반란을 일으키려 했던 미치광이의 아들이라는 멍에였다. 영조는 손자에게 그런 멍에를 씌운 것에 죄책감을 느꼈고, 또 손자 즉위에 정통성을 보장해주기 위해 정조를 맏아들 효장세자의 아들로 입적시켰지만 그것은 반쪽짜리 정통성에 지나지 않았다.

정조는 할아버지의 유산인 그 멍에에서 벗어나 왕권을 강화하기 위해 밤낮없이 투쟁해야 했다. 할아버지 영조가 즉위할 때의 반쪽 정통성, 그 자리에서 손자인 정조도 다시 출발해야 했던 것이다.

영조가 탕평을 쓰면서 의도했던 왕권 강화는 역설적이게도 아들을 죽였고, 그 잔인한 죽음을 깔고도 결국 강력한 왕권을 온전하게 정착시키는 데까지는 나가지 못했던 것이다.

억울하게 죽은 세자, 이응원의 상소

권정침(權正忱)은 사도세자가 뒤주에 갇혀 살해당했던 당시 설서(設書) 직위에 있던 궁료(宮僚)였다. 설서란 세자 시강원에서 경사(經史)와 도의(道義)를 가르치는 일을 맡았던 정7품 벼슬이다. 그가 죽은 뒤에 그 집에서 『서연일기(書筵日記)』가 발견되었다. 그 일기에는 사도세자가 죽기 한 달 전에 어떤 일들을 했는지 자세히 기록되어 있었다.

권정침이 살아 있을 때 한 마을에 함께 살았던 영남 유생 이응원(李應元)은 일기에 나온 내용을 근거로 정조 즉위년(1776) 8월 6일 상소를 올린다. 상소에서 이응원은 세자가 4월 18일부터 5월 21일(사도세자는 영조 38년 윤5월 21일 사망했다)까지 날마다 『역경(易經)』과 『강목(綱目)』두 책을 강론했다고 말한다.

…… 무릇 의심나고 어려운 곳에 대해 변론한 것들이 치밀하고 순수하지 않은 것이 없었으니, 진실로 자질이 고상하고 식견이 명철한 분이 아니었다면 어떻게 이런 것이 있었겠습니까? 이는 모두가 변고를 만나기 전 한 달 내의 일이었는데, 나

경언의 일이 발생하기에 이르러서는 연석(筵席)을 베풀어 경의(經義)를 강론할 겨를이 없었습니다. 이제 권정침이 기록한 것을 본다면 세자의 현명하고 영리함이 이와 같습니다. ……

세자를 죽음으로 몰고간 빌미가 되었던 나경언의 고변이 있을 즈음 세자의 행적이 정확히 기록되어 있으니 세자가 억울하게 모함을 당한 것이 분명하다는 말을 하고 싶었던 것이다. 이응원은 계속해서 이렇게 말한다.

당시 나라에 떠도는 말로는 혹은 참소를 꾸미는 사람이 간특하고 사악한 짓을 만들이 선대왕에게 선동하여 의심하게 하는 자가 있었으며, …… 수많은 사람이 서로 전하기를 모두 선세자가 진실로 과오를 지은 것이 아니라고 하였습니다. 그리고 나경언이 저군(儲君, 사도세자)을 형조에 정소(呈訴)한 것에 이르러서는 이는 천하 만고에 나라와 백성이 있어온 뒤로는 듣지 못한 바입니다. 당일 형조의 신하로는 마땅히 그 사람을 주륙(誅戮)하고 그 글을 불태워 없애는 데에 겨를이 없어야 할 것인데도 이것을 천폐(天陛)에 올려 아뢰어서 마침내 화변(禍變)의 매얼(媒孽)을 만들어냈으니, 그 마음의 소재를 길 가는 사람도 또한 아는 바입니다.

이응원은 나경언이 사도세자가 반란을 모의하고 있다고 형조에 고변했을 때 마땅히 형조에서 나경언을 때려죽이고 그 고변서를 불태워 없애야 했는데 왜 그렇게 하지 않았는지, 그렇게 하지 않은 이유가 사실은 나경언의 고변이 세자를 모함하는 세력들이 전부 짜고 만들어낸 사건이었기 때문이었음을 길 가는 사람들도 다 알고 있는 얘기 아니냐고 따져 묻고 있다.

이응원의 말은 틀린 말이 아니다. 차기 권력인 세자가 아버지인 영조를 죽이려고 반란을 모의했다는 말은 앞으로나 뒤로나 어떻게 해석해도 말이 되지 않는다. 조선에서 고변장 접수는 형조가 아니라 병조 관할이었다. 나경언의 고변은 그런 가장 기초적인 절차도 무시했을 뿐 아니라 고변장이 대전(大殿)에 들어오면 안 된다는 기본도 무시되어 영조가 그 고변장을 직접 보게 했다. 또 당시 세자가 대리청정을 하던 때라 상소를 비롯한 모든 서류들은 일차적으로 세자를 거쳐가게 되어 있었는데, 나경언의 고변을 받은 자들은 세자를 무시하고 자고 있던 영조에게 바로 전달했다.

세자가 억울하게 모함을 당했다는 정황이 너무나 뚜렷했기 때문에 이응원은 정조에게 사도세자를 신원하고 임오화변(사도세자 살해 사건)을 일으킨 주역들에 대한 재수사를 해야 한다고 정조에게 상소한 것이다.

그러나 정조는 이응원의 상소를 받아들이지 않았고 더 나아가 이응원을 사형시킨다. 정조 입장에서 이응원의 상소를 받아들이는 것은 섶을 지고 불 속으로 들어가는 것이었기 때문이다. 정조의 생부 사도세자를 죽인 사람은 할아버지 영조였다. 정조는 아버지가 어떻게 죽어갔는지, 어떻게 죽을 수밖에 없는 처지로 몰렸는지 전모를 알고 있었다. 11살에 아버지의 비참한 죽음을 목격했고, 그 뒤 할아버지의 대를 이을 권력으로 자리매김하면서 24살에 즉위하기까지 셀 수 없는 암살 시도를 겪은 사람이 정조였다. 아버지를 죽인 할아

버지와 그 할아버지를 둘러싸고 있는 세력들의 눈 밖에 나는 순간
이 바로 죽음이었다. 정조는 살아남기 위해서 즉위해야 했다. 그러
나 그것은 할아버지와 할아버지의 정치세력들, 즉 영조의 척신들의
지지를 받지 않고는 불가능했다.

즉위했다고 상황이 달라지는 것도 아니었다. 영조는 죽기 전에 임
오화변에 관해 이러쿵저러쿵 말을 하는 것 자체가 역적 행위라고 규
정했다. 자신이 아들을 죽였으니 혹여 나중에라도 임오화변을 바로
잡겠다는 말이 나온다면 영조를 배신하는 일이니 그것이 바로 역적
이라는 말이었다. 따라서 정조가 아버지를 신원하는 일은 할아버지
를 배신하는 역적질인 동시에 정권의 정통성을 스스로 버리는 일이
되는 어처구니없는 상황이 되는 것이었다.

이렇게 사도세자가 정치적으로 억울하게 희생되었다는 것은 당시
에는 일반적인 상식이었다. 사도세자를 신원하는 일은 정치적으로
너무나도 파장이 큰 문제여서 즉위 초반에 자신만의 친위 세력을 가
질 수 없었던 정조가 할 수 있는 일이 아니었다.

정조는 즉위 당일 "아! 과인은 사도세자의 아들이다……"라고 즉
위 첫마디 말문을 연다.

아! 과인은 사도세자의 아들이다. 선대왕께서 종통의 중요함
을 위하여 나에게 효장세자를 이어받도록 명하셨거니와, 아!
전일에 선대왕께 올린 글에서 '근본을 둘로 하지 않는 것(不貳
本)'에 관한 나의 뜻을 크게 볼 수 있었을 것이다. 예(禮)는 엄
격하게 하지 않을 수 없으나, 인정도 또한 펴지 않을 수 없으
니…… 이미 이런 분부를 내리고 나서 괴귀(怪鬼)와 같은 불령

한 무리들이 이를 빙자하여 추숭하자는 의논을 한다면 선대 왕께서 유언하신 분부가 있으니, 마땅히 형률로써 논죄하고 선왕의 영령께도 고하겠다.

　정조가 즉위 당일 금기어나 마찬가지인 '사도세자'를 입에 올린 것은 정치적으로 2가지 목적을 계산에 넣은 치밀한 행위였다. 하나는 일단 억울하게 죽은 아버지의 제사를 아들로서 지내야겠다는 것이었고 다른 하나는 단지 제사를 지낼 뿐이지 그것이 아버지를 죽이는 데 동참한 정치세력들의 숙청을 의미하는 것이 아니라는 것이었다. 즉, 제사는 제사일 뿐이며 제사 지내는 문제를 정치적 쟁점으로 만들지 않겠다는 의지 표명이었다. 아버지를 죽인 세력들의 지지가 없었다면 즉위할 수 없었던 정조 입장에서 이 말은 갓 즉위한 정조가 그들에게 내밀 수 있었던 최대한의 정치적 타협안이었다. 그러니까 정조가 말하고 싶었던 것을 오늘날 화법으로 쉽게 말하자면 이런 것이다.

　'당신들이 우리 아버지를 억울하게 죽게 했잖아. 내가 그 사실을 속속들이 다 잘 알고 있거든. 할아버지를 부화뇌동하게 들쑤셔서 아버지를 모함했잖아. 다 아는데 그거 이제 와서 문제 삼지 않을게. 어쨌든 할아버지가 아버지를 죽인 거니까……. 당신들은 할아버지의 명령에 신하 된 도리로 충실하게 따른 것으로 볼 수도 있으니까. 그걸 이제 와서 정치적으로 문제 삼아서 당신들을 숙청하지 않을 테니까, 그 대신 우리 아버지가 억울하게 죽었다는 거, 이건 진짜 인간적으로 인정해줘야 하는 거 아냐? 억울하게 죽은 아버지에게 아들 된 도리, 천륜의 도리로 제사는 좀 지내야겠다. 당신들 숙청하지

않겠으니 제사는 지내는 걸로 합의 보자……'

이응원이 정조에게 사도세자를 신원해야 한다고 상소를 올린 것은 이런 정조의 숨은 뜻을 자신이 읽었다고 생각했기 때문이었고, 정조가 이응원을 사형시킬 수밖에 없었던 것은 그것이 정치적 거래였다는 것까지는 이응원이 읽어내지 못했기 때문이었다.

정조는 즉위한 이후로 쭉 친부 문제가 정치적 쟁점으로 터져나오는 것을 막았다. 정조 16년(1792)에 영남 유생 1만여 명이 사도세자의 억울한 죽음을 밝혀 신원하고 추숭해야 한다고 상소했을 때도 정조는 묵살했다. 사도세자를 죽게 만든 정치세력은 할아버지의 척신들이었다. 정조가 온전히 왕권을 행사하기 위해서는 그들을 핵심 권력에서 몰아내든지 무릎을 꿇리든지, 둘 중 하나의 상황을 만들어야 했다.

그런데 그 일은 쉬운 일도, 단시간에 이룰 수 있는 일도 아니었다. 할아버지 영조만을 위한 강직한 충신이라고 주장하는 정치세력들을 대체 무슨 명분으로 몰아낸단 말인가. 정조는 때가 무르익기를 기다려야 했다.

금등지사, 정조의 협상용 협박 카드

피묻은 적삼이여 피묻은 적삼이여, 동(桐)이여 동이여, 누가 영원토록 금등으로 간수하겠는가. 천추에 나의 품으로 돌아오기를 바라고 바란다.(血衫血衫, 桐兮桐兮, 誰是金藏千秋? 予懷歸來望思)

— 『정조실록』, 정조 17년(1793) 8월 8일

위의 글은 영조가 아들을 죽인 것을 후회하면서 썼다는 글인데 오늘날 '영조의 금등지사(金縢之詞)' 이야기로 알려져 있다. '금등'이란 고대 중국 고사에 등장하는 금속으로 봉한 상자라는 말이다. 중국의 주나라 무왕이 중병에 걸려 투병하고 있을 때 무왕의 동생 주공은 자신이 무왕 대신 죽겠다는 기도를 하고 기도문을 써서 금등에 넣어두었다. 후에 무왕이 죽고 무왕의 아들 성왕이 즉위했는데 나이가 어려 주공이 섭정을 한다. 그런데 주공은 무왕을 독살했다는 모함을 받고 낙양으로 피신하게 된다. 후에 성왕이 금등을 발견해 주공은 누명을 벗을 수 있었다.

영조는 주나라 주공의 금등지사를 인용해서 아들 사도세자가 누명을 썼고, 그 사실을 나중에 알았고 후회하고 있다는 심정을 적어서 비밀스러운 장소에 간수해두었다고 한다. 그런데 이 이야기는 정조가 대신들을 모아놓고 한 말이다. 『정조실록』 정조 17년 8월 8일 첫 번째 기사에서 정조는 이 글귀를 베낀 종이를 여러 대신에게 보여준다.[34] 영조가 직접 쓴 종이가 아니라 영조가 썼다는 것을 보고 정조가 베꼈다는 말이다. 그러니까 영조가 정말로 직접 금등지사 글귀를 썼는지 여부는 실록에 의하면 오로지 정조만 알고 있는 사실이다. 영조가 금등지사를 직접 썼는지 아니면 정조가 꾸며낸 거짓말인지는 아무도 알 수 없는데 중요한 것은 그게 아니다. 중요한 것은 왜 금등지사 얘기가 나왔는지 그리고 정조와 당시 정치세력들에게 금등지사가 어떤 의미였는지, 사도세자의 죽음과 관련해 금등지사가 어떤 역할을 했는지, 그 맥락을 아는 것이다.

---

34 원문은 謄出於小紙者示諸大臣.

정조가 금등지사 얘기를 하게 된 직접적인 계기는 정조 17년 5월 28일에 당시 남인 영수이자 영의정이었던 채제공(蔡濟恭)이 올린 상소 때문이었다. 채제공은 5월 25일에 영의정에 제수되었는데 사흘 뒤에 상소를 올린다. 상소 내용은 사도세자의 원통한 죽음을 밝히고 관련자들을 역적죄로 처단해야 한다는 내용이었다. 채제공의 상소에 정조는 진노했고 상소를 돌려주고 무마하려고 했지만 정국의 혼란은 진정되지 않았다. 정조는 일단 채제공을 파직했다. 그런데도 죄를 물어야 한다는 당시 집권 노론 벽파의 여론이 비등했다. 추이를 지켜보던 정조는 8월 8일 대신들을 불러 모아 채제공에게 더 이상 죄를 물을 수 없는 이유를 설명한다.

전 영상(채제공)의 상소 가운데 한 구절의 말은 곧 모년(某年, 임오화변)의 큰 의리에 관한 핵심인데, 내가 양조(兩朝)의 미덕을 천양하고픈 마음이 있으면서도 감히 한 번도 이를 제기하지 못한 이유는 참으로 이 일이 모년에 관계된 것이어서 감히 말하지도 못하고 또 차마 제기하지도 못하고 있는 것이다. ……
전 영상이 남이 감히 말하지 못하는 것을 감히 말한 것은 대체로 곡절이 있어서였다. 전 영상이 도승지로 있을 때 선조(先朝)께서 휘령전에 나와 사관(史官)을 물리친 다음 도승지만을 앞으로 나오도록 하여 어서(御書) 한 통을 주면서 신위(神位)의 아래에 있는 요(褥) 자리 속에 간수하도록 하였다. 전 영상의 상소 가운데 즉 자 아래의 한 구절은 바로 금등(金縢) 가운데의 말인 것이다. …… 금등 가운데의 두 구절을 베껴낸 쪽지를 여러 대신들에게 보여주게 하고는 [피문은 적삼이여 피문

은 적삼이여, 동(桐)이여 동이여, 누가 영원토록 금등으로 간수
하겠는가. 천추에 나의 품으로 돌아오기를 바라고 바란다 이
르기를, 내가 이덕사(李德師)와 조재한(趙載翰)을 사형에 처하게
하던 날 문녀와 김상로도 처단했을 것이지만 나는 그때 이미
금등의 글 가운데 들어 있는 선왕의 본의를 이해하고 그 뜻
을 약간 반영하였던 것이다. ……

그러니까 영조의 금등지사에 대해 알고 있는 사람은 정조 본인하
고 채제공뿐이었다는 말이다. 채제공은 상소에서 선대왕 영조가 억
울하게 죽은 사도세자의 한을 풀어주라고 했는데 자신이 선대왕의
뜻을 알고 있었으면서도, 여태까지 아무 일도 못하고 있는데, 영의정
을 제수받다니 차라리 죽여달라고 절절하게 토로했었다. 조정이 발
칵 뒤집힌 것은 "선대왕 영조의 뜻"이라는 것 때문이었다. 정조가 금
등지사를 말한 것은 채제공이 말한 영조의 뜻이 어떤 이유에서 나
온 말인지 설명하기 위해서였다.

정조는 노론 벽파(辟派)의 지지를 받아서 즉위했다. 벽파의 '벽' 자
는 임금 벽 자이고 그 임금은 영조를 말한다. 그러니까 벽파란 진짜
영조 편이라는 뜻이다. 영조에게 아들을 죽이도록 부추기고 또 아
들을 죽이길 잘했다고 계속 응원하고 지지해왔던 벽파에게 영조가
사실 자신의 행동을 후회했었다고 말하는 것은 정치적 사망선고나
다름없는 것이었다. 정조는 아버지의 억울한 죽음에 대해 복수를 하
려면 할아버지의 신하들을 숙청해야 했는데, 그 목적을 달성하기 위
해서는 먼저 할아버지를 그들과 분리해야 했다. 사실 할아버지는 벽
파들에게 속은 것이었고, 이내 그 사실을 깨닫고 후회했다는 것을

보여줘야 했다. 그렇게 해야 벽파에 대한 채권채무 관계에서 벗어나 왕권을 강화할 수 있었기 때문이다. 아니, 벗어난다기보다 정조 즉위에 대해 채권자 입장에 있는 벽파를 졸지에 아버지 죽음에 대해 책임을 져야 하는 채무자 입장으로 뒤집어야 했다. 말하자면 정조의 전략은 이런 것이었다. 벽파를 채무자 입장으로 뒤집은 다음에 '당신들이 채무자이고 내가 채권자인데, 내가 큰마음 먹고 통 크게 채권추심은 하지 않을게. 대신에 내 말을 잘 들어. 그게 내 유일한 조건이야.'

그러니까 금등지사는 정조가 벽파를 채무자 입장으로 몰아가는 데 썼던 카드 중의 하나였던 것이다. 일종의 협박성 카드이자 빅딜 제안이라고 보면 된다. 정조가 하려는 개혁 정책에 협조하지 않으면 아버지 죽음에 대한 책임을 묻겠다, 할아버지가 당신들에게 속았으니 임금을 속인 죄까지도 추가해서 물을 수도 있다, 그런데 정조가 추진하는 개혁 정책에 협조하기만 한다면 어떤 죄도 묻지 않겠다면서 눈앞에 들이댄 증거가 바로 금등지사였다.

여기서 중요한 것은 정조의 협박성 카드가 노론 벽파들에게 먹혔다는 것이다. 협박이 먹히는 이유는 도둑이 제 발 저린다고, 협박받을 짓을 했기 때문이다. 즉, 사도세자를 죽게 만든 세력들이 온갖 협잡과 모함을 저질렀다는 것을 당사자들뿐만 아니라 조선 팔도 온 백성이 알고 있었다는 말이다. 정조 즉위 후 정조가 했던 말들을 살펴보면 당대 사람들이 사도세자의 죽음을 어떻게 생각하고 있었는지 잘 알 수 있다.

금등지사 얘기가 나오기 1년 전 영남 유생들이 사도세자를 신원하고 추숭해야 한다는 만인소를 작성해 올려 정국이 들끓었을 당시 정조는 이런 말을 한다. 정조 16년 5월 22일이었다.

모질어 죽지 못한 채 지난날을 참고 지내왔는데 지금 어찌 혹 입을 열어 살아온 세상일을 말할 것이 있겠는가마는, 하루라도 이 땅 위에 살면서 경들에게 군림하는 한 차마 윤리도 무시하고 원수도 잊어버린 사람이 될 수 있겠는가. …… 또 더구나 성교(聖教) 가운데 있는 '통석'이란 두 글자는 바로 후회하신 성의(聖意)여서 내가 받들어 가슴에 새겨넣을 깊은 뜻으로 삼고 있다. 그러나 억제할 수 없는 것은 지극한 통분이며 막을 수 없는 것은 지극한 정(情)이다. 큰 윤리가 있는 곳에 피맺힌 원수가 저기에 있어서 이에 앞뒤의 사실들을 참작하면서 경(經)에서 권도(權道)를 찾았다. 묵묵히 징토하는 방법을 생각하는 데 있으니, 위로는 성은을 등지지 않고 아래로는 나의 이마에 진땀을 내지 않고도 결말에 가서는 차례로 설욕을 하게 될 것이다. …… 이는 영남 유생이 발걸음이 뜸해서 처음에는 몰랐겠지만 이 하교를 들으면 많은 말을 기다리지 않고도 반드시 즉석에서 이해할 것이다. …… 이런데도 …… 내가 선대(先代)를 잊고 근본을 등졌다고 한다면 이것이 과연 무슨 마음인가. …… 하늘과 땅에 사무치는 통심(慟心)이 있지만 나의 사정(私情)과 나의 사의(私意)대로 하고자 하지 않는데 더구나 신하를 대하여 어찌 이처럼 이치에 어긋난 일을 말하겠는가. ……

정조는 분명히 '피맺힌 원수'라고 말하고 있으며 그래도 사정을 참작해서 책에서 '권도(權道)'를 찾았다고 말하고 있다. 돌아가신 할아버지도 '통석(痛惜)'이라는 말을 하신 적이 있으니 언젠가는 반드시 자연스럽게 설욕하는 날이 올 것이다. 그러나 사적인 복수심 때문에 일부러 정치 보복을 하는 것은 나라를 다스리는 자가 할 일이 아니라고 분명히 못 박고 있다. 정조의 말을 듣고 있던 대신들은 누구도 감히 반박하지 못한다. 사도세자는 억울하게 죽었다, 할아버지 영조도 뒤에 후회했다, 전부 사실이다, 그러나 사적 복수심으로 정치를 하지는 않겠다는 이런 말을 정조는 재위 기간 내내 반복해서 말했다. 저지른 짓이 있었던 노론 벽파들은 숙청당하지 않기 위해 정조의 왕권 강화 정책에 대놓고 대항하지 못했다. 그러니까 정조가 내세운 "생부의 억울한 죽음"은 정조가 노론 벽파들을 압박하기 위한 무기였다는 말이다.

그런데 정조의 이러한 정치적 의중을 파악하지 못한 지방의 유생들은 정조에게 '즉위를 했으니 생부의 원수를 갚는 것이 도리인데 왜 생부의 원수를 갚지 않느냐'고 1만 명이 넘는 유생들이 연명 상소까지 올렸다. 『정조실록』에 나타난 정조의 육성을 찬찬히 읽어보면 정조는 자신이 유생들에게 도덕적으로 잘못된 인간이라는 비난을 받는 것까지 감수하면서 진짜로 하고 싶은 일이 무엇인지를 고백하고 있다는 것을 알 수 있다.

정조는 "묵묵히 징토하는 방법을 생각하는 데 있으니, 위로는 성은을 등지지 않고 아래로는 나의 이마에 진땀을 내지 않고도 결말에 가서는 차례로 설욕을 하게 될 것이다."라고 말하고 있다. 즉, 정조는 사적 복수심으로 임오화변에 대한 책임을 묻는 방식이 아니라 자연스럽게 다른 방법으로 설욕하는 일이 생겨나도록 모든 일을 진행하기 위해 묵묵히 노력하고 있다는 말이다.

정조는 누가 생부를 죽음으로 몰아넣었는지, 누가 생부를 모함하는 소문들을 퍼뜨렸는지 정확하게 낱낱이 알고 있었다. 말하자면 정조는 그들의 약점을 잡고 계속해서 협박할 작정이었던 것이다. 정조는 재위 내내 이런 정치적 협박 무기를 내려놓은 적이 없었다. 유생들이 생부의 원수를 갚아야 한다는 상소를 수없이 올려도 정조가 받아들이지 않은 것은 위력이 강한 그 무기를 내려놓고 싶지 않아서였다. 이것은 마치 선왕 영조가 소론에게 정권을 준 다음 소론이 스스로 「임인옥안」을 폐기하도록 만든 전술과 유사한 것이었다.

정조는 생부를 죽인 자들을 권력에서 몰아내지 않을 테니 생부를 억울하게 죽게 만든 것에 대해 스스로 자수하도록 유도하고, 또 자수를 강요하는 과정을 통해 칼자루를 자신이 쥠으로써 정국 주도권을 확보하고 그것을 왕권 강화로 이어지게 할 작정이었던 것이다.

주요 사건	사건 개요	관련 주요 인물
경신환국 숙종 6년 (경신, 1680)	남인을 몰아내고 서인이 정권을 잡음. 이때 남인의 주요 인물인 허적, 윤휴 등이 사사당한다.	**남인** 허적, 윤휴
임술고변 숙종 8년 (임술, 1682)	척신 김석주가 남인들을 절멸시키기 위해 기획한 정치공작. 행동대장은 김익훈과 김환이었다. 이 사건 관련해서 송시열은 김석주를 지지하는데, 이로 인해 서인은 송시열과 김석주를 지지하는 쪽과 비판하는 쪽으로 갈라진다. 지지하는 쪽은 노론으로, 비판하는 쪽은 소론으로 분열한다.	**서인** 김석주, 김익훈, 김환, 송시열 **남인** 허새, 허영
기사환국 숙종 15년 (기사, 1689)	숙종은 희빈 장씨의 아들을 원자로 삼는다. 이때 서인들은 송시열을 중심으로 극렬하게 반발한다. 숙종은 정권을 남인에게 넘기고 송시열과 김수항을 사사한다. 또 인현왕후 민씨는 폐출되고 희빈 장씨가 왕비가 된다.	
갑술환국 숙종 20년 (갑술, 1694)	서인 김인의 고변으로 남인 정권은 실각한다. 숙종은 남인 우의정 민암 등을 축출하고 서인에게 정권을 준다. 인현왕후 민씨가 복위되고 왕비 장씨는 희빈으로 강등된다. 훗날 영조로 즉위하는 연잉군이 출생한다. 갑술환국이 있기까지 연잉군의 생모 숙원 최씨가 대활약을 했다.	**서인** 김춘택 **남인** 민암
숙종 27년 (신사, 1701)	숙종은 인현왕후 민씨의 사망 원인에 희빈 장씨의 저주가 있었다는 이유로 희빈 장씨는 사사하고 장희재는 참수한다. 이때 숙빈 최씨가 큰 역할을 했다. 임술고변 이래 노론과 소론으로 갈라져 있던 서인들은 왕세자 처지를 생각해서 남인들을 온건하게 대하자는 소론과 강경하게 처분하자는 노론으로 더욱 확고하게 선을 긋는다.	
병신처분 숙종 42년 (병신, 1716)	『가례원류』 저작권 분쟁에서 숙종이 노론의 손을 들어준다.	**노론** 이이명, 권상하, 정호, 유상기(유계의 손자) **소론** 윤증(윤선거의 아들, 유계의 제자)

정유독대 숙종 43년 (정유, 1717)	숙종이 사관 없이 당시 좌의정이었던 노론의 이이명과 독대한 사건. 정유독대 후에 숙종은 왕세자(후일 경종)에게 대리청정을 명한다. 대리청정을 시킨 뒤 트집을 잡아 세자를 폐할 것이라고 생각한 소론은 대리청정을 반대한다.	
경자양전 숙종 46년 (경자, 1720)	조선 후기 최후의 토지 조사 사업. 노론 정권 아래서 행해진 토지 조사 사업은 정치적으로 집권 노론에게 큰 부담을 주었다. 소론은 왕실 재산인 궁방전이 면세전인 것은 비법적인 일이라면서 궁방전에 과세할 것을 주장하면서 경자양전에는 반대했다.	**노론** 김창집, 이이명, 이건명, 조태채, 권상하, 김흥경 **소론** 최석정, 서종태, 이탄
신축환국 경종 1년 (신축, 1721)	경종 1년 12월에 소론 강경파 김일경 등이 왕세제의 대리청정을 주장했던 노론들을 탄핵하는 상소를 올리자 경종은 하루아침에 정권을 소론에게 넘긴다. 이때 노론 4대신을 비롯해 많은 노론이 파직당하고 유배당한다.	**노론** 김창집, 이이명, 이건명, 조태채(이상 노론 4대신), 민진원, 이홍술, 이관명, 홍석보, 이만성 **소론 온건파** 이광좌, 최석항, 유봉휘, 조태구, 조태억 **소론 강경파** 김일경, 박필몽, 이진유, 윤성시, 윤취상
임인옥사 경종 2년 (임인, 1722)	노론의 주요 인사들이 경종 살해를 모의했다고 목호룡이 고변한 사건으로 노론 4대신 등 노론이 대대적으로 사형당하고 사건 수사 기록인 「임인옥안」에 연잉군은 역모의 수괴로 등재된다. 신축년과 임인년에 일어난 두 사건을 신임옥사라고 한다.	
을사환국 영조 1년 (을사, 1725)	영조가 즉위한 후 김일경과 목호룡을 참수하고 정권을 노론에게 넘겨준 사건.	**노론** 민진원, 정호, 김재로, 김조택 등 **소론** 박필몽, 이진유, 이명의, 정해, 윤성시, 서종하 등
정미환국 영조 3년 (정미, 1727)	영조가 노론 관료 140여 명을 일거에 축출한 후 정권을 소론에게 내준 사건. 무신란 6개월 전의 이 사건은 무신란을 준비하고 있던 세력에게 큰 타격을 주었다.	**노론** 민진원, 이관명, 이의현, 김흥경 **소론** 이광좌, 조태억
무신란 영조 4년 (무신, 1728)	소론 강경파들이 남인 등과 합세하여 전국적인 조직을 갖추고 일으킨 난이다. 영조가 정권을 준 소론에 의해 진압되었다.	**난을 일으킨 소론** 심유현, 박필현, 정세윤, 이인좌, 이웅좌, 정희량, 이사성 등 **난을 진압한 소론** 오명항, 조현명, 박문수 등

기유처분 영조 5년 (기유, 1729)	경종 때 사형된 노론 4대신 중에 이건명, 조태채를 신원한 일.	
영조 12년 (병진, 1736)	원자를 왕세자(사도세자)로 책봉. 영조는 세자를 보도할 책임을 소론 영수 이광좌에게 맡겼다. 소론 포용 탕평책의 일환이었다.	**소론** 이광좌
경신처분 영조 16년 (경신, 1740)	노론 4대신 중 김창집과 이이명을 신원한 일.	
영조 16년 (경신, 1740)	위시(僞詩) 사건으로 민백상의 아버지 민형수가 조현명 때문에 억울한 처지가 되었다가 결국 화병으로 사망.	**노론** 민형수, 민백상, 김용택, 김복택, 김원재 **소론** 조현명
신유대훈 영조 17년 (신유, 1741)	목호룡의 고변(삼급수 사건)을 무고로 선언하고 「임인옥안」을 폐기 처분한 사건. 영조는 소론에게 정권을 주고 소론의 손으로 소론이 작성했던 「임인옥안」을 불태우게 하는 데 성공한다.	**노론 탕평파** 김재로 **노론 반탕평파** 민백상 **소론 탕평파** 조현명, 송인명
영조 17년 (신유, 1741)	이조전랑의 통청권과 예문관 한림의 회천권, 청요직을 혁파. 서원을 정비하여 170여 개 서원 철폐. 소론 탕평파 재상들의 권한을 강화시켜줌.	
영조 25년 (기사, 1748)	15살 세자에게 대리청정을 시킴.	
영조 28년 (임신, 1752)	12월에 양위하겠다고 13일 동안 벌인 시위. 소론 영수 이종성을 영의정에 임명한 것에 노론들의 반대를 제압하기 위한 목적이 컸다.	**노론** 정언, 홍준해 **소론** 이종성, 조재호
을해옥사 영조 31년 (을해, 1755)	나주 벽서 사건과 토역정시 사건을 을해옥사라고 한다. 이 사건으로 소론은 거의 멸종했다. 조정에 남아 있던 중앙의 소론들은 거의 전향했다. 을해사로 사실상 소론을 포용하던 기존의 탕평책은 유명무실해졌다. 이후 정계는 노론들만 남아 노론 내 주도권 투쟁이 시작된다.	**소론** 윤지, 윤득구, 심정연, 윤혜, 신치운, 유수원, 심악 **남인** 이하징
영조 31년 (을해, 1755)	『천의소감』 편찬. 목호룡의 고변 사건에서 추국을 맡았던 소론 5대신(이광좌, 유봉휘, 조태구, 조태억, 최석항) 중에서 유봉휘, 조태구에게 역률을 추시했다. 또 자신이 계장을 올려서 경종이 죽은 것이 아님을 분명하게 기술하게 했다.	

영조 32년 (병자, 1756)	영조는 백관신료들이 올린 '체천건극성공신화(體天建極聖功神化)'라는 존호를 받는다. 을해옥사 전후로 노론 준론들은 조정에서 점차 세력을 확장했다. 노론 남당은 반(反)세자 입장으로 다른 나머지 노론들과 대립하는 관계였다.	**노론 동당** 이천보 **노론 중당** 유척기 **노론 북당** 홍봉한 **노론 남당** 조영순, 김상로, 홍계희
영조 33년 (정축, 1757)	2월에 영조비 정성왕후 서씨 사망, 3월에 대비 인원왕후 김씨 사망. 평소 세자를 감싸주던 대비와 왕비의 사망은 사도세자에게 큰 충격을 주었고 을해옥사 이후 정치적으로 불리해진 세자의 처지 또한 더욱 힘들어졌다.	
영조 35년 (기묘, 1759)	66살 영조는 6월에 15살 계비 정순왕후 김씨와 재혼한다. 정순왕후 김씨의 오빠 김귀주를 중심으로 노론 남당의 김상로, 홍계희 등이 반세자 세력을 형성한다. 사도세자는 이 해에 『무기신식』을 편찬, 반포했다.	
영조 36년 (경진, 1760)	영조는 처소를 경희궁으로 이어한다. 그 후 한 달 뒤인 7월에 세자에게 종기 치료차 온양 행궁으로 행차하라고 명한다. 이때 훗날 정조로 즉위하는 세손은 9살이었다. 세자를 온양으로 보내고 영조와 그 측근들은 세손이 차기 권력을 이어받을 자질이 있는지 시험한다.	
영조 37년 (신사, 1761)	4월 초2일 세자는 관서로 미행한다. 세자가 평양으로 미행을 나간 것은 정치적 위험을 타개할 방안을 찾기 위해서였다.	
임오화변 영조 38년 (임오, 1762)	5월 22일 밤 9시가 넘은 시간 나경언이라는 자가 세자가 저지른 비행의 내용들을 적어서 고변한다. 나경언은 자신이 세자를 무고했다고 자백하고 처형당했지만 영조는 이것을 빌미로 세자를 뒤주에 가둬 죽인다. 뒤주에 갇힌 지 8일 뒤인 윤5월 21일 세자의 죽음이 확인된다. 영조는 죽은 것을 슬퍼한다는 뜻의 '사도'라는 시호를 내린다.	**반세자 세력** 노론 남당 김상로, 홍계희 척신 김귀주, 신만 왕실 영조 후궁 문씨, 화완옹주, 정후겸 **친세자 세력** 노론 동당 이천보 노론 중당 유척기 소론 조재호, 박문수, 이종성 왕실 인원왕후 김씨, 정성왕후 서씨, 화평옹주

1. 1차 사료

『연려실기술』

『조선왕조실록』

『승정원일기』

2. 단행본

고성훈,『영조의 정통성을 묻다』, 한국학중앙연구원, 2013.

국사편찬위원회,『한국사』32, 탐구당, 2013.

국사편찬위원회,『한국사』36, 탐구당, 2013.

김백철,『두 얼굴의 영조』, 태학사, 2014.

김영진,『한국의 아버지와 아들』, 황금가지, 2002.

김종성,『왕의 여자』, 역사의 아침, 2011.

댄 킨들런·마이클 톰슨,『무엇이 내 아들을 그토록 힘들게 하는가』, 세종서적, 2000.

민진원,『단암만록』, 이희환 옮김, 민창문화사, 1993.

박시형,『조선토지제도사』(중), 신서원, 1994.

손병규,『조선 왕조 재정 시스템의 재발견－17~19세기 지방재정사 연구』, 역사비평사, 2008.

신동준,『정관정요, 부족함을 안다는 것』, 위즈덤하우스, 2013.

이건창,『당의통략』, 이덕일·이준영 풀어옮김, 자유문고, 1998.

이덕일,『사도세자가 꿈꾼 나라』, 역사의 아침, 2011.

이덕일,『송시열과 그들의 나라』, 김영사, 2007.

이덕일,『윤휴와 침묵의 제국』, 다산초당, 2011.

이덕일,『조선 왕 독살 사건』2, 다산초당, 2008.

이덕일,『조선 왕을 말하다』1·2, 역사의 아침, 2010.

이성무,『조선시대 당쟁사』2, 아름다운 날, 2007.

이세영,『조선 후기 정치경제사』, 혜안, 2001.

이주한,『한국사가 죽어야 나라가 산다』, 위즈덤하우스, 2013.

이태진·김백철 엮음,『조선 후기 탕평정치의 재조명』상·하, 태학사, 2011.

이희환, 『조선 후기 당쟁 연구』, 국학자료원, 1995.

정만조·송양섭 외, 『영조의 국가정책과 정치이념』, 한국학중앙연구원, 2012.

정만조·한충희·김인걸 외, 『조선의 정치와 사회』, 집문당, 2002.

정병설, 『권력과 인간 – 사도세자의 죽음과 조선 왕실』, 문학동네, 2012.

제임스 B. 팔레, 『유교적 경세론과 조선의 제도들』, 김범 옮김, 산처럼, 2008.

최선경, 『왕을 낳은 후궁들』, 김영사, 2008.

혜경궁 홍씨, 『한중록』, 이선형 옮김, 서해문집, 2003.

3. 논문

김성윤, 「영조 대 중반의 정국과 임오화변 – 임오화변의 발생 원인에 대한 재검토를 중심
　　　으로」, 『역사와 경계』 43, 2002.

최성환, 「영조 대 후반의 탕평정국과 노론 청론의 분화」, 『역사와 현실』 53, 2004.

조윤선, 「조선 후기 영조 31년 을해옥사의 추이와 정치적 의미」, 『한국사학보』 37, 2009.

영조와 사도

초판 1쇄 펴낸 날 2015. 10. 2.
초판 2쇄 펴낸 날 2015. 12. 10.

지은이   김수지
발행인   양진호
책임편집   위정훈
디자인   강영신
발행처   도서출판 인문서원

등 록   2013년 5월 21일(제2014-000039호)
주 소   (121-893) 서울시 마포구 양화로 56 동양한강트레벨 718호
전 화   (02) 338-5951~2
팩 스   (02) 338-5953
이메일   inmunbook@hanmail.net

ISBN   979-11-86542-14-9 (03910)

이 도서의 국립중앙도서관 출판예정도서목록(CIP)은 서지정보유통지원시스템 홈페이
지(http://seoji.nl.go.kr)와 국가자료공동목록시스템(http://www.nl.go.kr/kolisnet)에서
이용하실 수 있습니다.(CIP제어번호: CIP2015024718)